날개를 단 노자

날개를 단 노자

왕필(王弼), 소자유(蘇子由) 등 선비들의 『노자』 풀이

초횡(焦竑) 엮고 씀 ㅣ 이현주 옮기고 씀

두레

옮긴이의 머리말

이 책은 일본 부산방(富山房)에서 '한문대계(漢文大系) 제9권'으로 펴낸 초횡(焦竑) 편집, 왕원정맹기(王元貞孟起) 교열, 『노자익(老子翼)』 6권 가운데 부록을 제외한 1~4권(卷)을 우리말로 줄여 옮긴 것입니다.

본서(本書)의 구성은 『노자(老子)』 본문의 각 장(章)마다 평균 5~6명의 주(註)를 열거하는 방식으로 되어 있는데, 동원된 주해(註解) 필자들 수를 합하면 모두 64명이나 됩니다. 물론 그 가운데는 자주 등장하는 필자도 있고 그렇지 못한 필자도 있습니다만, 이 번역서에서 여러분은 소자유(蘇子由), 왕필(王弼), 이식재(李息齋), 여길보(呂吉甫), 오유청(吳幼淸), 유중평(劉仲平), 이굉보(李宏甫) 제씨와 편집인 초횡(焦竑)까지 여덟 분의 주(註)를 읽으실 수 있습니다. 이 가운데, 소자유 선생과 왕필 선생, 두 분을 제외한 다른 분들의 주(註)는 각 장에서 한 분의 것만 옮겼으므로 결국 장(章)마다 세 분의 주(註)가 수록된 셈입니다. [거기에다가 송구스럽게도 저의 사족(蛇足)을 달았습니다.]

『노자』를 본격(本格)으로 한번 읽어보고 싶은 마음에서 천학비재(淺學非才)를 무릅쓰고 덤벼들어 보았습니다만, 워낙에 무식(無識)한지라 잘못 읽은 문장이 많을 것입니다. 뒤에라도 고쳐주실 분이 계시다면 참으로 다행이겠습니다.

5년 세월 가까이 교회 주보(週報)에 연재하는 동안 말없이 격려해준 북산거사(北山居士)에게, 그리고 두레출판사 신홍범 선생께 고맙습니다. 특히, 자전(字典)을 뒤져가며 읽기도 까다로운 저의 글씨를 활자로 옮겨준 김성은 주부(主婦)와 그의 부군 주중식 선생에게 고맙습니다. 이분들의 도움이 없었다면 이 책은 세상에 나오지 못했을 것입니다.

2000년 11월 7일
鷄龍山 기슭에서
觀玉 李賢周

차례

01

道를 말로 하면
늘 그러한 道가 아니다

道可道非常道. 名可名非常名. 無名天地之始, 有名萬
物之母. 故常無欲以觀其妙, 常有欲以觀其徼. 此兩者
同, 出而異名. 同謂之玄. 玄之又玄, 衆妙之門.

道를 말로 하면 늘 그러한 道가 아니다. 이름을 지어 부르
면 늘 그러한 이름이 아니다. 이름 없는 것에서 천지가 비
롯되었고 이름 있는 것에서 만물이 생겨났다. 그러므로 언
제나 하고자 하는 마음을 품지 않음으로써 그 속[妙]을 보
고 언제나 하고자 하는 마음을 품음으로써 그 거죽[徼]을
본다. 이 둘은 같은 것인데 밖으로 나와 그 이름이 다르다.

그 같은 것을 일컬어 그윽하다[玄]고 하는데 그윽하고 또 그윽해서 온갖 묘한 것들이 그리로 드나든다.

■　　道가 아닌 것은 아니다. 다만 道를 말로 하면 늘 그러한 道가 아니라는 말이다. 道는 말로 표현될 수 없기에 그래서 늘 그러한 道인 것이다. 오늘날 인(仁) 의(義) 예(禮) 지(智)라고들 하는데 그것들이 곧 말로 표현된 道다. 그러나 인(仁)은 의(義)일 수 없고 예(禮)는 지(智)일 수 없으니 이는 말로 표현된 道가 늘 그러한 道일 수 없음을 보여준다. 오직 말로 할 수 없는 道인 뒤에야 그것이 인(仁)에 있어 인(仁)이 되고 의(義)에 있어 의(義)가 되고, 예(禮)와 지(智)도 마찬가지다. 그것들 모두가 늘 그러한 것은 아니다. 오직 道만이 변하지 않는다. 말로 표현되지 않는 道의 늘 그러할 수 있음이 이와 같다.

道가 말로 표현되지 않거늘 하물며 그것을 이름지을 수 있으랴? 이름이란 것은 모두가 이미 道를 말로 표현한 것이다. 일단 이름이 붙어버리면 둥글고 모나고 굽고 곧은 것이 모두 같지 않으니, 늘 그러한 것일 수 없다.

이름 없음에서 모양을 이루어 천지(天地)가 되었고 천지가 제자리를 잡으면서 이름이 붙기 시작하였다. 이름 있음에서 널리 퍼져 만물이 되었거니와 만물이 자라나매 거기에 이름이 붙는 것을 막을 수 없게 되었다. 그런 까닭에 이름 없음[無名]은 道의 몸[體]이요 이름 있음[有名]은 道의 부림[用]이다.

성인(聖人)은 道를 몸받아[體道] 천하에 널리 부린다. 이런저런 있음[衆有]에 들어가서는 언제나 없음[常無]으로 장차 그 속[妙]을 보고, 그 지극한 없음을 몸받아[體其至無] 언제나 있음[常有]으로 장차 그 거죽[泯]을 본다. 만약 거죽을 두루 돌아다니면서 그 속을 모른다면 거칠기만 하고 신령하지 못하며, 속에 머물면서 그 거죽을 모른다면 정(精)하되 변화를 모른다. 꼴[形]을 두고 말한다면 있음[有]과 없음[無]이 둘이라고 할 수 있겠으나 그래서야 어찌 없음에 움직여 있음이 되고 있음에 돌아가 없음이 되어 아닌 게 아니라 그 둘이 하나임을 알겠는가?

이름은 비록 다르지만 그 뿌리는 하나다. 그 뿌리가 하나임을 알면 그윽함을 느끼게 된다. 멀리 가서 끝닿는 데 없음을 색(色)으로 말하면 검다[玄]고 하지 않을 수 없다. 그런 까닭에 노자(老子)는 늘 검을 현(玄)으로 극(極)을 나타내니, 그가 현(玄)을 말하면 곧 지극함[至]을 뜻한다. 그러나, 그윽함[玄]이란 것이 거기에 있다고 생각할까봐서 그윽하고 또 그윽하다[玄之又玄]고 했다. 이 그윽함에다가는 어떤 있음[有]을 가지고 무엇을

보탤 수 없으니, 온갖 묘한 것들이 거기서 나온다.　蘇子由

■　'늘 그러함[常]'이란 변하지 않는 것을 가리켜 하는 말이다. 물(物)은 변하고 道는 변하지 않는다. 물(物)의 돌아감이 생각에 이르러 이리저리 바뀌고 내몰리고 종잡을 수 없어 조금도 가만히 있지를 못한다. 이른바 道란 곧 시작도 없고 마침도 없으니, 천지(天地)는 다함이 있으나 道는 다함이 없다. 이를 일컬어 '늘 그러함'이라고 한다.

늘 그러함[常]이 道가 되며, 나아가서 거기에 닿을 수 없고 이름을 지어 부를 수도 없다. 가서 닿는다고 하면 늘 그러한 道가 아니요 이름을 부른다고 하면 늘 그러한 이름이 아니다. 아무것도 비롯되지 않는 데서 천지가 있게 되었으니 이것이 참으로 늘 그러한 이치[眞常之理]다. 이미 이름 없는 것에서 두루 갖추어졌으므로 이름 없음[無名]이 천지의 처음[始]이라고 했다. 천지가 이미 나뉘었기에 높다 낮다 하는 이름이 생겨났고 이에서 만물이 자라났으니 그래서 이름 있음[有名]이 만물의 어미[母]라고 했다.

성인(聖人)은 참으로 늘 그러한 道를 몸받아 있음[有]과 없음[無] 사이를 드나든다. 그런 까닭에 속[妙]을 큰 도[大道]요 없음[無]이라 하고 거죽[泯]을 작은 道[小道]요 있음[有]이라고 한다.

내가 속[妙]을 보고자 할진대 속과 함께 커서 없음으로 돌아가고[與妙同大而歸于無] 내가 거죽[泯]을 보고자 할진대 거죽과 함께 밖으로 나아가 있음에 노닐게 된다[與泯同出而遊于有].

속[妙]이 곧 거죽[泯]이고 거죽이 곧 속이다. 있음[有]이 공(空)이고 공(空)이 있음[有]이다. 그 뿌리는 같고 가지는 다르다. 그래서 그 같은 것을 일컬어 그윽함[玄]이라 하는데, 뿐만 아니라, 그윽하고 또 그윽한 데 이르러 하여금 뭇 거죽[泯]들 사이에 속[妙] 아닌 것이 없게 하니 이를 두고 뭇 묘한 것들이 드나드는 문이라고 했다. 이는 거죽[泯]과 속[妙], 있음[有]과 없음[無] 사이에 가려 뽑을 것 없이 모두가 묘한 것[속의 것]이란 말이다.

李息齋

■　　말로 표현되는 道, 이름지어 부르는 이름은 일[事]을 가리키고 모양[形]을 만들기에, 늘 그러한 것이 못 된다. 그래서 말로 할 수 없고 이름지어 부를 수 없다고 했다.

모든 '있음[有]'은 '없음[無]'에서 비롯되는 까닭에 아직 모양도 없고 이름도 없던 때에 만물이 처음 생겨나기 시작했다. 드디어 모양이 생기고 이름이 붙게 되매 만물을 기르고 키우고 고르고 다스려 그 어미가 된다.

道가 그 모양도 이름도 없음으로써 비로소 만물을 이루거니와, 비롯되고 이루어졌지만 어떻게 해서 그리되었는지를 모르니 그윽하고 또 그윽하다고 말한다. 묘(妙)는 지극히 작은 것[微之極]이다. 만물은 작은 것에서 비롯되어 그 뒤에 이루어지고 없음에서 비롯되어 그 뒤에 생겨난다. 그러므로 늘 하고자 하는 마음이 없고 텅 비어 있으면 만물이 비롯되는 그 묘(妙)를 볼 수 있다. 교(徼)는 마지막으로 돌아감[歸終]이다. 무릇 '있음[有]'이 이로운 것은 반드시 그 '없음[無]'으로 말미암아 쓰일 수 있기 때문이다. 하고자 하는 마음의 뿌리는 道에 나아가 하나로 된 뒤에 성취된다. 그런 까닭에 언제나 하고자 하는 마음이 있어서 만물이 마쳐지는 그 교(徼)를 볼 수 있다.

'둘[兩者]'이라고 한 것은 천지의 처음[始]과 만물의 어미[母]를 가리키고 '같이 나왔다[同出]'는 말은 같이 그윽함[玄]에서 나왔다는 뜻이며 '이름이 다르다[異名]'는 말은 그 베푸는 바가 같지 않다는 뜻이다. 머리[首]에 있으니 처음[始]이라고 하고 마지막[終]에 있으니 어미[母]라 한다.

그윽함[玄]은 어둠[冥]이다. 고요하여 아무것도 없으니 처음과 어미가 모두 거기서 나온다. 이름지어 부를 수 없으니 말로 할 수가 없다.

같은 것을 이름하여 그윽함[玄]이라 부른다. 그것을 일컬어 그윽함이라고 하는 까닭은 잡아도 잡을 수 없어서 그렇게 말하는 것이다. 그렇게 말을 해도 한 번 그윽함이라고 말하고 그만 둘 수 없으니 그렇게 이름을 붙여버리면 놓치는 바가 더욱 멀어지기 때문이다. 그래서 그윽하고 또 그윽하다고 했다. 온갖 묘한 것들(속의 것들)이 모두 거기에서 나온다. 그래서 뭇 묘한 것들의 문[衆妙之門]이라고 했다. 王弼

■   인간의 말[言語]이라는 그릇으로는 담을 수 없는 어떤 것을 몇 마디 말에 실어서 옮겨보려니 이렇게 횡설수설일 수밖에. 그러나 어쩔 것인가? 말로는 가서 닿을 수 없는 저 건너 언덕이지만 이 깊은 강(江)을 건너기 위해 우리가 탈 것은 또한 '말'이라는 뗏목밖에 없는 것을. 오직 정성껏 이 뗏목을 타고 가다 보면 문득 말이 필요 없는 그 순간이 오잖겠는가? 가보자. 觀玉

02

있음[有]과 없음[無]이
서로 낳고

天下皆知美之爲美, 斯惡已. 皆知善之爲善, 斯不善已.
故有無相生, 難易相成, 長短相形, 高下相傾, 聲音相
和, 前後相隨. 是以聖人處無爲之事, 行不言之敎, 萬物
作焉而不辭, 生而不有, 爲而不恃, 功成而不居. 夫唯不
居, 是以不去.

세상 사람이 모두 아름다운 것을 알아 그것을 아름답다고
하는데 그것이 역겨운 것이요, 모두 좋은 것을 알아 그것
을 좋다고 하는데 그것이 좋지 못한 것이다. 그러므로 있음
[有]과 없음[無]이 서로 낳고 쉬움[易]과 어려움[難]이 서로

이루고 잘남[長]과 못남[短]이 서로 나타내고 높음[高]과 낮음[下]이 서로 기울고 듣는 소리[聲]와 내는 소리[音]가 서로 울리고 앞[前]과 뒤[後]가 서로 따른다. 그런 까닭에 성인(聖人)은 모든 일을 하지 않음으로 하고, 말없이 가르침을 베풀고, 만물을 만들어내되 내치지 않고, 낳되 가지지 않고, 하되 믿지 않고, 공(功)을 이루되 거기 머물지 않는다. 다만 머물지 아니함으로써 사라지지 않는다.

■   세상 사람들이 모양과 이름을 가지고 아름답다, 역겹다 한다. 그렇게 아름답고 좋다고 말하는 것이 정말 아름답고 좋은 것임을 어떻게 믿을 수 있는가? 그렇게 말하는 사람은 있음과 없음, 잘남과 못남, 쉬움과 어려움, 높음과 낮음, 듣는 소리와 내는 소리, 앞과 뒤가 서로 주고 서로 받는다는 사실을 모르고 있는 것이다. 이것들 모두가 (한쪽만으로는) 제 바른 모습이 아니다.

만일 내가 스스로 잘난 사람이 되어 윗자리에 앉았는데 나보다 더 잘난 사람이 와서 앉으면 나는 못난 사람이 될 것이며, 만일 내가 스스로 앞에 나서서 앞장을 섰는데 나보다 더 앞선 사람이 와서 서면 나는 뒤진 사람이 될 것이다. 굳이 아름답다고 생각되는 것을 좇아서 그것이 아름답다고 고집한다면, 놓치는 바가 더욱 멀어진다.

일을 만나서 일을 하되 자기가 일을 한다는 마음이 없고 가르쳐야 할 경우에 말을 하되 말로 가르치겠다는 뜻이 없다면, 이로써 잘나고 못난 것을 헤아리는 헤아림을 벗어나고 앞과 뒤를 따지는 셈을 여의게 되어 아름답지도 않고 역겹지도 않고 좋지도 않고 좋지 않지도 않게 되거니와, 세상 사람들이 어떻게 그것을 족(足)히 알리요?

만물을 만들어내되 그것들 가운데 어느 것도 물리치지 않고 낳되 가지지 않고 일을 하되 믿지(의지하지) 않고 공(功)을 이루되 그 자리에 머물지 않는다. 이것이 곧 일하지 않고 말하지 않는 데서 오는 보(報)다.

성인(聖人)이 이미 어떤 것을 따로 아름답고 좋다고 여기지 않거늘 어찌 다시 역겹고 좋지 못한 것을 두어 그 뒤를 잇게 하랴? 성인(聖人)은 빈천(貧賤)에 머물되 빈천함을 걱정하지 않고 부귀(富貴)에 머물되 부귀함에 묶이지 않으니, 이를 일컬어 머물지 않는다[不居]고 한다. 내가 어디에도 머물지 않는데 저가 오히려 무엇을 좇아서 가겠는가[我且不居, 彼尙何從去哉]? 이것이 곧 머무름의 지극함[居之至]이다. 蘇子由

■　　노자(老子) 5천 마디 말이 위로는 묘(妙)에 통하고 아래로는 교(徼)에 통하니, 이로써 道를 구하면 道를 얻고 이로써 나라를 다스리면 나라가 다스려지고 이로써 몸을 닦으면 몸이 평안해진다. 그의 말이 언제나 이 세 가지에 두루 통하는지라, 그래서 "미묘현통(微妙玄通)하여 그 깊이를 알 수 없다"(15장)고 했다.

이 장(章)에서 하는 말은, 우리의 본성(本性)이란 것이 만물이 처음 생겨나기 전부터 있어서 어느 것이 아름답고 어느 것이 역겹고 어느 것이 좋고 어느 것이 안 좋겠는가마는, 만물이 일단 생겨난 뒤에 그 모양과 이름이 나뉘면서 사람들이 어떤 것을 아름답다고 알아 그것을 아름답다고 하는데 이미 역겨운 이름이 그 아름다운 것을 좇아서 생겨남을 모르고, 어떤 것이 좋다고 알아 그것을 좋다고 하는데 이미 좋지 않은 이름이 그 좋은 것을 좇아서 일어남을 모른다는 것이다.

천하 모든 사물이 상대를 두지 않는 것이 없거니와, 있음과 없음이 서로 낳고[相生], 쉬움과 어려움이 서로 이루고[相成], 잘남과 못남이 서로 나타내고[相形], 높음과 낮음이 서로 기울고 [相傾], 듣는 소리와 내는 소리가 서로 어울리고[相和], 앞과 뒤가 서로 따르니[相隨], 그 중 하나가 있으면 둘이 있지 않을 수 없는 것이다.

성인(聖人)은 이를 알기에, 반드시 사람들 앞에 서게 되니, 물(物)*을 좇아서 절로 그러한 것이다[順物自然]. 일을 하지 않으면서 하고 말없이 가르치며 좋은 것을 거두지 않고 나쁜 것을 버리지 않으며 하나를 잡지 않고 하나를 놓지 않으며 종일토록 일을 해도 아무 한 일이 없고 종일토록 말을 해도 아무 한 말이 없다. 이런 까닭에, 만물이 함께 만들어지는데 내가 더불어 함께 그것들을 만들되 만들고는 물리치지 않으며 만물이 함께 태어나는데 내가 더불어 함께 그것들을 낳되 낳고는 가지지 않는다. 바야흐로 일을 하기는 했으나 내가 한 것이 아니라 물(物)을 따른 것일 뿐이다[順物而已]. 그래서 "공(功)을 이루되 머물지 않는다"고 했다.

끝자리(功을 이룬 자리)에 머물지 않는 까닭에 앞자리에 머물게 되니, 그렇게 해서 머무르게 된 자리는 아무도 거두어 갈 수가 없다. 그래서 물(物)이 버리지 못한다[物不能去]고 했다. 李息齋

■　　　아름다움이란 사람들 마음이 나아가 즐기는 것이요 역겨움이란 사람들 마음이 싫어하여 꺼리는 것이다. 아름다움과 역겨움이 기쁨과 노여움 비슷하고, 좋음과 좋지 못함은 옳음과 그름 비슷하다. 기쁨과 노여움은 같은 뿌리요 옳음과 그름은 같은 문(門)이다. 그래서 어느 한쪽에 치우칠 수가 없는 것이다.

이 여섯 가지[有無, 難易, 長短, 高下, 聲音, 前後]는 모두, 자연(自然)은 어느 한쪽에 치우치지 않는다는 밝은 이치를 펼쳐보이고 있다.

성인(聖人)은 하지 않음으로 하니 절로 그러함[自然]으로써 이미 족(足)하다. 일삼아서 하면 패(敗)한다. 말하지 않고 가르침을 베푸니 그로써 지혜를 스스로 갖추고 있다. 일삼아서 가르치면 거짓이다.

이런 까닭에 물(物)로 인하여 써서 공(功)이 그것들로 말미암아 이루어지니 그러므로 거기(功을 세운 자리)에 머물지 않는다. 만약에 공(功)으로 하여금 자신에게 있도록 하면 그 공(功)은 오래 못 간다. 王弼

■　　말을 아니할 수 없으니 하기는 하되 함부로 단정(斷定) 짓지 말 것! 무엇이 그렇다고 할 때 '그렇다' 속에 이미 '아니다'가 들어 있으니, 이 비밀을 아는 자 어찌 그 발걸음을 '겨울 냇물 건너듯' 삼가지 않겠는가? 觀玉

•••　　'물(物)'을 대충 두 가지 뜻으로 읽어 크게 벗어나지 않겠는데, 좁은 뜻으로는 '나 아닌 다른 모든 것'으로 읽는다. 인아(人我)라고 할 때 인

(人)을 '남'으로 읽는 것과 같다. 넓은 뜻으로 읽으면 '나를 포함한 모든 대상'이 된다. 물(物)을 이렇게 두 가지 뜻으로 새기면 깊은 맛이 있다. 예 컨대, 여물부쟁(與物不爭)이라고 할 때, 우선 좁은 뜻으로 물(物)을 읽으면 나 아닌 다른 모든 것들[對象]과 다투지 않는다는 뜻이 되고 다시 넓은 뜻으로 읽으면 나를 포함한 모든 것들과 다투지 않는다는 뜻이 된다. 좁은 뜻에서 넓은 뜻으로 가면서 읽어도 좋고 그 반대로 읽어도 좋다. 남하고 다투지 않는 사람이라야 자기하고도 다투지 않을 것이고 자신하고 다투지 않는 사람이라면 남하고 다툴 까닭이 없다. 동서양이 아울러 극기(克己)를 말하고 있지만, 자기(나)를 싸워서 이겨야 할 상대[物]로만 보는 한 극기는 불가능하다. 무엇을 적수로 놓고 더불어 싸우면 그 무엇에 오히려 더 큰 힘을 실어주게 된다. 그것이 어쩔 수 없는 세상 이치다. 아무도 자기를 짓눌러 가지고 자기를 이긴 사람은 없다. 자기를 짓눌러 이긴 자기가 남아 있기 때문이다. 자기를 사랑하듯이 남을 사랑하라고 했다. 자기를 미워하면 남도 미워하게 된다. 물(物)은, 넓은 뜻이든 좁은 뜻이든, 같은 물(物)이기 때문이다. 觀玉

03

함 없이 하면
다스려지지 않음이 없다

不尙賢, 使民不爭. 不貴難得之貨, 使民不爲盜. 不見可
欲, 使心不亂. 是以聖人之治, 虛其心, 實其腹, 弱其
志, 强其骨, 常使民無知無欲, 使夫知者不敢爲也. 爲無
爲則無不治.

어진 이 떠받들지 않아 백성으로 다투지 않게 하고, 얻기 힘
든 보화 귀하게 여기지 않아 백성으로 훔치지 않게 하고, 욕
심낼 만한 것 드러내 보이지 않아 마음으로 어지럽지 않게
한다. 이러므로 성인(聖人)의 다스림은 마음을 비우고 배를
채우며 뜻을 약하게 하고 뼈를 강하게 하여, 언제나 백성으

로 아는 게 없어서 바라는 게 없도록 하며 아는 자라 할지라도 감히 하지 못하게 한다. 함 없이 하면 다스려지지 않음이 없다.

■   어진 이[賢]를 떠받들면 백성이 스스로 어질지 못함을 부끄럽게 여겨 마침내 서로 다투게 된다. 얻기 힘든 보화(寶貨)를 귀하게 여기면 백성이 그것을 가지지 못해 병들고 마침내 도둑질을 하게 된다. 욕심낼 만한 것을 드러내 보이면 백성이 그것을 얻지 못해 탈이 나고 마침내 어지럽게 된다. 그렇다고 해서 세상 사람들이 이 세 가지[賢, 難得之貨, 可欲]가 골칫거리라 하여 들어서 없애버리려 한다면 그것은 잘못된 생각[惑]이다.

성인(聖人)은 그렇게 하지 않는다. 성인(聖人)은 어진 이를 안 쓰지 않는다. 다만 어진 이를 떠받들지 않을 뿐이다. 얻기 힘든 보화를 버리지 않는다. 다만 그것을 귀하게 여기지 않을 뿐이다. 욕심낼 만한 것을 없애지 않는다. 다만 그것을 드러내 보이지 않을 뿐이다.

이렇게 해서, 어진 이를 부려도 백성이 다투지 않으며 얻기 힘든 보화와 욕심낼 만한 것을 써도 도적과 소요(騷擾)가 일어나지 않는다. 이야말로 마음을 비워 배의 충실(充實)을 해치지 않고 뜻을 약하게 하여 뼈의 강함을 해치지 아니함 아니겠는가?

이제 장차 어진 이를 들어 그를 떠받들고 보화를 귀하게 여기며 욕심낼 만한 것을 자랑하여 드러내 보이면 이는 곧 마음과 배를 아울러 채우는 것이요 만약 그것들을 들어서 없애버린다면 이는 곧 뜻과 뼈를 아울러 약하게 하는 것이다. 마음과 배를 아울러 채우면 백성이 다투게 되고 뜻과 뼈를 아울러 약하게 하면 백성이 서지 못한다.

이 세 가지를 자랑하지 않으면 백성이 사모[慕]할 바를 알지 못하매 담연무욕(澹然無欲)하게 되고 비록 지혜[智]를 지닌 자라 해도 잔꾀[巧]를 부릴 데가 없게 된다. 곧, 이 세 가지의 절로 그러함[三者之自然]을 인(因)하여 떠받들지 않고 귀하게 여기지 않고 드러내어 자랑하지 아니하니, 이른바 함 없이 한다[爲無爲]는 것이다. 蘇子由

■　　성인(聖人)은 뭇 아름다운 것이 역겨운 것임을 안다. 좋은 것이 좋지 못한 것임을 안다. 그리하여 그것들을 마음에 담아두지 않는다. 그런 까닭에 비록 세상 벼슬에 매인 몸이 된다 해도 그냥 그 자리에 앉아 있을 뿐, 어진 이를 떠받들지 않는다. 세상의 재화(財貨)를 거두어 사람을 기를 뿐, 얻기 힘든 보

화를 귀히 여기지 않는다.

백성의 다툼은 언제나 서로 어진 이가 되려는 데서 나오거니와, 어진 이를 위에서 떠받들지 않는다는 사실을 알면 다투지 않게 된다. 그래서, 어진 이를 받들어 모시면 백성이 서로 사이가 나빠진다고 말하는 것이다.

백성의 도둑질은 언제나 이(利)를 바라는 데서 나오거니와, 재화(財貨)를 위에서 귀하게 여기지 않는다는 사실을 알면 도둑질을 하지 않게 된다. 그래서, 진실로 그대가 욕심을 부리지 않으면 상(賞)을 준다 해도 훔치지 않는다고 말하는 것이다.

군자(君子)가 욕심내는 것은 현명함[賢]이요 소인(小人)이 욕심내는 것은 재화[貨]다. 내가 그 욕심낼 만한 것을 드러내 보이지 않으면 마음이 어지러워지지 않는다.

그러나, 어진 이를 받들어 모시지 않는다 해서 그를 들판에 버려두고 쓰지 않는다는 것은 아니다. 얻기 힘든 보화를 귀하게 여기지 않는다 해서 그것을 땅바닥에 내던지고 거두지 않는다는 것은 아니다. 안으로 마음에 담아두지 않고 밖으로 자취를 남기지 않는 것일 따름이다.

그러므로 성인(聖人)의 다스림은 마음을 비우고 배를 채우며 뜻을 약하게 하고 뼈를 강하게 한다. 마음은 신(神)을 담고 있으며 배는 마음의 집[宅]이다. 마음을 비우면 신(神)이 이그러지지

않고 배는 가득 찬다. 콩팥[腎]은 뜻[志]을 담고 있으며 뼈는 콩
팥의 나머지[餘]다. 뜻을 약하게 하면 정(精)이 흔들리지 않고
뼈는 강해진다. 마음을 비워 배를 채움으로써 언제나 백성으로
하여금 아는 바가 없게 하고 뜻을 약하게 하여 뼈를 강하게 함
으로써 언제나 백성으로 하여금 욕심을 부리지 않게 한다.

지혜[智]를 지닌 사람은 위에서 어진 이를 떠받들지 않고 보화
를 귀하게 여기지 않기에 지혜를 써서 일을 해도 이로울 게 없음
을 안다. 그런 까닭에 감히 나서서 하고자 하지를 않는다. 오직 이
처럼만 하면, 함 없이 하는지라 다스려지지 않는 게 없다. 呂吉甫

■   어질다[賢]는 것은 능(能)하다는 것. 떠받든다[尙]는 것
은 그 이름[名]을 기리는[嘉] 것. 귀하게 여기는 것은 그 명성
[稱]을 높이는 것.

오직 능력에 맞추어 맡기는데 떠받드는 일이 어찌 있을 것
이며 오직 쓰임새에 맞추어 베푸는데 어찌 그것을 귀하게 여기
겠는가? 어진 이를 떠받들고 그 이름을 드러내므로 맡아서 하
는 일보다 영화[榮]가 지나치게 되니까 서로 능력을 견주어 화
살을 쏘아대는 것이다. 재화[貨]를 귀하게 여기어 지나치게 쓰
니까 탐내는 자들이 다투어 가지고자 하여 샛문을 뚫고 상자를
더듬어 목숨 걸고 훔치는 것이다. 그런 까닭에 욕심낼 만한 것

을 드러내 보이지 않으면 곧 마음이 어지러워지지 않는다.

"마음을 비우고 배를 채운다" 함은, 마음으로는 지[智]를 품고 배로는 음식을 품으니 유지(有智)를 비우고 무지(無知)를 채운다는 말이다.

"뜻을 약하게 하고 뼈를 강하게 한다" 함은, 뼈는 무지(無知)로 줄기를 삼고 뜻은 일을 만들어 어지럽게 하니 마음이 비어 있으면 곧 뜻이 약해진다는 말이다.

"아는 게 없어서 바라는 게 없는[無知無欲]" 자는, 그 참[眞]을 지킨다.

'지(智)'는 알아서 무엇을 일부러 함을 말한다.　王弼

■　　　이른바 "머리 좋고 똑똑하다"는 말을 들을 만한 그런 재목(材木)이 없는 건 아니다. 일에 따라서 그 방면에 특출한 재능을 지닌 자가 반드시 있게 마련이다.

머리 좋고 똑똑한 사람이 해야 할 일이 있다면 그런 사람을 쓸 일이다. 마찬가지로, 힘세고 우직한 사람이 해야 할 일이 있다면 그런 사람을 쓰면 된다.

쓰되 누구를 누구보다 우대(優待)만은 하지 말라는 말씀이다. 직책(職責)에 따라서든 지위(地位)에 따라서든 사람을 차별만은 하지 말라는 말씀이다. 새벽부터 일한 놈이나 해거름에 와서 일한 놈이나 똑같이 대해만 준다면, 게가 바로 하느님 나라라는 말씀이다.

이게 안 될 이유가 없는데 어째서 안 되는 걸까? 노자(老子) 그 늙은이께서도 오죽 답답하시면 "내 말은 알아듣기가 매우 쉽고 하기도 매우 쉽다. 사람들이 그것을 알지 못하고 하지 못한다[吾言甚易知甚易行. 天下莫能知莫能行]"고 한탄하셨을까만, 생각건대 이는 인간의 심보가 못돼먹었기 때문이 아니라 인간의 본질적 동등성을 보지 못하는 무명(無明) 탓이다. 觀玉

04

깊구나,
만물의 근원[宗] 같도다

道沖而用之或不盈. 淵兮似萬物之宗. 挫其銳, 解其紛.
和其光, 同其塵. 湛兮似或存. 吾不知其誰之子, 象帝
之先.

道는 텅 비어 있어서 그것을 쓰는데 가득 차지 않는 듯하
다. 깊구나, 만물의 근원[宗] 같도다. 그 날카로움을 부러뜨
려 엉클어짐을 풀고 그 빛을 흐릿하게 하여 티끌에 하나가
된다. 고요하구나. 존재하는 것 같도다. 나는 그것이 누구의
자식인지를 모른다. 하느님보다 먼저인지 모르겠다.

■　　무릇 道란 텅 비어 있는 듯하여 지극한 '없음[無]'이다. 그러나 그 '없음[無]'으로써 뭇 '있음[有]'에 나아간다. 천지가 비록 크고 산하(山河)가 비록 넓지만 道가 어디에도 치우치는 바 없음은 고요하고 꼴[形]이 없기 때문이다.

"가득 차지 않는 듯하다[或不盈]" 함은 깊어 아득함을 말한다. 내가 그것이 만물의 근본[宗]됨을 알지만 부러지게 그렇다고는 감히 말할 수 없으니 그래서 "만물의 근본[宗] 같다"고 했다. 사람으로 道를 모시지 않은 자 없으나 성인(聖人)만이 그것을 온전하게 할 수 있다.

그 날카로움을 부러뜨림은 그것이 허망한 데로 흐를까 저어해서요, 그 엉클어짐을 푸는 것은 그것이 물(物)로 더불어 얽매일까 저어해서다. 허망한 데로 흐르지 않고 물(物)로 더불어 얽매이지 아니하면 이미 바깥에서 오는 탈[患]은 없고 이에 빛이 생기는데, 또한 그 빛을 좇아서 빛을 흐릿하게 함[和其光]은 그것이 물(物)에서 떨어질까 저어해서다.

빛은 지극히 깨끗하고 티끌은 지극히 잡(雜)되다. 비록 티끌이라 해도 그것과 같아지지 않는 바 없음은 그것[빛]이 만물을 버릴까 저어해서다. 이렇게 한 뒤에야 道가 온전해지니 곧 깊고 고요하게 늘 존재한다. 존재는 하는데 사람이 그것을 알아차리지 못한다. 그래서 "존재하는 듯하다[似或存]"고 했다.

道는 비록 상존(常存)하지만 끝내 그 이름을 지어 부를 수가 없다. 그러나 그렇다고 해서 또한 '없음[無]'이라고 말할 수도 없으니 그래서, "하느님보다 먼저인지 모르겠다"고 했다. 하느님은 모든 것에 먼저 계시거니와 또한 그 하느님보다 먼저라고 하지만 어찌 하느님보다 먼저라고 잘라 말할 수야 있겠는가?

蘇子由

■   道는 텅 비어서 묘(妙)하다. 쫓아가서 잡지만 아무것도 얻지 못한 듯하다. 그래서 "가득 차지 않은 듯하다"고 했다. 그러나 그것이 깊고도 묘하여 아무리 써도 바닥이 나지 않는다.

물물(物物)이 스스로 道로되 道는 물(物)이 아니다. 그래서 "만물의 근원[宗] 같다"고 했다.

옛날 道를 배우는 이들은, 앞으로 나아가 반드시 이루고 말겠다는 뜻을 지니지는 않았다. 그 날카로움을 부러뜨림은 반드시 하지는 않는다는 뜻이다. 또, 겁을 내어 아예 하지 않겠다는 마음을 먹지도 않았다. 그 엉클어짐을 푼다 함은 아무것도 안 하지는 않는다는 뜻이다. 또, 선(善)을 취하여 아름답게 여기지도 않았다. 빛을 흐릿하게 한다 함은 선(善)을 따로 취하지 않는다는 뜻이다. 또, 악(惡)을 싫어하여 비방(誹謗)하지도 않았다. 티끌과 하나가 된다 함은 악(惡)을 버리지 않는다는 뜻이다.

고요하고 깊게 스스로 머물되 고요하고 깊음에 머물지 않는다[湛然自住而不住于湛然]. 그래서 "존재하는 듯하다"고 했다.

나는 그것의 처음을 모른다. 그래서 "누구의 자식인지 모른다"고 했다. 나는 그 앞을 모른다. 그래서 "하느님보다 먼저인지 모르겠다"고 했다. 李息齋

■　한 집안을 겨우 주장할 역량이 있는 자가 집안을 온전케 할 수 없고 한 나라를 겨우 주장할 역량이 있는 자가 나라를 이룰 수 없으니 있는 힘을 다 쏟아 무거운 것을 들면 힘을 쓸 수가 없다. 그런 까닭에 사람이 비록 만물을 다스릴 줄 안다 해도 그것을 이의지도(二儀之道)로써 하지 아니하면 충분할 수 없다.

땅이 비록 넓다 해도 하늘을 본받지 않으면 그 평안함[寧]을 온전히 할 수 없고 하늘이 비록 정(精)하다 해도 道를 본받지 않으면 그 정(精)을 능히 지킬 수 없다.

道는 텅 비어 있어서 쓰는데 써도 바닥을 낼 수 없다. 채울 수 있어서 채우면 가득 차게 되고 가득 차면 넘친다. 그러므로 텅 비어 있어서 쓰는데 또한 "가득 차지 않는다" 했다. 그 다함 없음[其爲無窮]이 또한 매우 지극하다.

아무리 큰 모양으로도 그 몸[體]에 덧보탤 수가 없고 아무리 많은 일로도 그 양(量)을 채울 수 없거늘, 만물이 이를 버리고 주인공[主]을 따로 찾으나 그 주인공이 어디 있겠는가? 과연 "깊구나, 만물의 근원 같도다" 아닌가?

날카로움을 부러뜨려도 떨어지지 않으며 엉클어짐을 풀어도 수고롭지 않고 빛을 흐릿하게 해도 몸을 더럽히지 않으며 티끌과 하나 되어도 참됨[眞]이 변하지 않으니, 과연 "고요하구나, 존재하는 것 같도다" 아닌가?

땅이 제 모양을 지켜 존재하나 그 덕(德)이 만물을 실어주는 것에서 지나지 않고 하늘이 제 모양을 정성껏 지키나 그 덕(德)이 만물을 덮어주는 것에서 지나지 않는다. 천지(天地)도 이[道]에 미치지를 못하거늘, 과연 "하느님보다 먼저인지 모르겠다" 아닌가?

제(帝)는 천제(天帝)다.　王弼

■　　　말 많은 사람이 말 없는 사람을 못 이긴다. 사람이 아무리 대단해도 '땅'을 이기지 못함은, 땅이 말을 하지 않기 때문이다.

말 없는 사람이 틀 없는 사람을 못 이긴다. 땅이 아무리 크고 넓어도 하늘 아래 있음은 땅이 만져지고 잡혀지는 틀을 지니기 때문이다.

틈 없는 사람이 꼴 없는 사람을 못 이긴다. 하늘이 아무리 높아도 道 아래 있음은 하늘이 저렇게 '있기' 때문이다. 역발산 기개세(力拔山氣蓋世)의 항우(項羽)도 '없는 적'을 무찌르지는 못한다. 觀玉

05

천지(天地)는
사랑을 베풀지 않아

天地不仁, 以萬物爲芻狗. 聖人不仁, 以百姓爲芻狗. 天
地之間, 其猶槖籥乎. 虛而不屈, 動而愈出. 多言數窮,
不如守中.

천지(天地)는 사랑을 베풀지 않아 만물을 짚개로 삼는다.
성인(聖人)은 사랑을 베풀지 않아 백성을 짚개로 삼는다.
하늘과 땅 사이는 풀무와 피리 같아서 텅 비어 막히지 않고
움직이면 더욱 많이 나온다. 말이 많으면 자주 막히니 중심
을 지키느니만 못하다.

■　　천지(天地)는 사(私)가 없다. 그래서 만물의 절로 그러함[自然]을 그대로 받아준다. 그러기에 만물이 절로 나고 절로 죽으니, 죽음은 싫어할 바가 아니요 삶은 친애할 바가 아니다.

비(譬)컨대, 짚을 엮어 개 모양을 만들어 가지고 제사를 지낼 때 꾸며서 바치는 것과 같으니 어찌 그것을 사랑한다[愛之]고 하겠는가? 때를 만나 우연히 그렇게 되었을 따름이다. 일이 끝나면 그것을 버려서 지나가는 자들이 밟게 되는데 어찌 그것을 미워한다[惡之]고 하겠는가? 역시 우연히 그렇게 되었을 따름이다. 성인(聖人)의 백성 대함이 이와 같으니, 특별히 그들을 해치지 아니함으로 그 성품[性]을 온전히 지키는 것이다.

삶과 죽음, 얻음과 잃음을 따로 헤아리지 않거니와, 비록 백성을 사랑하지 않는다 해도 그래서 사실은 그 사랑이 큰 것이다.

이에 견줄 만한 것이 풀무와 피리다. 바야흐로 그 하나를 움직이면 기(氣)가 미치는 곳에 쏠리지 않는 것이 없다. 모르는 자들이 온갖 기교(技巧)를 다 부려보지만, 풀무와 피리는 일을 어떻게 하는가? 역시 텅 비어 막힌 데가 없고 그래서 움직일수록 더욱 나온다.

하늘과 땅 사이[間]가 만물을 낳고 죽이며 온갖 모양을 깎고

쪼아서 만드는 바가 또한 이와 같다. 움직일수록 더욱 많이 나오는 것을 보면서도, 그것이 모두 중심이 텅 비어 있기에 그러한 줄을 모르는지라, 그것에 대하여 이러쿵저러쿵 말이 많아 자주 막히거니와, 이는 중심의 다함없음(中之不窮)을 지키고 가만히 있느니만 못하다. 蘇子由

■　　하느님보다 먼저일는지도 알 수 없을 만큼 아득하여 어디에서 나왔는지를 모르는 것이 道일진대, 이 道를 몸받는 자에게 어찌 사랑[仁]이니 미움[惡]이니 하는 말을 적용하겠는가? '인(仁)'이란 사람의 마음[人心]일 뿐이다.

천지(天地)는 이 道를 몸받는지라 따로 친애하는 바가 없이 만물을 짚개로 삼는다. 성인(聖人)은 이 道를 몸받는지라 따로 친애하는 바가 없이 백성을 짚개로 삼는다. 짚으로 만든 개는 따로 친애할 것도 없이 그냥 그렇게 있는 것이다.

만물은 천지와 한 몸이요 백성은 성인과 한 몸이다. 천지와 성인이 자신을 짚으로 만든 개처럼 여기는 고로 만물과 백성도 마찬가지로 볼 따름이니, 낳고 기르고 키우고 자라게 하되 일부러 사랑을 베푸는 바가 없다. 다만 일부러(따로) 사랑하는 바가 없으므로 이를 일컬어 '큰 사랑[大仁]'이라 한다. 그런즉 하늘과 땅 사이가 풀무와 피리 같음을 정녕 보게 된다.

풀무와 피리라는 물건은 중심이 텅 비어서 막히지 아니한 까닭에 움직일수록 더욱 많이 나오게 되어 있다. 사람으로서 이 道를 몸받는 자는, 말을 하는데 말을 하지 않는다[言出于不言而已]. 말하지 않고 말하는 것[言無言]을 보아, 하면서 하지 않는 것[爲無爲]을 알 수 있다.

소리를 내면 말이 되고 일을 드러내 보이면 일하는 게 된다. 혹은 말을 하고 혹은 일을 하지만 실(實)은 하나다. 어떻게 하면 말과 일의 체(體)가 이와 같을 따름일 것인가? 이를 모르면 말이 말하지 않는 데서 나오지 않고, 말이 말하지 않는 데서 나오지 않으면, 텅 비어서 움직이는 풀무나 피리와 다르게 되니 말이 많을수록 자주 막히는 것이 또한 당연하지 않겠는가?

공자(孔子) 이르시기를, 오늘에 노래하는 자 그 누구냐고 하셨다. 이를 알면 곧 말이 말하지 않는 데서 나옴을 안다. 말이 말하지 않는 데서 나오는 것을, 사람들은 그렇게 하지 못한다. 그렇게 하지 못하는 까닭은 마음이 '있음[有]'에 매여 있지 않으면 '없음[無]'에 매여 있고 잡는 데 매여 있지 않으면 놓는 데 매여 있어서 나아가 道와 더불어 서로 합당하지 못한 때문이다. 있지도 않고 없지도 않고 잡지도 않고 버리지도 않고, 나아가 道와 더불어 서로 합당한 것을 일컬어 중심을 지킨다[守中]고 한다. 중심을 지켜 마지 않으면 말이 말인 까닭을 알아, 말이

많아서 자주 막히는 것이 중심을 지키는 일에 힘쓰느니만 못한 줄을 알게 된다. 呂吉甫

■　　하늘과 땅이 절로 그러함[自然]에 맡겨 아무것도 하지 않고 만들지 않는데도 만물은 스스로 서로를 다스린다. 그래서 "천지는 사랑하지 않는다"고 했다. 사랑을 하면 일삼아 만들어 세우고 교화를 베풀어 은혜를 끼치고 그래서 무엇을 함[爲]이 있지 않을 수 없다. 만들어 세우고 교화를 베풀면 물(物)이 두루 갖추어 존재하지 못하며 물(物)이 두루 갖추어 존재하지 못하면 넉넉하게 준비하여 지니지 못하게 된다.

땅이 짐승을 위해서 풀을 내지 않지만 짐승들은 풀을 먹고, 사람을 위해서 개를 낳지 않지만 사람은 개를 먹는다. 만물에 대하여 아무것도 하지 않지만 만물이 저마다 그 쓰일 곳을 얻으니 충분치 못할 게 없다.

만약에 지혜를 자기로 말미암아 세운다면 그것을 믿고 맡기기에 부족할 것이다. 그런데 성인(聖人)은 그 덕(德)이 천지(天地)의 그것에 짝하여, 백성을 짚개로 여긴다.

탁(槖)은 풀무고 약(籥)은 피리다. 풀무와 피리의 중심은 텅 비어 정(情)도 없고 함[爲]도 없다. 그래서 허(虛)하여 막힘이 없고 움직여도 바닥이 나지 않는다. 천지의 중심은 확 틔어서 거

칠 게 없고 모든 것을 절로 그러함[自然]에 맡긴다. 그래서 바닥
이 날래야 날 수 없으니 풀무, 피리와 비슷하다.

일삼아 할수록 더욱 많이 잃게 된다. 물(物)은 제 속에 악(惡)
을 심게 되고 일과 말이 서로 어긋나게 되어 다스려지는 것도
없고 말도 되지 않고 이치도 맞지 않으니 반드시 바닥날 것은
당연한 도리[數]다. 풀무나 피리처럼 도리의 중심[數中]을 지키
면 다함이 없게 된다. 자기를 버리고 물(物)에 맡기면 이치에 맞
지 않을 게 없다[棄己任物則莫不理].

피리가 제 뜻을 따로 가지고 소리를 낸다면 그것을 부는 자
의 구(求)하는 바에 함께하지 못할 것이다. 王弼

■ 피리는 속이 비어 있어서 소리를 낸다. 바닥이 없으니
참 중심이요 따라서 아무리 퍼내 써도 바닥날 리(理) 없다.

세례자 요한은 자신을 "광야에서 외치는 이의 소리"라고 했
다. 분명히 자기 목청을 울려 소리를 내면서 소리 임자가 따로
있다는 고백이다.

어떤 이는 그 임자를 가리켜 '진리'라고 부르고 어떤 이는
'참나[眞我]'라 부르고 어떤 이는 '무(無)'라 부르고 또 어떤 이
는 '하느님'이라 부르는데 모두가 임시변통으로 부르는 가명(假
名)이 아닐 수 없으니 무슨 상관인가?

피리 부는 이가 피리를 부는데 피리가 따로 제 소리를 낸다면 그런 낭패가 없으렷다. 대나무로 만든 피리야 그럴 리(理) 없지만, '사람'이라는 이름으로 불리는 피리는 연주자 뜻에 아랑곳없이 저마다 제 소리를 질러대고 있으니 온통 세상이 시끄러울 수밖에. 觀玉

06

골짜기 신(神)은 죽지 않는다

谷神不死, 是謂玄牝. 玄牝之門,
是謂天地根. 綿綿若存, 用之不勤.

골짜기 신[谷神]은 죽지 않는다. 이를 일컬어 검은 암컷[玄
牝]이라 한다. 검은 암컷의 문(門)을 일컬어 하늘·땅의 뿌
리라 하는데 이어지고 또 이어져서 존재하는 듯하매 그것
을 쓰는 데 힘겹지 않다.

■   골짜기는 텅 비어 있으나 오히려 꼴[形]이 있다. 골짜

기 신[谷神]은 비어 있으면서 꼴이 없다. 비어 있으면서 꼴이 없어서 남[生]이 없거늘 어디에 죽음[死]이 있겠는가? 일컬어 골짜기 신[谷神]이라고 함은 그 덕(德)을 말한 것이요 일컬어 검은 암컷[玄牝]이라고 한 것은 그 공(功)을 말함이다. 암컷[牝]은 만물을 낳으니 그래서 검다[玄]고 했다. 이는 그것이 낳는 것은 보이는데 어떻게 낳는지는 보이지 않는 것을 말한다.

검은 암컷의 문(門)이란, 만물이 거기에서 나왔다는 말이다. 하늘·땅의 뿌리[天地根]란, 천지가 거기에서 생겨났다는 말이다. 이어지고 또 이어져서 끊이지 않는다. 있기는 있는 것 같은데 보이지 않는다. 능히 이와 같은지라, 종일토록 써도 수고스럽지 않다. 蘇子由

■　골짜기는 꼴이 있지만 '하나[一]'를 얻어서 그 까닭에 비어 있으면서 가득 찰 수 있다[虛而能盈]. 신(神)은 꼴이 없지만 '하나'를 얻어서 그 까닭에 고요하면서 신령할 수 있다[寂而能靈].

사람이 능히 중심을 지켜 '하나'를 얻는다면 꼴이 있는 몸이라도 하여금 텅 비어 골짜기 같게 할 수 있고 꼴이 없는 마음이라도 하여금 고요하여 신(神)과 같게 할 수 있으니, 곧 꼴 있는 몸과 꼴 없는 마음이 합하여 죽지 않는다.

옛사람이 몸은 마음에 합하고 마음은 기(氣)에 합하고 기(氣)

는 신(神)에 합하고 신(神)은 '없음[無]'에 합한다고 한 것이 이를 설명한 말이다. 합하면 곧 죽지 않고[合則不死] 죽지 않으면 곧 나지 않고[不死則不生] 나지 않는 자가 능히 남을 낳으니[不生者能生生], 이를 일컬어 '검은 암컷[玄牝]'이라 했다. 검은 것은 있음과 없음의 합(合)이요 암컷은 능히 낳는 자라, 그런 까닭에 "골짜기 신(神)은 죽지 않으니 이를 일컬어 검은 암컷이라 한다"고 했다. 道가 하늘·땅을 낳음이 이에 말미암은 것일 따름이다. 그래서 '검은 암컷의 문(門)'이라 했다. 이를 두고 '하늘·땅의 뿌리[天地根]'라 했거니와, 없는가 하면 이어지고 이어져서 끊이지 않고 있는가 하면 그 존재가 눈에 보이지 않으니, 다만 있는 것 같을[若存] 따름이다.

없는 것 같은데 끊이지 않고 있는 것 같은데 아무 데도 없으니, 내가 그것을 쓰고 또 보존하되 마음에 간직할 바가 없고 다만 입술을 다물 따름이다. 거기에 무슨 힘들 일이 있겠는가? 呂吉甫

■　'골짜기 신[谷神]'은 골짜기 중앙의 '골짜기 없음[無谷]'이다. 꼴도 없고 그림자도 없고 거스름도 없고 어긋남도 없다. 낮은 데 있으면서 움직이지 않고 고요함을 지키면서 스러지지 않는다. 골짜기가 이로써 이루어지는데 그 꼴을 볼 수 없으니 이야말로 지극한 물(物)이다.

낮은 데 있어서 이름을 지어 부를 수 없으니 그래서 "하늘·땅의 뿌리라 하는데 이어지고 또 이어져서 존재하는 듯하매 그것을 쓰는데 힘겹지 않다"고 했다.

문(門)은 검은 암컷[玄牝]이 말미암는 곳[所由]이다. 본디 그 말미암은 곳이 지극한 것[極]과 더불어 한 몸인지라 그래서 '하늘·땅의 뿌리'라 했다. 존재한다고 말하고 싶지만 그 꼴이 안 보이고 없다고 말하고 싶지만 만물이 그로써 생겨나니 그래서 "이어지고 또 이어져서 존재하는 듯하다"고 했다. 그로 말미암아 이루어지지 않은 물(物)이 없으나 그것을 쓰는 데 따로 힘을 쓸 필요가 없다. 그래서 "쓰는 데 힘겹지 않다"고 했다. 王弼

■　　태어나면서부터 눈이 먼 사람 아니고서야 햇빛을 보지 못한 사람은 아무도 없다. 그러나, 창세(創世) 이후로 아직까지 '빛'을 본 사람은 아무도 없다. 앞으로도 없을 것이다. 날아가는 총알의 속도도 따라잡지 못하는 눈으로 어찌 빛을 볼 수 있겠는가?

보았다고 말하지 말라. 보지 못했다고도 말하지 말라.

"일찍이 하느님을 본 사람은 없다"(요한 1:18). "나를 보았으면 곧 아버지를 본 것이다. 그런데도 아버지를 뵙게 해 달라니 무슨 말이냐?"(요한 14:9).

이(李) 아무개의 몸은 이 아무개가 아니다. 이 아무개의 몸을 보고 이 아무개를 보았다고 말하지 말라. 그러나 이 아무개의 몸을 떠난 어디에서 이 아무개를 볼 수는 없다. 있음에 나아가 없음을 보라[卽有以觀無]. 문득 평안해져 있는 자신을 볼 것이다. 觀玉

하늘은 길고 땅은 오래다

天長地久. 天地所以能長且久者, 以其不自生, 故能長
生. 是以聖人後其身而身先, 外其身而身存. 非以其無私
邪, 故能成其私.

하늘은 길고 땅은 오래다. 하늘 땅이 길고 오랜 까닭은 자
기를 살리지 않기 때문이다. 그래서 오래 산다. 이로써 성
인(聖人)은 그 몸을 뒤로 돌려 몸이 사람들 앞에 서게 되고
그 몸을 밖으로 돌려 몸이 존(存)한다. 이야말로 사(私)가
없어서 그런 것 아니겠는가? 그런 까닭에 능히 사(私)를 이
루는 것이다.

■　　　하늘 땅[天地]이 비록 크다 하나 꼴[形]과 수(數)를 떠날 수 없다. 그런즉 길고 오래라 하지만 모두 제 양(量)이 있다. 노자(老子)가 길고 오램을 말하며 천지(天地)가 그렇다고 한 것은 사람 눈에 보이는 대로 말한 것일 따름이다. 길고 오랜 것의 지극함이라 하면 이른바 천지의 시작[天地始]이 그것이겠다.

천지(天地)는 만물을 낳지만 자기를 살리지는 않는다. 만물 바깥에 서 있기에 그래서 능히 오래 산다. 성인(聖人)은 그 몸을 뒤로 돌려 사람들 앞에 서게 되고 그 몸을 밖으로 돌려 사람들을 이롭게 하고 뭇 사람들 거죽[表]에 처하여 그래서 그들 앞에 서고 또 존(存)한다. 이는 마치 천지(天地)로 하여금 물(物)로 더불어 생(生)을 다투고 성인(聖人)으로 하여금 사람들로 더불어 득(得)을 다투게 하는 것과 같으니, 천지(天地) 또한 하나의 물(物)이요 성인(聖人) 또한 하나의 사람인지라 어찌 이에서 크게 벗어나겠는가? 그러나 저들에게는 사(私)가 없어서 사(私)를 이루고자 구(求)하는 바가 없으니 이로써 사(私)를 이룬다. 道가 정녕 그러하다.　蘇子由

■　　　하늘은 베풀고 땅은 낳는다. 베풀고 낳는 道가 천지(天

地)에 있어서 일찍이 하루도 잊혀진 적이 없다. 하늘이 물(物) 베푸는 일에 그침이 없는지라, 이로 말미암아 땅이 물(物) 낳는 일을 쉴 수가 없다.

하늘이 베풀기를 따로 좋아한 적이 없고 땅이 낳기를 쉰 적이 없으니 이를 일컬어 "자기를 살리지 않는다[不自生]"고 했다. 자기를 살리지 않음으로 말미암아 만물이 그것을 의지하여 생겨난다. 그래서 "능히 오래 산다." 성인(聖人) 또한 그러하니, 그 마음이 변하지 않고 무너지지도 않아 천지(天地)와 더불어 막힘 없이 흐르는 까닭에 이 몸뚱이에 무슨 사랑할 만한 것이 없는 줄을 안다. 마음 하나 움직이면 되지 않는 게 없음을 알아 행동거지(行動擧止)에 이롭게 하지 않음이 없다. 그 얻은 바로 말미암아 자기 몸을 부정(否定)하는 것으로 몸을 삼으니[以非身爲身] 세상 사람들 자기 몸 위하는 일과는 같지 않다. 이를 일컬어, "그 몸을 뒤로 돌려 몸이 앞에 서게 되고 그 몸을 밖으로 돌려 몸이 존(存)한다"고 했다.

사람들이 물(物)을 이루지 못하는 까닭은 스스로 사(私)를 꾀하기 때문이다. 내가 스스로 사(私)를 꾀하지 않는 까닭에 능히 다른 사람의 사(私)를 이룰 수 있다. 물(物)은 제 사(私)를 얻고 나는 그 얻음을 얻으니 일컬어 양득(兩得)이라 한다. 李息齋

■   자기를 살리면 물(物)로 더불어 다투고 자기를 살리지 않으면 물(物)이 돌아온다. 사(私)가 없는 것은 제 한 몸에 아무 일도 하지 아니함이다. 그래서 몸이 앞에 서고 몸이 존(存)한다. 그러므로 이르기를, "능히 사(私)를 이룬다" 했다.　王弼

■   공(公)과 사(私)를 분별해야 한다고 우리는 배웠다. 그러나 거기에서 가르침이 끝나면 곤란하다. 만일 공사(公私)를 잘 분별하는 것이 인격의 완성이라면 어째서 예수 · 석가 · 노자 등의 어록에서 그런 말을 찾아볼 수 없는 것일까? 오히려 그들의 가르침에 따르면 사(私)는 처음부터 없다.

우주가 공(空)이요 그래서 공(共)이요 또 공(公)이다. 사(私)는 아예 없는 것이다. 그것이 있는 줄 착각하는 바람에 있지도 않은 사(私)가 사(邪)로 되어 사(死)를 낳는다. 무지(無知)가 고(苦)를 낳는 것이다.　觀玉

08

가장 높은 선(善)은 물과 같다

上善若水. 水善利萬物而不爭, 處衆人之所惡, 故幾于
道. 居善地, 心善淵, 與善仁, 言善信, 政善治, 事善能,
動善時. 夫唯不爭, 故無尤.

가장 높은 선(善)은 물과 같다. 물은 만물을 이롭게 하면서
다투지 않고, 뭇 사람이 싫어하는 곳에 자리하니 그래서 道
에 가깝다. 언제나 낮은 땅에 거하고 깊은 못처럼 마음을
쓰고 너그럽게 사랑을 베풀고 말을 하면 미덥고 정치를 하
면 잘 다스리고 일을 하면 능하고 움직임에 때를 잘 맞춘
다. 오직 다투지를 않는지라 그런 까닭에 허물이 없다.

■　　『역(易)』에 이르기를, 일음일양(一陰一陽)을 일러 道라 하고 그 道를 잇는 것이 선(善)이요 그것을 이루는 것[成]이 성(性)이라 하였다. 또 이르기를, 하늘이 '하나[一]'로 물[水]을 낳으니 道가 움직여 선(善)을 이룸이 마치 기(氣)가 움직여 물을 낳는 것과 같다고 하였다. 그래서 "가장 높은 선[上善]은 물과 같다"고 하였다.

　이 둘(물과 선)은 모두 무(無)에서 비롯하여 그 꼴을 이루었다. 그러므로 이치가 같다. 道는 있지 않는 곳이 없고 이롭게 하지 않음이 없거니와 물 또한 그러하다. 그러나 이미 꼴에 잡아매인 바 된즉 道하고는 거리가 있다. 해서 이르기를, "거의 道에 가깝다"고 했다. 그렇지만 선(善)이라는 말을 붙일 수 있는 것으로서 물 같은 것이 없다. 그래서 "가장 높은 선(善)"이라고 했다.

　높은 자리를 피하여 아래로 내려가니 거스름이 없다. 그래서 선한 땅[善地]이다. 텅 비어 고요하고 깊이를 재어볼 수 없으니 그래서 선한 못[善淵]이다. 만물을 이롭게 하면서 베풀되 보상을 구하지 않는다. 그래서 선한 사랑[善仁]이다. 둥글면 반드시 돌고 모나면 반드시 꺾이고 막히면 반드시 멈추고 터지면 반드시 흐르니 선한 미쁨[善信]이다. 뭇 더러움을 씻어주고 높고 낮

은 것을 고르니 선한 다스림[善治]이다. 물(物)을 만나면 꼴을
받되 그 어느 하나에 갇히지 않으니 절기를 놓치지 않는다. 그
래서 선한 때[善時]다.

선(善)하기는 하지만 남의 잘못을 봐 넘기지 못하는 사람은
그로 말미암아 다투게 된다. 물은 오직 다투지를 않으니 그런
까닭에 일곱 가지 선(善)에 겸하여 또한 허물이 없다.　蘇子由

■　'전(傳)'에 이르기를, 일음일양(一陰一陽)을 일러 道라
하고 그 道를 잇는 것[繼]이 선(善)이라 하였다. 잇는다고 말하
였으니 이미 道를 떠난 셈이고 따라서 道의 체(體)는 아니다.

"가장 높은 선[上善]"의 선(善)은 "세상 사람들이 선(善)을 알
아서 그것을 선(善)이라 한다"(2장)고 했을 때의 선(善)이 아니
라 이른바 道의 선(善)이다. 그러므로 물 같다고 했다. 물은 만
물을 이롭게 하면서 다투지를 않고 뭇 사람이 싫어하는 곳에
있으니 '가장 높은 선(善)'이 또한 그러하다. 비록 道라고 곧장
말하기에는 모자람이 있지만 道에 가깝다.

강과 바다가 모든 골짜기의 왕이 되는 까닭은 그것이 아래로
내려가기 때문이다. 그러므로 그렇게 거하니 곧 선한 땅[善地]
이다. 무지개가 굳게 서 있어 못을 이루고 고요한 물이 모여 못
을 이루고 흐르는 물이 모여 못을 이룬다. 그러므로 그렇게 마

음을 쓰니 곧 선한 못[善淵]이다. 흘려 넣어도 가득 차지 않고 퍼내도 바닥나지 않는다. 그러므로 그렇게 내어주니 곧 선한 사랑[善仁]이다. 험한 곳을 가도 신의(信義)를 잃지 않는다. 그러므로 그렇게 말하니 곧 선한 미쁨[善信]이다. 갈라지면 골짜기 냇물이 되고 쌓이면 강과 바다가 된다. 그러므로 그렇게 정치를 하니 곧 선한 다스림[善治]이다. 세상에 물보다 더 부드럽고 약한 것이 없지만 강하고 단단한 것을 치는 데는 물을 이길 것이 없다. 그러므로 그렇게 일을 하니 곧 선한 능[善能]이다. 원천(源泉)은 퐁퐁 솟아나 밤낮을 가리지 않으며 웅덩이에 가득 괸 뒤에야 비로소 나아간다. 그러므로 그렇게 움직이니 곧 선한 때[善時]다.

기다리다가 필요하면 나가되 다투지를 않으니, 그렇게 선한 땅에 거함을 본(本)으로 삼는다. 그러므로 이르기를, 오직 다투지를 않는지라 곧 천하에 무엇도 그와 더불어 다투지를 못하니 그래서 허물이 없다고 했다. 呂吉甫

■　　못 사람이 싫어한다 함은 사람들이 낮은 자리를 싫어한다는 말이다. 道는 무(無)요 물[水]은 유(有)다. 그래서 "가깝다"고 했다.

허물이 없다 함은, 사람들이 저마다 다스리는 道에 응(應)함

을 말한다.   王弼

■   인체의 70%가 물이라 했던가? 그렇다면 적어도 내 삶
의 70%는 물처럼 살라는 말씀인데, 모든 것에 이로움을 끼치면
서 제 공(功)을 내세우거나 제 의지(意志)를 관철코자 남과 다투
지를 않는다니, 오히려 내 삶은 그와 반대쪽으로 내닫고 있지
않는가?

  꽃은 모든 꽃이 꽃답게 피는데 어째서 아무개는 사람이면서
사람답게 살지를 못한단 말인가? 억지를 부리기 때문이다. 물은
억지를 부리지 않는다. 어찌 물만 그러하랴? 불도 바람도 흙도
… 사람만 빼놓고 천하에 존재하는 모든 것이 '억지'를 모른다!

  오냐, 좋다. 무엇이든 억지로는 않겠다. 하고 싶으면 하고 하
기 싫으면 안 한다. 하고 싶어도 상황이 허락되지 않으면 안 한
다. 하기 싫어도 하지 않을 수 없으면 한다. 그러다가 어디가 부
러지게 되면 부러지는 거다. 그러다가 욕을 먹게 되면 먹는 거
고 그러다가 마침내 죽게 되면 미련 없이 죽는다.

  생각느니 인생(人生)은 참으로 얼마나 쉬운 것인가!   觀玉

09

벼려서 뽀족하게 하면
오래 보존 못 한다

持而盈之, 不如其已. 慟而銳之, 不可長保. 金玉滿堂,
莫之能守. 富貴而驕, 自遺其咎. 功成名遂身退, 天之道.

지켜서 가득 채움은 그만두느니만 못하다. 벼려서 뽀족하
게 하면 오래 보존 못 한다. 집 안에 그득한 금옥(金玉)은 능
히 간수할 수 없다. 부(富)하고 귀(貴)하면서 교만하면 스스
로 허물을 남긴다. 공(功)을 이루고 이름(名)을 얻으면 몸을
뒤로 물리는 것이 하늘의 道다.

■　　가득 차면 반드시 넘치는 줄 알면서도 가득 차 있기를 고집하는 것은 가득 차지 않고 평안함만 못하다. 뾰족하면 반드시 꺾이는 줄 알면서도 앞머리를 날카롭게 벼리는 것은, 벼린다고 해서 반드시 믿을 것은 못 된다는 사실을 모르는 것이다.

무릇 성인(聖人)은 지니되 지니지 않거늘[有而不有] 어떻게 채울 것이며 이치를 좇은 뒤에 행하거늘[循理而後行] 어찌 뾰족하겠는가? 가득 차지 않으니 지킬 것이 없고 뾰족하지 않으니 날카롭게 벼릴 것도 없다.

해가 중천(中天)에 닿으면 기울고 달이 차면 이지러진다. 네 철[四時]이 운행하는데 공(功)을 이루고는 곧 사라진다. 천지(天地)가 이러할진대 하물며 사람이야 더 말할 것 있으랴? 蘇子由

■　　가득 참을 알고 그것을 지킴은 차지 않음이 이루는 선(善)만 못하다. 뾰족함을 알고 그것을 날카롭게 벼림은 뾰족하지 않음이 얻는 득(得)만 못하다. 가득함을 알고 지키는 것과 뾰족함을 알고 벼리는 것이 이미 불선(不善)일진대 하물며 가득 차 있으면서 지키지 않고 뾰족하면서 벼리지 않는 것이야 더 말할 것 있으랴?

가득 차 있으면서 더욱 욕심을 부리고 뾰족하면서 더욱 교
만하니 집안에 금옥(金玉)이 가득 있어도 멈출 줄을 모른다. 부
(富)하고 귀(貴)하면서 교만하면 남에게 거만한 정도가 아니라
먼저 자기 마음을 잃는다. 이것이 스스로 남기는 허물이 된다.
네 철이 운행하는데 공(功)을 이루고는 물러간다. 하늘의 道가
이러할진대 하물며 사람이야 더 말할 것 있겠는가? 李息齋

■　　지킨다[持]는 것은 德을 잃지 않음[不失德—자기가 德을
베풀고 있다고 생각한다, 또는 자기가 德 베푼 것을 잊지 않고 기억한다
는 뜻]을 말한다. 德을 잃지 않고 또한 그것을 채우면 세(勢)가 반
드시 기울게 마련이다. 그러므로 그만두느니만 못하다고 한 것
은 차라리 德도 없고 공(功)도 없느니만 못하다는 말이다.
끝을 벼려서 뾰족하게 하고 또한 그것을 갈아서 날카롭게 하
면 세(勢)가 반드시 꺾이게 마련이다. 그러므로 오래 보존 못 한
다. 그것을 지킬 수 없으니 그만두느니만 못하고 또한 스스로 허
물을 남기니 오래 보존 못 한다. 네 철이 운행하면서 공(功)을 이
루고 사라지는 것과 같으니 대개 하늘의 道가 그러하다. 王弼

■　　공자(孔子)는 말하기를, 넘침은 모자람과 같다[過猶不
及]고 했지만, 넘침보다 모자람이 낫다는 생각이 자꾸 드는 요

즘이다. 먹을 것이 남아 돌아가는 것은 먹을 것이 모자라는 것에 견주어 더 고약한 일이다. 이쪽은 사람의 배를 괴롭히지만 저쪽은 사람의 얼을 썩게 한다. 나아가, 굶주리는 것은 죄가 되지 않지만 배불리 먹고 남은 음식 버리는 것은 천벌 받을 범죄 행위다.

음식 쓰레기를 날마다 산더미처럼 생산하는 나라. 어째서 이런 나라들이 아직도 망하지 않고 건재하는지 모르겠다. 성인 바울로의 말대로, 과연 세상을 다스리는 것이 어둠의 권세인 때문일까? 觀玉

10

백(魄)에 혼(魂)을 실어
하나로 끌어안되

載營魄抱一, 能無離乎. 專氣致柔, 能孾兒乎. 滌除玄
覽, 能無疵乎. 愛民治國, 能無爲乎. 天門開闔, 能爲雌
乎. 明白四達, 能無知乎. 生之畜之, 生而不有, 爲而不
恃, 長而不宰, 是謂玄德.

백(魄)에 혼(魂)을 실어 하나로 끌어안되 능히 떨어지지 않
게 할 수 있는가? 기(氣)를 오로지하여 부드러움에 이르되
능히 젖먹이처럼 될 수 있는가? 꿰뚫어봄을 씻고 닦아서
능히 티없이 할 수 있는가? 백성 사랑하고 나라 다스림에
능히 아무 일도 하지 않을 수 있는가? 하늘 문[天門]을 열

고 닫는데 능히 암컷이 될 수 있는가? 사방으로 두루 환하
되 능히 아무것도 모를 수 있는가? 낳고 기르는데, 낳고 가
지지 않으며 하고 기대지 않으며 키우고 주재(主宰)하지 않
으니, 이를 일러 그윽한 덕[玄德]이라 한다.

■   백(魄)이 혼(魂)과 다른 점은, 백(魄)은 물(物)로 되고
혼(魂)은 신(神)으로 되는 데 있다. 『역(易)』에 이르기를, 정기(精
氣)는 물(物)이 되고 유혼(遊魂)은 변(變)이 되니 그런 까닭에 귀
신(鬼神)의 정상(精狀, 제 모습)을 안다고 했다. 백(魄)은 물(物)로
되니 그러므로 섞여서 머물고[雜而止] 혼(魂)은 신(神)으로 되니
그러므로 하나[一]로 있어 변(變)한다. 영백(營魄)이라고 한 것
은, 그 머물러 있음[止]을 말한 것이다.

道는 없는 곳이 없어서 그것이 사람에게 이르러서는 성(性)
이 되고 성(性)의 묘(妙)가 신(神)으로 된다. 순수하여 아무것과
도 섞이지 않은 것을 일컬어 '하나[一]'라 하고 모여 있어 아직
흩어지지 않은 것을 일컬어 '박(樸)'이라 한다. 그것들이 돌아가
면 곧 道려니와 각기 그 실(實)을 좇아서 말한 것이다.

성인(聖人)은 성(性)이 정(定)하고 신(神)이 응(凝)해서, 물(物)

을 따라 이리저리 옮기지 않는다. 비록 백(魄)으로 머물 곳을 삼지만, 신(神)이 하고자 하는 바가 있으면 백(魄)이 그것을 반드시 따르니 신(神)이 언제나 백(魄)을 싣고 있다[載]. 보통사람[衆人]은 물(物)로 성(性)을 부리는지라 신(神)이 어둡고 다스려지지 않아서 신(神)이 백(魄)의 말을 듣게 되어, 눈과 귀는 모양과 소리에 고단하고 코와 입은 냄새와 맛에 고단하다. 백(魄)이 하고자 하는 바를 신(神)이 따르니 혼(魂)이 언제나 신(神)을 싣고 있다.

그러므로 하여금 신(神)을 끌어안고 백(魄)을 싣게 하여 그 둘을 서로 떨어지지 않게 하는 것이야말로 성인(聖人)이 수신(修身)의 요(要)로 삼는 바다. 옛적 참사람[眞人]의 심근고대(深根固帶, 뿌리 깊어 든든함)하고 장생구시(長生久視, 오래 살아 계속 됨)한 道가 또한 이로 말미암은 것이다.

신(神)이 다스려지지 않으면 기(氣)가 어지러워져 강한 놈은 다툼질을 좋아하고 약한 놈은 툭하면 겁을 내는데 그러면서 스스로 그러는 줄을 모른다. 신(神)이 다스려지면 기(氣)가 함부로 움직이지 않아 기뻐하고 성냄이 각각 제자리를 지킨다. 이것을 일컬어 "기(氣)를 오로지한다[專氣]"고 했다. 신(神)은 허(虛)의 끝[至]이요 기(氣)는 실(實)의 처음[始]이다. 허(虛)가 극(極)에 이르면 부드러움[柔]이 되고 실(實)이 극에 이르면 단단함[剛]

이 된다. 성(性)을 순(純)하게 하고 기(氣)를 멎음[止氣]을 일컬어 "부드러움에 이른다[致柔]"고 했다.

젖먹이는 좋아하고 싫어함을 모른다. 그런 까닭에 성(性)이 온전하다[全]. 성이 온전하여 기(氣)가 가늘고[微] 기가 가늘어 몸[體]이 부드럽다[柔]. 기(氣)를 오로지하여 부드럽게 되기를 젖먹이처럼 한다면 더 나아갈 데가 없다.

성인(聖人)은 밖으로 자기를 백(魄)에 맡기지 않고 안으로 기(氣)에 부림받지 않으니 그 때[垢]와 티끌 닦아냄이 이토록 곡진(曲盡)하다. 여기에 이르러 그 신(神)이 탁 트여서[廓然] 만물을 꿰뚫어보니 모든 것이 성(性)에서 나왔음을 알고, 깨끗한 것과 더러운 것을 같이 보니[等觀淨穢] 무슨 허물이 있을 게 없다.

먼저 제 몸을 닦고 남은 것으로 타(他)에 미치니, 백성을 사랑하고 나라를 다스려도 한결같이 무심(無心)으로 그 일을 할 따름이다. 조금이라도 무슨 속셈을 가지고[有心] 한다면 백성 사랑한다는 것이 결국 그들을 해치게 되고 나라를 다스린다는 것이 결국은 나라를 어지럽히게 된다.

하늘 문[天門]은 다스려짐과 어지러움, 무너짐과 일어남이 모두 거기서 나오는 문(門)이다. 이왕에 몸으로 천하를 맡아 그 문을 열고 닫고 변하고 하나로 되고 함에 늘 반듯하다. 보통사람[衆人]은 얻는 것을 귀하게 여기고 잃는 것을 염려하여 일을 하기도 전에 복(福)을 구한다. 성인(聖人)은 이치를 좇아 살고 하늘의 명(命)을 아는지라 누가 먼저 소리내기를 기다렸다가 거기에 화음(和音)을 보탠다. 『역(易)』에 이르기를, 하늘을 앞서도[先天] 하늘에 어긋나지 않으면 하늘을 앞선 것이 아니요 하늘에 뒤져도[後天] 하늘의 때를 받들면 하늘에 뒤진 것이 아니라고 하였다. 이는 그 앞서고 뒤섬이 언제나 하늘의 명[天命]에 일치되어 있음을 말한 것이다. 그렇지 않을진대 앞선 자는 반드시 일등이어야 하고 뒤처진 자는 반드시 꼴찌여야 하는데 이는 모두 잃은 것[失之]이다. 그러므로 '능히 암컷이 되는 자[能爲雌者]'란 그 때를 잃지 않는 자를 그렇게 말한 것이다.

안으로 몸을 다스리고 밖으로 나라를 다스리는데 어떤 일을 당해도 道를 떠나는 일이 없다면, 이야말로 사방에 두루 환하여 [明白四達] 능히 그것을 하고 있는 것 아니겠는가? 사방에 두루 환한 것은, 마음[心]이다. 그 마음은 모르는 것이 없으나 스스로 안다는 마음을 지니지 않는다. 무릇 마음이란 하나[一]가 있을 뿐이다. 다만 그것을 아는 자가 또한 있어서 둘[二]로 되거니와, 하나에서 둘로 나가는 데서 가림[蔽]이 생기고 어리석음[愚]이 비롯된다. 거울이 사물을 대함에, 사물이 오면 응(應)하고 그만이다. 어찌 또 제가 사물에 응하고 있음을 스스로 알아야만 하겠는가? 본(本)에는 아무것도 없는데 생각[意]으로 무엇을 덧보태는 것이요, 이것이 곧 거짓됨[妄]의 뿌리다.

道는 이미 넉넉하여 만물을 낳고 기르면서 소유하거나 기대
거나 주재(主宰)하지 않는다. 큰 德을 지니고 있지만 아무도 그
것을 알지 못한다. 그래서 그윽한 德[玄德]이라고 했다. 蘇子由

■   재(載)는 처음[初]이요 영(營)은 지음[造]이다. 혼(魂)은
사람의 양(陽)이요 백(魄)은 사람의 음(陰)이다. 처음에 백(魄)을
짓고 백(魄)에 혼(魂)을 담았거늘, 혼과 백이 서로 하나[一]를 끌
어안아서 떨어지지 않게 할 수 있는가?

젖먹이의 양기(陽氣)는 아직 흩어지지 않아서 안으로 화(和)
하여 부드럽거니와, 젖먹이가 아니면서 능히 그러할 수 있음은
기(氣)를 오로지한[專氣] 결과로서 거기에 이르기를 꾀하지 않
고 거기에 이른 것이다. 그러므로 기(氣)를 오로지하여 화(和)에
이름이 한결같아 아무것과도 섞이지 않기를 젖먹이처럼 할 수
있는가?

초탈한 모습으로 만물을 꿰뚫어봄[超然玄覽]은 좋은 일이다.
그러나 그 마음[心]을 비우지 않으면 道라고 말하기에는 부족
하다. 그러므로 꿰뚫어보기[玄覽]를 씻고 닦아내어 흠이 없게
할 수 있는가?

사랑함으로 백성을 사랑하면[以愛愛民] 그 사랑은 처음부터

두루 미치지 못하고 일삼아 나라를 다스리면[以事治國] 그 나라는 처음부터 다스려지지 않는다. 맑고 고요함으로써 백성에게 임(臨)하면 백성은 스스로 교화(敎化)된다. 그래서 이르기를, 능히 아무것도 하지 않을 수 있느냐고 했다.

양(陽)은 움직여서 열고 음(陰)은 가만히 있어서 닫는다. 한 번 열고 한 번 닫는 데서 변화가 나온다. 그런데 움직임을 그만둘 줄 모르면 반드시 막힌다[窮]. 움직임을 그쳐 닫고, 고요함을 지켜 움직임을 기른다. 그래서 이르기를, 능히 암컷이 될 수 있느냐고 했다.

안팎으로 환하고 중심(中心)이 탁 트여, 일부러 일을 그렇게 하려고 하지 않아도 오히려 묻어 있던 티끌이 깨끗이 닦여진다. 반드시 자기가 아무것도 모른다는 사실을 알 수 있게 된 뒤에야 그 앎[知]에 장애가 없다. 그래서 이르기를, 능히 아무것도 모를 수 있느냐고 했다.

성인(聖人)은 물(物)을 대함에, 부모처럼 그것을 낳고 자손처럼 그것을 기른다. 그러나 낳고 그것을 소유하려 하지 않고, 하고 그것에 기대어 공(功)을 삼으려 하지 않으며, 기르고 스스로 주인 노릇을 하려 하지 않는다. 그윽한 덕[玄德]을 몸받지[體] 않고서는 그렇게 할 수 없다. 李息齋

■   　재(載)는 머무는 곳[處]과 같다. 영백(營魄)은 사람이 늘 머무는 곳[人之常居所]으로서 사람을 사람이게 하는 참[眞] 이다.

사람이 늘 머무는 집에 있으면서 한결같이 맑은 신(神)을 끌어안고 언제나 그것들이 떨어지지 않게 할 수 있느냐? 그러면 만물이 스스로 나그네 되어 그를 찾아온다는 말이다.

전(專)은 맡김[任]이요 치(致)는 다함[極]이다. 자연의 기(氣)에 맡겨 지극한 부드러움[至柔]의 화(和)에 이르기를 젖먹이가 아무 욕심도 품지 않음 같이 할 수 있느냐? 그러면 물(物)이 온전해지고[全] 성(性)을 얻게 된다는 말이다.

원(元, 주석자인 王弼의 本에는 玄이 元으로 되어 있는 듯)은 물(物)의 극(極)이다. 거짓된[邪] 꾸밈을 씻어내어 만물을 꿰뚫어봄에 이르되 능히 어떤 물(物)도 그 밝음[明]을 가리지 못하게 하고 그 신(神)을 흠내지 못하게 할 수 있느냐? 그러면 마침[終]이 처음[元]과 같으리라는 말이다. 꾀를 써서 이루고자 하고 수를 부려 숨으려고 하는 것이 지(智)다. 만물을 꿰뚫어봄에 흠이 없음은 절성(絶聖, 무엇을 따로 성스럽다고 하지 않음)과 같고 지(智)로써 나라를 다스리지 않음은 기지(棄智, 꾀를 버림)와 같다. 능히 수단을 부리지 않을 수 있는가? 그러면 백성은 치우치지 않을 것이요 나라는 다스려질 것이다.

하늘 문[天門]이란 세상이 거기로 말미암아 나오는 문이다. 그것이 열리고 닫힘은 세상이 다스려지고 어지러워지는 때를 가리킨다. 때로 열리고 때로 닫히면서 천하를 관통하여 흐른다. 그래서 이르기를, 하늘 문이 열리고 닫힌다고 했다. 암컷은 응(應)하되 부르지 않고[應而不倡] 스스로 무엇을 하지 않는다. 하늘 문이 열리고 닫히는데 능히 암컷이 될 수 있는가? 그러면 물(物)이 스스로 나그네 되어 그에게 와서 평안하리라는 말이다.

사방에 두루 환히 밝되 능히 아무것도 하지 않을 수 있는가? 사방에 두루 환히 밝아 어디에도 미혹되지 않으면서 능히 아무것도 하지 않을 수 있는가? 그러면 물(物)이 스스로 교화(敎化)된다는 말이다. 이른바 道는 언제나 하는 바가 없으니 후왕(侯王)이 이를 지킬 수 있다면 백성이 스스로 교화되리라는 말이다.

낳는 자는 그 원(原)을 틀어막지 않고 기르는 자는 그 성(性)을 가로막지 않는다. 그 원(原)을 틀어막지 않아서 물(物)이 스스로 생겨나는데 무슨 공(功)이 있을 것이며 그 성(性)을 가로막지 않아서 물(物)이 스스로 이루어지는데 무슨 행위를 따로 의지할 것인가? 물(物)이 스스로 자라나 넉넉함은 내가 그렇게 한 것이 아니다. 德은 있는데 주인[主]이 없으니 그윽함[元] 아니고 무엇이겠는가? 무릇 그윽한 덕[元德]이라고 한 것은, 德은 있으나 그 주인을 알 수 없음을 말한 것으로, 깊은 어둠[幽冥]에

서 나오는 것이다. 王弼

■　　　밤새도록 눈이 쌓였다. 머슴 박서방이 싸리비로 눈을 말끔 쓸었다. 주인이 나와서 보고 기분이 좋아 말했다.

"누가 이렇게 눈을 쓸었는고?"

대문 곁에 세워져 있던 싸리비가 대답했다.

"제가 쓸었습니다."

주인이 싸리비에게 물었다.

"네가 눈을 쓸었다고?"

싸리비가 으스대며 대답했다.

"예. 제가 손발이 닳도록 쓸었습니다."

주인이 다시 물었다.

"저 눈을 쓴 것이 진정 너였더냐?"

싸리비가, 주인이 세 번씩 거푸 묻자 마음으로 근심하여 한동안 생각하더니 이윽고 대답하기를,

"아니올시다. 박서방이 쓸었습니다."

그날 아침, 마당에 쌓인 눈을 쓴 것은 과연 박서방이었던가? 주인이 묻고자 하였으나, 박서방은 거기에 없었다. 親玉

11

바퀴살 서른 개가 구멍 하나에

三十輻共一轂, 當其無有車之用. 埏埴以爲器, 當其無
有器之用. 鑿戶牖以爲室, 當其無有室之用. 故有之以爲
利, 無之以爲用.

바퀴살 서른 개가 구멍 하나에 모인다. 그 '없음[無]'에 수
레의 쓸모가 있다. 질흙을 이겨 그릇을 만든다. 그 '없음'에
그릇의 쓸모가 있다. 창을 내어 방을 만든다. 그 '없음'에 방
의 쓸모가 있다. 그러므로 '있음[有]'은 그것으로 이로움이
되고 '없음[無]'은 그것으로 쓸모가 된다.

■　　　지혜와 노력을 기울여 그릇을 만드는데 그릇의 쓰임[用]은 언제나 그것의 없음[無]과 있음[有] 가운데 있다. 아무것도 담겨 있지 않으니까 '없음'이요 없어서 쓰이게 된다. (그릇이) 없는 게 아니니까 있고 있어서 이로움을 베풀게 된다.

이런 까닭에 성인(聖人)은 언제나 없음[無]에서 묘(妙, 속)를 보고 있음[有]에서 교(泯, 거죽)를 보는 것이다. 이 둘이 하나 되어 나뉠 수 없는 것임을 알면 지극하다[至]고 하겠다.　蘇子由

■　　　바큇살 서른 개가 복판에 있는 구멍 하나에 모인다. 그 구멍에 아무것도 없어서 수레를 쓸 수 있다. 수레는 우리가 타는 물건이다. 질흙을 이겨 그릇을 만든다. 속에 아무것도 담겨 있지 않아서 그릇을 쓸 수 있다. 그릇은 우리가 무엇을 담는 물건이다. 창을 내어서 방을 만든다. 안에 아무것도 없어서 방을 쓸 수 있다. 방은 우리가 거하는 곳이다.

그것을 타니 곧 수레를 본다. 그것을 쓰니 곧 그릇을 본다. 거기 거하니 곧 방을 본다. 그런데 우리 몸에 이르면 모르겠구나, 우리를 쓰는 자 어디에 있는가?

있어서 이로움을 베풀고 없어서 쓸모가 있거니와, 있어서 이로움은 있는데 없어서 쓸모 있음이 없다면(그릇이 있기는 있는데 속에 무엇이 담겨 있어서 쓸 수가 없다면), 그 이롭다는 것 또한 사라져서 쓸 수 없게 된다. 없어서 쓸모는 있는데 있어서 이로움이 없다면 그 쓴다는 것 또한 해로운 것이라 도무지 이로울 게 없다.

이런 까닭에 성인(聖人)은, 들어감에 '물(物)'이 없어서 이로써 '없음의 쓸모[無之之用]'가 된다. 또, 나아감에 '물(物) 없음'이 없어서 이로써 '있음의 이로움[有之之利]'이 된다. 그래서 이르기를, 정의입신(精義入神)으로 쓸모를 얻고 이용안신(利用安身)으로 德을 높인다고 하였다. 呂吉甫

■   바퀴 복판 구멍이 바큇살 서른 개를 거느릴 수 있는 까닭은 그 안에 아무것도 없어서 그 '없음[無]'이 물(物)을 받아들일 수 있기 때문이다. 그래서 속이 참[實]으로써 무리[衆]를 거느릴 수 있는 것이다.

나무, 흙, 벽(壁) 셋으로 바퀴, 그릇, 방[室]을 이룸은 모두가 그 '없음[無]'으로써 쓸모를 얻을 수 있어서다. '없음'이 있어서 '있음'이 이로움을 주게 되거니와, 모두 '없음'을 의지하여 쓰이게 됨을 말한 것이다. 王弼

■   예수는 말하기를, "나를 따르고자 하는 자는 자기를 버리고 자기 십자가를 지고 따라야 한다"고 했다.

자기를 버린다는 말과 자기 십자가를 진다는 말은 그 말이 그 말이요 같은 뜻을 되풀이 강조한 것이다.

"십자가를 진다"는 말은 고생을 한다는 말이 아니라 "죽는다"는 말이다. 죽어 없어진 몸으로야 비로소 갈 수 있는 길! 비움으로써 가득 차고 죽음으로써 사는 길! 역설(逆說)이 아니라 반듯한 정설(定說)이다.　觀玉

12

온갖 색깔이
사람 눈을 멀게 하고

五色令人目盲, 五音令人耳聾, 五味令人口爽, 馳騁畋獵
令人心發狂, 難得之貨令人行妨. 是以聖人爲腹不爲目.
故去彼取此.

온갖 색깔이 사람 눈을 멀게 하고 온갖 소리가 사람 귀를
먹게 하고 온갖 맛이 사람 입을 썩게 하고 사냥질 나가서
이리저리 뛰어다니는 것이 사람 마음을 미치게 하고 얻기
힘든 보화가 사람 걸음을 헤살놓는다. 그래서 성인(聖人)은
배를 위하고 눈을 위하지 않는다. 그러므로 저것을 버리고
이것을 취한다.

■　　　색깔을 보고 소리를 듣고 맛을 보는, 이것들의 본(本)은 모두 성(性)에서 나오는 것으로서 아직 물(物)을 만나기 전 성(性)으로 있는 동안에는 지극한데[至], 눈이 색깔에 닿고 귀가 소리에 닿고 입이 맛에 닿게 되면서 그 닿는 바 대상에 자기를 빼앗기고 본(本)을 잃는지라, 보기는 보지만 실(實)은 눈멀었고 듣기는 듣지만 실은 귀먹었고 맛을 보기는 하지만 혀가 썩어 아무 맛 모르는 것이다.

성인(聖人)도 색깔을 보고 소리를 듣고 맛을 보는 데는 보통 사람과 똑같아서 사냥질을 나가 이리저리 달리는 일도 하지 않을 수 없고 얻기 힘든 보화도 쓰지 않을 수 없다. 하나, 보통사람들은 그렇게 하여 병(病)을 얻는데 성인(聖人)은 홀로 그렇게 하여 복을 누리니 어째서 그러한가? 성인(聖人)은 배[腹]를 위하고 중인(衆人)은 눈[目]을 위하기 때문이다. 눈은 욕심을 내면서 받아들이지 못하고 배는 받아들이면서 욕심을 내지 않는다[目貪而不能受腹受而未嘗貪]. 전자(前者)는 물(物)이 밖으로부터 온 것이요 후자(後者)는 성(性)이 안으로 엉긴[凝] 것이다. 蘇子由

■　　　눈은 색깔을 본다. 그러나 색깔로 말미암아 눈이 먼다.

귀는 소리를 듣는다. 그러나 소리로 말미암아 귀가 먹는다. 입은 맛을 본다. 그러나 맛으로 말미암아 입이 죽는다[亡]. 사냥질을 나가 이리저리 달리고 보화를 얻는 데 싫증내지 않음은 모두 마음이 그것을 취하여 일어나는 데서 비롯한다. 그러나 또한 그래서 마음을 잃는 것이다.

대개 정신[神]은 속에 감추어져 있는데, 눈·귀·입·마음이 그것[神]을 나누어 써서 보기도 하고 듣기도 하고 맛보기도 하고 알기도 한다.

만약에 봄[視]이 보이는 것[色]에서 벗어나지 못하면 이로써 보이는 물건이 봄[視]을 빼앗게 되고, 들음[聽]이 들리는 것[聲]에서 벗어나지 못하면 이로써 들리는 것이 들음[聽]을 빼앗게 되고, 맛봄[嘗]이 맛에 붙잡혀 있으면 이로써 맛이 입을 빼앗게 되고, 마음이 얻음[取]에 붙잡혀 있으면 이로써 얻음[取]이 마음을 빼앗게 된다. 이렇게 네 가지를 물(物)에 빼앗기면 눈이 있어도 눈먼 것과 같고 귀가 있어도 귀먹은 것과 같고 입이 있어도 썩은 것과 같고 마음이 있어도 미친 것[狂]과 같다. 어찌 돌이켜 그것들을 구하느니만 하겠는가? 색깔로 보지 않아서 보는 것마다 제대로 보고, 소리로 듣지 않아서 듣는 것마다 제대로 듣고, 맛으로 맛보지 않아서 맛보는 것마다 제대로 맛보고, 마음으로 알지 않아서 아는 것마다 제대로 알게끔 할 일이다.

이런 까닭에 성인(聖人)은 배[腹]를 위하고 눈[目]을 위하지 않는다. 배라는 물건은 받아들이되 취(取)하지 않고 거두어들이되 남겨두지 않으며 쉽게 만족함으로써 정(情)이 없다[受而不取, 納而不留, 易足以無情]. 아무리 보아도 싫증낼 줄을 모르며 보면 볼수록 더 보고 싶어하는 눈[目]하고는 다르다. 눈은 밖으로 치달리고 배는 안에 머문다. 성인(聖人)은 안을 오로지하며 밖을 잊는다[專內而忘外]. 그래서 "저것을 버리고 이것을 취한다"고 했다. 李息齋

■　　상(爽)은 어긋나 잃어버림이다. 입의 쓸모를 잃어버리니 그래서 상(爽)이라고 했다. 무릇 눈·귀·입·마음은 모두 성(性)을 따르게 되어 있다. 성(性)의 명(命)을 따르지 않으면 돌이켜 자연(自然)을 상(傷)하게 된다. 그래서 이르기를, 눈멀고 귀먹고 입 썩고 미쳤다고 했다.

얻기 힘든 보화는 사람이 걸어야 할 바른길[正路]을 가로막는다. 그래서 "사람의 걸음을 헤살놓는다"고 했다.

배를 위하는 자는 물(物)로써 자기를 기른다[以物養己]. 눈을 위하는 자는 물(物)로써 자기를 부린다[以物役己]. 그래서 "성인(聖人)은 눈을 위하지 않는다"고 했다. 王弼

■　　　욕심에 눈이 먼다. 탐나는 물건이 눈 속에 들어와서 빛이 드나드는 구멍을 가로막기 때문이다. 그러나 어찌 그 '탓'이 물건에 있으랴? 돈이 아니라 돈을 사랑하는 것이 모든 악(惡)의 뿌리다(I 디모테오 6:10). 욕심에 눈이 먼 것은 그대다. 그러니 책임도 탓도 그대 것이다.

책과 눈 사이 거리가 30센티미터일 경우 가장 잘 보인다고 초등학교 때 배웠다. 30센티미터! 무엇을 보든지 욕심으로 하여금 그 거리를 말아먹지 못하게 하라.

눈은 밖으로 향하고 배는 중심에 숨어 있다. 경비 써가며 "견문을 넓히고자" 세계 곳곳을 '관광'하느니 있는 자리에서 그대 중심으로 들어가는 오솔길을 탐색하라. 비교도 안 될 만큼 소중한 보물을 얻게 될 것이다. 그것도 돈 한 푼 안 들이고…. 觀玉

13

괴받음과 욕먹음을
놀라는 것처럼 한다

寵辱若驚. 貴大患若身. 何謂寵辱若驚. 寵爲下, 得之若
驚, 失之若驚, 是謂寵辱若驚. 何謂貴大患若身. 吾所以
有大患者, 爲吾有身, 及吾無身, 吾有何患. 故貴以身爲
天下者, 可以寄天下. 愛以身爲天下者, 可以託天下.

괴받음[寵]과 욕먹음[辱]을 놀라는 것처럼 한다. 큰 걱정거
리를 제 몸처럼 귀하게 여긴다. 어째서 괴받음과 욕먹음을
놀라는 것처럼 한다고 말하는가? 괴은 아래로 내리는 것이
니 그것을 얻어도 놀라는 것처럼 하고 그것을 잃어도 놀라
는 것처럼 한다. 그래서 괴받음과 욕먹음을 놀라는 것처럼

한다고 말한 것이다. 어째서 큰 걱정거리를 제 몸처럼 귀하게 여긴다고 말하는가? 나에게 큰 걱정이 있음은 나에게 몸이 있어서다. 나에게 몸이 없다면 무슨 걱정이 나에게 있겠는가? 그러므로, 자기 몸 귀하게 여김으로써 천하를 위하는 자에게 천하를 맡길 만하고 제 몸 사랑함으로써 천하를 위하는 자에게 천하를 맡길 만하다.

■ 옛적 달인(達人, 道에 통달한 사람)은 굄[寵]에 놀라기를 욕(辱)에 놀라듯이 했다. 굄받는 것이 욕먹는 일의 앞 순서임을 알았던 것이다. 자기 몸 귀하게 여김을 큰 걱정[大患] 귀하게 여김같이 했다. 몸이 걱정의 뿌리임을 알았던 것이다. 그래서 굄을 버려 욕이 미치지 못했고 몸을 잊어 걱정이 이르지 못했다.

이른바 굄[寵]과 욕(辱)은 별개(別個)가 아니다. 욕은 굄에서 생겨나는데 세상이 이를 알지 못한다. 그래서 굄을 위에 모시고 욕을 아래에 두는 것이다. 만약에 욕이 굄에서 생겨나는 것임을 안다면 굄을 반드시 아래에 둘 것이다. 그래서 옛적 달인(達人)은 굄받음에 놀란 것처럼 하고 굄을 잃음에도 놀란 것처럼 하여, 일찍이 굄에 안심하고 욕에 놀라는 일이 없었다. 놀란 것처럼 함[若驚]은 실제로 놀람이 아니다. 말 그대로 놀란 것처럼 할 뿐이다.

귀하게 여김[貴]은 어렵게 여긴다[難]는 말이다. 몸 있음[有身]이 큰 걱정의 뿌리[本]다. 그런데 세상 사람들은 큰 걱정거리 헤쳐나갈 일을 어렵게 여기지 자기에게 몸 있음을 어렵게 생각하지는 않는다. 그러므로 성인(聖人)은 걱정거리 헤쳐나갈 일을 어렵게 여기지 말고 자기에게 몸 있음을 어렵게 여기라고 가르친다. 몸이 있어서 어려움이 온다는 것을 알면 큰 걱정거리는 절로 사라진다.

사람에게 주어져 있는 성(性)은 삶이 보탤 수 없고 죽음이 덜어낼 수 없다. 그 큼[大]은 하늘과 땅을 틀어막기에 넉넉하고 그 정밀(精密)함은 물과 불을 밟고 쇠와 돌 속으로 들어갈 수 있다. 어떤 사물[物]도 걱정할 게 없건만 세상 사람들은 언제나 걱정에 빠져 본성(本性)을 잃고 다만 몸이 하는 일만 본다. 몸의 정(情)을 사랑하는 데 빠지면 사물이 걱정거리로 되기 시작하거니와, 생사질병(生死疾病)의 변화는 안을 공격하고, 끔과 욕을 얻고 잃음은 밖을 어지럽게 하여 어느 한 가지 걱정거리 아닌 게 없다.

오직 달인(達人)이라야, 성(性)은 무너지는 것이 아니고 몸[身]은 실(實)한 것이 아님을 알아 홀연(忽然) 몸을 잊고 천하의 걱정거리를 모두 끊어버린 뒤에 비로소 세상을 거니는데 아무데도 얽매이지 않는다.

사람들이 권리(權利)에 치달리고 부귀(富貴)에 빠져들고 온갖 못된 짓을 하면서도 뉘우치지 않는 까닭은 자기 몸 두터이 할[厚其身] 따름인 때문이다. 이제 벼슬을 하면서 제 몸 중하게 여김같이 그 맡은 일을 중하게 여긴다면 그의 자기 몸 잊음이 지극하다 하겠다. 이런 사람에게 천하를 맡기면, 천하가 비록 크다 하여도 그에게 걱정거리가 되지 못한다.　蘇子由

■　　꾐을 받는 것[寵]은 남한테 귀여움을 받는 것으로 '내리는 道[下道]'다. 꾐을 받으면서 받는 바 꾐을 스스로 지니고 있으면 그것이 곧 욕(辱)이다. 내가 욕을 받게 되는 까닭은 나에게 놀람[驚]이 있어서다. 그것을 얻지 못했을 때는 얻을까봐 놀라고 이미 얻었으면 잃을까봐 놀란다. 나에게 만약 놀람[驚]이 없다면 어찌 나에게 욕(辱)이 있겠는가? 그러니, 꾐에 욕이 있음이 또한 이와 같을 따름이다.

귀하게 여김[貴]은 남을 귀엽게 여기는 것으로 '올리는 道[上道]'다. 귀하게 여기면서 그 귀하게 여김을 스스로 지니고 있으면 그것이 곧 걱정거리[患]다. 나에게 큰 걱정거리가 있는 까닭은 나에게 몸이 있어서다. 그러므로, 길(吉)한 것도 걱정거리가 되고 흉(凶)한 것도 또한 걱정거리가 된다. 나에게 만약 몸이 없다면 어찌 나에게 걱정이 있겠는가? 그러니, 귀하게 여김에 걱정거리가 있음이 또한 이와 같을 따름이다.

몸을 말하면 놀람이 마음으로 됨을 알 수 있고, 놀람을 말하면 몸이 얽매임[累]으로 됨을 알 수 있다. 마음[心]이 없으면 놀람[驚]이 없고 놀람이 없으면 욕(辱)이 없으며, 몸이 없으면 얽매임이 없고 얽매임이 없으면 걱정이 없다.

옛적에 순(舜)이 필부(匹夫)의 몸으로 천자(天子)를 벗하였음은 과연 꾐을 받은 것이라 하겠다. 그가 만약에 받은 바 그 꾐을 계속 지니려고 고집했다면 어떤 욕이 그에게 돌아갔을까? 그가 높은 자리에 홀로 앉아 천하를 다스린 것은 과연 자기 몸을 귀하게 여긴 것이라 하겠다. 그가 만약에 귀한 몸을 내어주지 않고 그것을 지키려 했다면 얼마나 큰 걱정거리를 안고 살았을까? 그러므로, 자기 몸 귀하게 여김으로써 천하를 위하는 자에게는 천하를 맡길 수 있다. 꾐을 받아 욕을 끌어들임은 곧 제 몸을 천(賤)하게 하는 것이다. 그런 자는 천하를 맡길 만한 자가 못 된다. 자기 몸을 사랑함으로써 천하를 위하는 자에게는 천하를 맡길 수 있다. 제 몸 귀하게 여기느라고 걱정함은 곧 제 몸을 위태롭게 하는 것이다. 그런 자는 천하를 맡길 만한 자가 못 된다. 만약에 꾐을 받으면서도 그 꾐을 지니지 않고 귀하게 여기

면서도 그 귀하게 여김을 지니지 않는다면[若夫寵而不有其寵, 貴
而不有其貴], 그런 사람은 순(舜) 같은 사람이라, 참으로 천하를
맡길 만한 사람이다.   呂吉甫

■   꿈을 받으면 반드시 욕(辱)을 먹는다. 영화를 누리면
[榮] 반드시 걱정거리[患]가 생긴다. 꿈과 욕은 같은 것이고 영
화와 걱정거리도 같은 것이다.

아랫사람 되어서 꿈과 욕, 영화와 걱정거리 얻기를 놀라는
것처럼 하면 천하를 어지럽힐 사람이 못된다. 큰 걱정거리[大
患]는 영화[榮]와 꿈받음[寵]에 속해 있는 것이다.

삶을 두터이 하면 반드시 죽음의 땅으로 들어간다. 그러므로
그것을 일컬어 큰 걱정거리[大患]라 하였다. 사람들이 어리석어
영화를 누리고 꿈을 받는 데 치달리느라고 제 몸을 거스른다.
그래서 "큰 걱정거리를 제 몸처럼" 귀하게 여긴다고 했다. 나에
게 큰 걱정거리가 있음은 나에게 몸이 있어서다. 자기 몸을 따
로 지니지 않는 자는 자연으로 돌아간 사람이다. 무엇으로도 그
몸을 바꿀 수 없으니 그래서 이르기를 귀하게 여긴다고 했다.
그런 사람에게는 천하를 맡길 만하다. 어떤 물(物)로도 그 몸을
헐어낼[損] 수 없으니 그래서 이르기를 사랑한다고 했다. 이런
사람에게는 천하를 맡길 만하다. 꿈이나 욕(辱), 영화[榮]나 걱

정거리[患] 따위로 그 몸을 바꾸거나 헐지 않게 된 뒤에야 천하를 그에게 맡길 수 있는 것이다. 王弼

■   총애(寵愛)를 받는 것은, 그 자체가 뜻밖의 일이니, 놀람으로 받아들임이 마땅하지만, 진짜로 놀라지 말고, 알고 보면 별 게 아니니까, 그냥 놀라는 것처럼 하라는 얘긴데, 쇼(show)를 하라는 말이 아니라, 말하자면 놀라면서 놀라지 말라는 얘기다. 욕을 먹는 것도, 그게 진짜 욕이라면 역시 뜻밖의 일이니, 놀람으로 받아들임이 마땅하지만, 진짜로 놀라지 말고, 알고 보면 별 것 아니니까, 그냥 놀라는 것처럼 하라는 얘긴데, 쇼를 하라는 말이 아니라, 요컨대 놀라면서 놀라지 말라는 얘기다.

늘 깨어 있어서 본(本)과 말(末)을 한눈에 보는 사람은 걱정거리 생기는 것에 걱정하지 않고 자기에게 '몸이 있음[有身]'을 걱정한다. 몸이 본(本)이요 걱정거리는 말(末)이기 때문이다.

'내 몸'이라고 고집할 만한 것이 따로 없는 사람은, 그런 것이 따로 없음을 깨우친 사람은, 이미 자연과 한 몸을 이루었다. 그에게는 천하를 다스리는 것이 자기 한 몸 다스리는 것과 조금도 다르지 않다. 천하가 곧 자기 자신인 까닭이다.

그런 사람이 다스리는 나라가 있긴 있는가? 있다! 다만, 그 나라는 저마다 제가 잘나서 일색인 자들이 우글거리며 대권(大

權, 그게 뭐지?)을 다투는 나라하고는 다르다.

우리는 시방 어느 나라 백성으로 살고 있는가? 觀玉

14

그 위는 밝지 않고
그 아래는 어둡지 않으며

視之不見, 名曰夷. 聽之不聞, 名曰希. 搏之不得, 名曰微.
此三者不可致詰. 故混而爲一. 其上不皦, 其下不昧. 繩
繩兮不可名. 復歸於無物. 是謂無狀之狀, 無物之象.
是謂惚恍. 迎之不見其首, 隨之不見其後. 執古之道, 以
御今之有. 能知古始, 是謂道紀.

보아도 보이지 않으니 이름하여 이[夷]라 한다. 들어도 들
리지 않으니 이름하여 희(希)라 한다. 잡아도 잡히지 않으
니 이름하여 미(微)라 한다. 이 셋은 뭐라고 따질 수가 없
는지라 그러므로 서로 섞여서 하나를 이룬다. 그 위는 밝

지 않고 그 아래는 어둡지 않으며 이어지고 이어져서 이름
을 지을 수 없다. 드디어 물(物) 없음으로 돌아가니 이를 일
러 모양 없는 모양, 물(物) 없는 형상이라고 한다. 이를 일러
홀황(惚恍)이라고 하거니와, 그것을 맞이하면서 머리를 보
지 못하고 따라가면서 뒤를 보지 못한다. 옛적의 道를 잡아
오늘을 다스리니 능히 옛 처음을 안다. 이를 일컬어 도기(道
紀)라고 한다.

■   눈으로 보아서 보이는 것은 색깔[色]이다. 색깔을 보
게 하는 것은 보이지 않는다. 귀로 들어서 들리는 것은 소리[聲]
다. 소리를 듣게 하는 것은 들리지 않는다. 손으로 쥐어서 얻는
것은 만짐[觸]이다. 만짐을 얻게 하는 것은 얻어지지 않는다. 이
셋은, 비록 지혜로운 자라 해도 말로 뭐라고 할 수가 없다. 요컨
대 서로 섞여서 하나로 돌아간다고 겨우 말할 수 있을 뿐이다.
여기 '하나[一]'라고 말하는 것이 곧 성(性)이다. 위의 셋은 성
(性)의 쓰임[用]이다. 사람은 본디 성(性)일 따름인데 물(物)에
얽히면서 그것이 나뉘어 밖으로 나와 보고 듣고 만지고 한다.
날마다 그것을 쓰면서 본(本)으로 돌아갈 줄을 모르고, 다시 섞

여 하나로 되지 않으면 갈수록 멀어진다. 그것을 넓히면 부처님이 말씀하신 이른바 '육입(六入, 눈에 색깔, 귀에 소리, 코에 냄새, 혀에 맛, 몸에 부딪침, 생각에 법, 모든 미망의 바탕이 되는 것들)'이 모두 그러하다. 『능엄경(楞嚴經)』에 "돌이켜 온전한 하나로 흐르면 육용(六用, 六根의 작용)이 불행(不行)이라"는 말이 이를 두고 이른 것이다.

물(物)은 꼴[形]이 있어서 음양(陰陽)에 매이게 마련이다. 그래서 위는 밝고 아래는 어둡지 않을 수 없다. 道는 위에 있어도 밝지 않고 아래에 있어도 어둡지 않다. 꼴[形]이나 수(數)를 가지고 헤아릴 수가 없다. 이어지고 또 이어져서 움직임[運]이 끊이지 않는다. 사람들은 그 움직임이 끊어지지 않는 것을 보고 물(物)이 거기 있다고 여기는데 마침내 무(無)로 돌아간다는 사실을 모르고 있다.

상(狀)은 드러난 모습이요 상(象)은 숨어 있는 모습이다. 앞의 무상지상(無狀之象)도 뒤의 무상지상(無象之象)도 무(無)는 아니다(본문의 無物之象이 주석자의 本에는 無象之象으로 되어 있는 듯). 유(有)니 무(無)니 하고 이름붙일 수 없어서 홀황(惚恍)이라 했다.

道는 없는 곳이 없다. 그래서 그 앞과 뒤를 볼 수가 없다. 옛날[古]은, 거기로 좇아서 물(物)이 나는 곳이다. 유(有)는 물(物)의 지금[今]이요 무(無)는 물(物)의 옛날[古]이다. 그것이 좇아서

나는 곳을 잡고 있으니 나아가고 물러섬, 빠르고 더딤이 모두 나에게 있다. 蘇子由

■　　보아도 보이지 않는 것은 색깔[色]을 가지고 구(求)할 수 없다. 들어도 들리지 않는 것은 소리[聲]를 가지고 취(取)할 수 없다. 잡아도 잡히지 않는 것은 꼴[形]을 가지고 찾을[索] 수 없다.

색깔[色]이나 꼴[形]에 얽매인 바 되지 않으니 이른바 '본디 밝음[元明]'이요 '한결같이 깨끗한 밝음[一精明]'이다. 아직 흩어지지 않아 섞여서 하나를 이루고 있는지라, 비록 밝음[明]에 자신을 맡기지만[寄] 그것을 두고 곧 밝음[明]이라고 말할 수가 없다. 그래서 이르기를, "그 위가 밝지 않다"고 했다. 비록 밝음[明]이라고 말할 수 없지만 또한 밝지 않다[不明]고 말할 수도 없다. 그래서 이르기를 "그 아래가 어둡지 않다"고 했다.

한순간도 떨어지거나 사라질 수 없다. 그래서 이르기를 "이어지고 이어져서 이름을 지을 수 없다"고 했다. 물(物)이 없음[無物]으로 돌아가는데 비록 물(物)이 없다 해도 물(物)이 없다고 말할 수는 없다. 그래서 이르기를 "모양 없는 모양[無狀之狀]"이라고 했다.

물(物) 없는 형상[無物之象]을 일컬어 홀황(惚恍)이라 한다.

홀황은 출입변화(出入變化)에 제 주장을 하지 않는다. 그래서 일컬어 상(常)이라고 한다. 오는 데 비롯함[始]이 없는지라 맞아들여도 그 머리를 볼 수 없고 가는 데 마침[終]이 없는지라 뒤를 따라도 그 뒤를 볼 수 없다.

옛날의 道[古道]를 잡아 그것으로 오늘을 다스리면 오늘이 옛날과 같다. 오늘이 옛날과 같은 것을 보아 옛날이 오늘과 같았음을 안다. 이를 일컬어 도기(道紀)라고 한다. 도기(道紀)란, 가는 것도 오는 것도, 옛날도 지금도 없음[無去來古今]을 일컫는 말이다. 李息齋

■ 　드러난 모습[狀]도 숨어 있는 모습[象]도 없고 소리[聲]도 메아리[響]도 없다. 그래서 통하지 않는 데가 없고[無所不通] 가지 않는 데가 없는지라[無所不往] 그것을 알 수 없고 나아가 눈·귀·몸으로는 그 이름을 지을 수도 없다. 그래서 "뭐라고 따질 수가 없고[不可致詰], 서로 섞여서 하나를 이룬다"고 했다. 그것을 없다[無耶]고 말하려 하면 그로 말미암아 물(物)이 이루어지고, 있다[有耶]고 말하려 하면 그 꼴[形]을 볼 수 없으니 그래서 이르기를, "모양 없는 모양[無狀之狀], 물(物) 없는 형상[無物之象]"이라고 했다.

홀황(惚愰)은 정(定)을 얻지 못하니 있는 것은 다만 그것의 일

[事]이 있을 뿐이다. 꼴도 이름도 없는 것이 만물의 종(宗)이다.

비록 옛날과 지금이 같지 않고 시속(時俗)이 바뀌어도 여기서 비롯되지 않는 것으로 다스림을 이룰 자 없다. 그래서 옛날의 道를 잡아 오늘을 다스릴 수 있는 것이다. 옛날이 비록 멀지만 그 道는 여기에 있다. 그러므로 비록 지금에 살아도 저 옛날의 처음[古始]을 알 수 있는 것이다. 王弼

■ 　내 눈은 내가 아니다. 내 귀도 내가 아니다. 내 심장도, 위장도 내가 아니요 내 생식기도 발바닥도 내가 아니다. 내 이름도 내가 아니요 명예 또한 내가 아니니 체면인들 어찌 나이랴?

나는 이 모든 '나 아닌 것들'의 집합(集合)이다. 그러므로 나는 내가 아니다. 그러면 '나'는 없는 것인가?

"너희들 가운데 나를 때리는 놈 있으면 과자를 주마."

경허(鏡虛)가 어느 고개를 넘다가 아이들에게 말했다지. 용감한 녀석 하나가 몽둥이로 힘껏 늙은 중을 쳤것다.

"아, 이놈아. 나를 때리란 말이다!"

"지금 때렸잖아요?"

"이놈아, 네가 나를 쳤다면 삼세제불(三世諸佛)과 모든 조사(祖師)를 한꺼번에 쳤을 게다. 어디, 나를 때려보란 말이다!"

오늘도 아무개는 저 아닌 저한테 속아서 남 없는 나를 놓치

고 살았다. 하루 해가 아깝게도 헛되이 가는구나, 아이구 아이구…. 觀玉

15

옛적 훌륭한 선비들은

古之善爲士者, 微妙玄通, 深不可識. 夫唯不可識. 故强爲之容, 豫若冬涉川, 猶若畏四隣, 儼若客, 渙若氷將釋. 敦兮其若樸, 曠兮其若谷, 渾兮其若濁. 孰能濁以靜之徐淸, 孰能安以久動之徐生. 保此道者, 不欲盈. 夫唯不盈, 故能候不新成.

옛적 훌륭한 선비들은 미묘현통(微妙玄通)하여 그 깊이를 알 수 없었다. 다만 알 수 없는 까닭에 억지로 그 모양을 그려보면, 머뭇거리는 모습은 겨울 냇물을 건너는 것 같고 망설이는 모습은 사방 이웃을 두려워하는 것 같고 엄(儼)한 모습은 나그네 같고 풀어진 모습은 얼음이 녹으려는 것 같

老子翼 • 99

다. 두텁구나 그 모습 통나무 같고, 너그럽구나 그 모습 골짜기 같고, 흐릿하구나 그 모습 흙탕물 같다. 누가 능히 스스로 흐리면서 고요함으로써 그것을 천천히 맑힐 것인가? 누가 능히 스스로 가만히 있으면서 오래 움직여주어 그것을 천천히 살아나게 할 것인가? 이 道를 모신 자는 더 이상 넘치기를 바라지 않는다. 다만 넘치기를 바라지 않는 까닭에 낡으면서 새로이 만들지 않는다.

■　굵은 것이 다하면 가늘다. 가늘면 묘(妙)하다. 묘(妙)가 갈 데까지 가면[極] 가마득하다[玄]. 가마득하면 곧 통하지 않는 곳이 없어서 그 깊이를 헤아려 알 수 없다.

경계를 한 뒤에 움직이는 것을 '예(豫)'라 한다. 무엇을 하고자 하되 머뭇거리다가 뒤를 밀려서야 비로소 응한다. 그 머뭇거리는 모습이 겨울 냇물을 건너는 것 같고 뒷걸음치는 모습이 마지못해서 하는 것 같다. 의심하여 행하지 않는 것을 '유(猶)'라 한다. 하고 싶지 않아서 망설이고 어려워한다. 그 망설이는 모습이 자기를 보고 있는 이웃을 두려워함 같다. 어느 집에 손님으로 간 것처럼, 모든 것을 경(敬)으로 대하여 게으름을 피우지 않는다. 녹아 흐르는 얼음처럼, 만물이 헛됨[妄]에서 나온 것임을 알아 어디에도 머무르지 않는다. 통나무[樸]처럼, 사람의 거짓된 몸짓[僞]을 그만두고 성(性)을 회복한다. 골짜기처럼, 텅 비어 받아들이지 않는 것이 없다. 흐린 물처럼, 그 빛을 흐릿하게 하여 티끌과 하나 되고 물(物)로 더불어 다르지 않다.

세속선비[世俗之士]는 물(物)로 성(性)을 어지럽힌다. 그래서 흐린 채로 마음을 회복하지 못한다. 고지식한 선비[枯槁之士]는 정(定)으로 성(性)을 멸(滅)한다. 그래서 한 곳에 안주(安住)하여 생(生)을 회복하지 못한다. 이제, 흐린 것[濁]이 성(性)을 어지럽힌다는 사실을 알면 곧 그것을 고요하게 하고 고요하게 하면 천천히 스스로 맑아진다. 성(性)을 멸(滅)하는 것이 道 아님을 알면 곧 그것을 움직여주고 움직여주면 천천히 스스로 살아난다.

『역(易)』에 이르기를, 고요하여 움직이지 않는다[寂然不動]고 했는데 그것은 느낌이 있어 천하에 통하는 까닭이다. 여기 움직여준다[動]고 말한 것이 또한 이와 같은 것일 따름이다.

가득 참[盈]은 다함[極]에서 온다. 흐린 채로 능히 맑아지지 못하고 한 곳에 안주하여 능히 살아나지 못해서 가득 찬다.

물(物)은 낡지 않는 것이 없다. 다만 가득 차지를 않아서, 새로 만들기를 기다리지 않아도 그 낡아짐이 스스로 사라지는

[去] 것이다. 蘇子由

■　　옛적의 훌륭한 선비는 성(聖)을 이루고 신(神)을 다함
[盡]으로써 훌륭한 선비가 되었다. 비록 성(聖)과 신(神)에 아직
미치지[至] 못하였어도 성(聖)을 이루고 신(神)을 다할 수 있었
던 까닭은 그것을 듣고는 굳이 정성을 쏟아 진력했기 때문이다.
미묘현통(微妙玄通)하여 깊이를 알 수 없음도 성(聖)을 이루고
신(神)을 다함에 그 까닭이 있다. 미(微)한 뒤에 묘(妙)하고 묘한
뒤에 현(玄)하고 현한 뒤에 통(通)하니 그래서 깊이를 모르는
것이다. 도무지 알 수가 없는데 어찌 그 모습을 헤아릴 수 있겠
는가? 억지로 그려볼 따름이다.

　　머뭇거리는 모습이 겨울 냇물을 건너는 것 같아 등뒤를 밀려
서야 움직이고[迫而後動] 마지못해 겨우 일어난다. 망설이는 모
습이 사방 이웃을 두려워하는 것 같아 사(邪)를 막고 성(誠)을
보존하며 물(物)이 와서 끌어당기기 전에는 마음을 밖으로 내
지 않는다. 엄(儼)한 모습이 나그네 같아 주인 노릇을 하지 않는
다. 풀어진 모습이 녹아 흐르는 얼음 같아 바야흐로 속[心]은 얼
고 겉[形]은 녹아 뼈와 살이 다만 융화(融和)할 따름이다. 두터
운 모습[敦]이 통나무 같아 그 처음[初]을 되찾는다. 너그러운
모습[曠]이 골짜기 같아 응(應)하되 속에 간직하지 않는다. 흐릿

한 모습[渾]이 흙탕물 같아 시비(是非)도 없고 너와 나를 가려 따지는 일도 없다.

사람들이 저마다 똑똑한데 누가 능히 스스로 흐리면서 그것을 고요하게 하여 천천히 맑힐 것인가? 천천히 맑아지면 빛을 비추지 않는 곳이 없다. 사람들이 저마다 앞을 다투는데 누가 능히 스스로 가만히 있으면서 그것을 움직여 천천히 살아나게 할 것인가? 천천히 살아나면 밖으로 나가지 않는 곳이 없다.

대개 고요하고자 하면[欲靜] 기(氣)를 고르게 하고[平氣], 신령하고자 하면[欲神] 마음을 순(順)하게 하거니와[順心], 무엇을 일삼아 하면[有爲] 욕심을 내는 게 당연하다. 그래서 모든 일을 마지못해 한다. 기(氣)를 고르게 하고 마음을 순(順)하게 하는 것은 곧 그로써 천천히 맑게 하는 것이요 무엇이든 마지못해 하는 것은 곧 그로써 천천히 살리는 것이다. 이와 같이 하여 옛적 선비들은 성(聖)을 이루고 신(神)을 다하였다.

道의 체(體)는 텅 비어 깊다[沖]. 텅 비어 깊은 것은 음양(陰陽)의 조화[和]요 텅 빈 충만이다. 이 道를 모시고 사는 자는 가득 차고자 하지 않는다. 다만 텅 비어[虛] 있을 따름이다. 그런데 비어 있다[虛]는 말을 쓰지 않고 매번 가득 차지 않는다[不盈]는 말을 쓰는 것은 사람들이 텅 빔[虛]에 매이게 될까봐서다. 빔[虛]에 매이게 되면 비어 있지 못한다. 그래서 이르기를 혹불 영(惑不盈)이라, 가득 차기를 바라지 않는다고 했다.

세상 사물이 모두 새로움이 있으니 낡음이 있고 낡음이 있으니 무너짐이 있거니와, 능히 낡지 않는 것은 매우 드물다. 다만 가득 차지 않아서 새로움·낡음·이룸·무너짐 따위가 마음을 사로잡지 못하는 것이다. 이로써 낡아도 낡지 않고 낡지 않으니 무너지지도 않는다. 낡지도 무너지지도 않으니 곧 새로워지지도 이루어지지도 않는다. 呂吉甫

■   겨울 냇물을 건너면서 머뭇거리는 모습이란 건너고자 하되 건너고 싶지 않은 것 같아서 그 정(情)의 드러남을 쉽게 볼 수 없는 모습이다. 사방 이웃이 함께 쳐들어옴에 가운데 주인의 망설이는 모습이 어디로 갈지를 모르는 자 같다. 德 높은 사람의 德이 비롯되는 실마리를 눈으로 볼 수 없고 德이 나아가는 곳도 볼 수 없음이 또한 이와 같다.

여기 "…와 같다"고 한 말은 모두 그 모습을 틀에 담아 이름 붙일 수 없음을 말한 것이다.

무릇, 어둠에 묻혀 있는 것을 이(理)로써 밝히면 물(物)이 곧 밝아지고 흐릿한 것을 고요하게 하면 물(物)이 곧 맑아지며 안주(安住)해 있는 것을 움직여주면 물(物)이 곧 살아나게 되니 이는 자연의 道다. "누가 능히…?"는 그것이 쉽지 않다는 말이요

"천천히"는 자세히 삼간다는 말이다. "가득 차기를 바라지 않음" 은 가득 차면 반드시 넘치기 때문이다.

　폐(蔽)는 덮어씌움[覆蓋]이다. 　王弼

■　　어떤 사람이 죄인들을 사랑했다. 그래서 스스로 죄인이 되었다. 그러나 그는 죄인이 아니었다. 그래서 그가 사랑한 죄인 들이 성인(聖人)으로 변화되었다. 막달레나의 창녀 마리아가 그 들 가운데 하나였다. 그 '어떤 사람'을 세상은 그리스도라고 불 렀다. 하느님이 기름 부어 왕으로 세우신 사람이라는 뜻이다.

　또 어떤 사람은 언제나 한 자리를 고요히 지키면서 우주에 진동(振動)을 일으킨다. 그래서 잠들어 있는 생명 씨앗들을 깨 워 그것들로 일어나게 한다. 그 '어떤 사람'을 세상은 붓다라고 부른다. 스스로 눈을 뜬 사람이라는 뜻이다. 　觀玉

16

몸은 죽어도 사라지지 않는다

致虛極, 守靜篤, 萬物竝作, 吾以觀其復. 夫物芸芸, 各
歸其根. 歸根曰靜. 靜曰復命. 復命曰常. 知常曰明, 不
知常妄作凶. 知常容, 容乃公, 公乃王, 王乃天, 天乃道,
道乃久, 沒身不殆.

텅 빔에 이르기[致極]를 끝까지 하고 고요함 지키기[守靜]
를 정성껏 하여, 만물이 더불어 함께 생겨나 되돌아감을 나
는 본다. 온갖 것들이 이 모양 저 모양으로 바뀌지만 저마
다 제 뿌리로 돌아가거니와, 뿌리로 돌아감을 일컬어 고요
함[靜]이라 하고 고요함을 일컬어 명(命)으로 돌아감이라
하고 명(命)으로 돌아감을 일컬어 한결같음[常]이라 하고

한결같음을 아는 것을 일컬어 밝음[明]이라 한다. 한결같음
을 알지 못하면 헛되이 흉(凶)한 것을 일으킨다. 한결같음
을 알면 받아들이고 받아들임[容]은 곧 공(公)이요 공(公)
곧 왕(王)이요 왕(王) 곧 하늘이요 하늘 곧 道요 道 곧 오래
감[久]이니, 몸은 죽어도 사라지지 않는다.

■　텅 빔[虛]에 이르기를 끝까지 아니하면[不極] '있음
[有]'이 아직 사라지지 않는다. 고요함[靜] 지키기를 정성껏 아
니하면[不篤] '움직임[動]'이 아직 사라지지 않는다. 언덕과 산
이 사라져도 티끌이 남아 있음은 끝까지 아니하고 정성껏 아니
한 까닭이다. 대개, 텅 빔에 이르러 텅 빔에 머물러 있으면[致虛
存虛] 오히려 있음[有]을 여의지 못함이요 고요함을 지켜 고요
함에 머물러 있으면[守靜存靜] 오히려 움직임[動]에 빠짐이니,
하물며 다른 것이야 말할 것 있겠는가? 끝까지 아니하고 정성
껏 아니함에 텅 비고 고요하기 힘든 까닭이 있다. 이미 끝까지
텅 비고 정성껏 고요함으로써 만물의 바뀌는 모습을 본 뒤에야
변화의 어지러움에 휘둘리지 않으면서 만들어진 것치고 되돌
아가지 않는 게 없음을 안다. 우리 또한 만물과 더불어 만들어

진 존재이기에 그것을 아는 데 부족함이 있는 것이다.

만물이 모두 성(性)에서 만들어졌으므로 모두 성(性)으로 돌아가는 것이 비유하자면 꽃잎이 뿌리에서 나왔다가 뿌리로 돌아가고 물결이 물에서 나왔다가 물로 돌아감과 같다. 스스로 성(性)에 돌아가지 못할진대 움직임을 그치고 생각을 쉬면서 고요함을 얻고자 해도 그것은 고요함이 아니다. 그런 까닭에 오직 뿌리로 돌아간 뒤에야 고요해지는 것이다.

명(命)은 성(性)의 묘(妙)다. 성(性)은 말로 할 수 있지만 명(命)에 이르면 말로 할 수 없다. 『역(易)』에 이르기를, 이(理)를 깊이 연구하고 성(性)을 다함[窮理盡性]으로써 명(命)에 이른다고 했다. 성인(聖人)의 도(道) 배움이 반드시 궁리(窮理)로 시작하여 진성(盡性)을 거쳐 복명(復命)으로 마친다. 인의예악(仁義禮樂)은 성인이 물(物)을 접하는 방식이다. 인의예악을 쓰는 데는 반드시 그래야 하는 까닭이 있는데 까닭을 모르고 그것을 쓰는 사람은 세속 선비요, 까닭을 알고 난 뒤에 행하는 사람은 군자(君子)다. 이것을 일컬어 궁리(窮理)라 한다. 비록 그러하나 마음을 다하여 이(理)를 연구한 뒤에야 그것을 얻는다. 구하지 않으면 얻지 못한다. 사물(事物)이 날마다 눈앞에서 이루어지는 데 반드시 구한 뒤에야 능히 응한다. 그러니 애를 많이 쓰지만 이루는 공(功)은 적다.

성인(聖人)은 밖으로 무엇을 감추는 바가 없다. 성(性)이 그윽하여[湛然] 애쓰지 않아도 들어 맞고[中] 생각하지 않아도 얻는다. 물(物)이 이르면 능히 응하니 이를 일컬어 진성(盡性)이라 한다. 비록 그러하나 이는 나의 성[吾性]이라고 여기면 오히려 물아(物我, 너와 나)를 나눔으로써 헛된 거짓[妄]에 가까울 수 있다.

임금의 명령을 명(命)이라 하고 하늘의 명령을 명(命)이라 한다. 성(性)으로 물(物)을 접하되 나를 나로 알지 아니하면 이로써 명(命)에 몸을 맡기게 되니 이를 일컬어 복명(復命)이라 한다. 바야흐로 그것을 만드는데, 비록 천지산하가 크다 해도, 변하지 않고 무너지지 않고 한결같은 것이 없다. 오직 성(性)으로 돌아간 뒤에야 그윽하여 항상 거기에 있다. 성(性)으로 돌아가지 않고서 밝아지는 것은 모두가 세속의 지혜[世俗之智]다. 비록 스스로 밝다고 하지만 밝은 것이 아니다. 성(性)으로 돌아갈 줄 모르고 물(物)에 끌려 움직이면 이루는 일마다 흉하지 않은 것이 없다. 비록 한때 얻는 것 같아도 끝내 잃고 만다.

바야흐로 헛되이 거짓[妄]에 빠져들면 저는 옳고 남은 그르다고 하여 물(物)마다 적(敵)이 된다. 어찌 받아들일 것인가? 진실로 모든 것이 헛됨을 알면 원수라 해도 그를 슬퍼하여 가까이 한다. 받아들이지 못할 것이 무엇인가? 받아들이지 못할 것이 없으면 너와 나를 나누는 정(情)이 바닥나거늘 사(私)라는 게 어찌 있으랴?

공(公)하지 않는 데가 없으니 곧 천하가 그에게 돌아올 것이다. 무너질 곳이 없으면 비록 하늘이라도 거기에 무엇을 보태랴? 하늘은 오히려 꼴[形]을 지니고 있다. 道에 이르면 곧 지극(至極)하나, 그러나 비록 도(道)라 하여도 또한 이보다 더 나아갈 수는 없는 것이다. 蘇子由

■　　이 道를 모신 자는 가득 차고자 하지 않는다. 텅 빔에 이르기[致虛]를 끝까지 아니하고[不極] 고요함 지키기[守靜]를 정성껏 아니함[不篤]은 곧 가득 차지 아니함의 지극한 경지[不盈之至]가 아니다.

뭇 사람은 만물에 나아가, 그것들이 숨진 뒤에야 되돌아오는 것을 보고 그것들이 시든 뒤에야 뿌리로 돌아가는 것을 본다. 그러나 나는 지극한 텅 빔과 고요함을 얻어[以虛靜之至] 만물을 생겨나게 하는 것과 그것들을 가지각색으로 바뀌게 하는 것이 나한테 있지 그것들한테 있지 않음을 본다. 그것들을 생겨나게 하는 것이 곧 그것들을 되돌아오게 하는 것이요, 그것들을 가지각색으로 바뀌게 하는 것이 곧 그것들을 뿌리로 돌아가게 하는 것이다. 그런 까닭에 그것들이 함께 생겨나는 것을 통해 되돌아오고 그것들이 가지각색으로 바뀌는 가운데 저마다 제 뿌리로 돌아감을 본다. 그러니 이른바 '텅 빔[虛]'이란 말은 무엇을 비워서 비어 있는 것이 아니고 다만 가득 차지 않은 까닭에 비어 있는 것을 뜻한다. '고요함[靜]'이란 말도 무엇을 고요하게 해서 고요한 것이 아니고 온갖 것들이 바뀌면서 제 뿌리로 돌아가는데 그것을 스스로 모르고 그래서 마음이 어지러워지지 않는 까닭에 고요한 것을 뜻한다. 그래서, 뿌리로 돌아감을 일컬어 고요함[歸根曰靜]이라고 했다.

명(命)이란 우리가 그것을 위로부터 받아서 살아가는 바, 그것이다. 오직 고요함을 지켜 자신을 살아가게 하는 것으로 돌아가면 능히 물(物)을 명(命)할 수 있다. 그래서, 고요함을 일컬어 명(命)으로 돌아감[靜曰復命]이라고 했다.

道가 능히 물(物)을 명(命)함에 이르면 한결같아서 사라지지 않는다. 그래서, 명(命)으로 돌아감을 일컬어 한결같음[復命曰常]이라고 했다. 한결같음[常]을 가지고 살필진대 길흉회린(吉凶悔吝)이 싹을 틔우려 할 때에 이미 보이거늘 밝은 빛이 새삼 무슨 보탬이 될 것인가? 그래서, 한결같음을 아는 것을 일컬어 밝음[知常曰明]이라고 했다. 한결같음을 모르면 그 반대니, 헛된 거짓[妄]을 일으키지 않을 수 없다.

능히 한결같음을 알아서 그것을 몸받으면[體之] 곧 만물과 내가 하나를 이룬다. 그래서, 한결같음을 알면 받아들인다. 知常容

■　　만물이 나와 하나를 이루니 내 몸 안에 조금도 사(私)
가 없다. 그래서, 받아들임 곧 공(公)이다[容乃公].

만물이 나와 하나를 이루어 사(私)가 없으니 그것이 곧 큼
[大]이다. 크면 거룩하다[大則聖]. 안으로 거룩하고 겉으로 왕
(王)이라. 그래서, 공(公) 곧 왕(王)이다[公乃王].

거룩한 다음에 신령함[神]에 이른다. 그래서, 왕 곧 하늘이다
[王乃天]. 하늘이니까 신령하다. 道는 성(聖)을 이루고 신(神)을
다하게 하는 무엇이다. 그래서, 하늘 곧 道[天乃道]다.

道를 이루어 한결같음에 나가면 더 갈 데가 없다. 그래서 道
가 오래 가는데[久] 몸은 죽어도 사라지지 않는다. 오래 감[久]
이 몸은 죽어도 사라지지 않는 데 이르면 그것을 일컬어 한결
같음[常]이라고 하는 것이다.　呂吉甫

■　　"텅 빔에 이르기를 끝까지 하고 고요함 지키기를 정성
껏 한다"는 말은 텅 빔에 이름이 곧 물(物)의 마지막 경지요 고
요함을 지킴이 곧 물(物)의 참 모습[眞正]이라는 말이다.

"더불어 함께 일어난다[竝作]"는 말은 움직여 태어나 자란다
는 말이다. 텅 빈 고요에서, 그것들이 되돌아가는 것[反復]을 본
다. 있음[有]은 텅 빔[虛]에서 일어나고 움직임[動]은 고요함[靜]
에서 일어난다. 그런 까닭에 만물이 비록 다투어 일어나지만 마

침내는 텅 빈 고요[虛靜]로 돌아간다. 이것이 곧 물(物)의 마지막 경지다.

"저마다 제 뿌리로 돌아간다"는 말은 저마다 제가 비롯된 곳으로 돌아간다는 말이다. 뿌리로 돌아가면 곧 고요하다. 그래서 이르기를 "고요하다[靜]"고 했다. 고요하면 곧 명(命)으로 돌아간다. 그래서 이르기를 "명(命)으로 돌아간다[復命]"고 했다. 명(命)으로 돌아가면 곧 성명(性命)의 한결같음[常]을 얻는다. 그래서 "한결같다"고 했다.

한결같음[常]이란 물건은 치우치지도 않고 겉으로 드러나지도 않고 밝은 모습[狀]도 아니고 어두운 모습도 아니고 더운 형상[象]도 아니고 찬 형상도 아니다. 그래서 이르기를, "한결같음을 아는 것을 밝음[明]이라고 한다"고 했다. 오직 이와 같아야 다시 만물을 품에 안아 통할 수 있게 되어 받아들이지 못할 것이 없거니와 이를 잃으면 사(邪)가 틈을 내고 들어와 물(物)이 제 분수[分]를 떠나게 된다. 그래서 이르기를, "한결같음을 모르면 헛되이 흉한 것을 일으킨다"고 했다.

용(容)이란, 그 품에 안아들여 통하지 못할 것이 없음을 뜻한다. 품에 안아들여 통하지 못할 것 없으니 곧 드넓은 공평[蕩然公平]에 이른다. 드넓게 공평하니 곧 두루 미치지 않는 곳이 없다. 두루 사방에 미치니[周普] 곧 하늘과 같아진다. 하늘과 더불어 德에 합(合)하고 道를 몸받아[體道] 크게 통하니[大通] 곧 지극한 허무(虛無)에 이른다. 지극한 허무에 이르러 道의 한결같음을 얻으니 곧 다함 없음[不有極]에 이른다.

'없음[無]'이란 물건은 물과 불이 그것을 해치지 못하고 쇠붙이와 돌이 그것을 깨뜨리지 못하니, '없음'으로 마음을 쓰면 호랑이와 외뿔소가 이빨과 뿔을 박지 못하고 창칼이 뾰죽한 끝으로 찌르지 못한다. 어찌 위태로움이 있겠는가? 王弼

■   대중 목욕탕엘 갔는데 아무개가 그날 첫 손님이었다. 욕조에 물이 괴어 있기를 마치 거울처럼 고요하여 발을 들여놓기가 미안했다. 일단 사람 몸이 들어가자 거울 같던 수면이 깨어지면서 물결이 출렁거리기 시작했다. 한동안 숨을 죽이고 가만있으니 흔들리던 물결이 도로 고요해졌다. 그때, 물결이 흔들리면서 고요함으로 돌아가는 것을 아무개는 보았다. 고요해지려고 출렁거리는 욕조 물의 동(動)은 그 자체가 정(靜)의 다른 얼굴이었다.

세상이 시끄럽다고? 너부터 입을 다물어라. 세상이 흔들린다고? 너부터 숨을 죽여라. 어차피 욕조에 들어간 이상 물과 내가 다른 몸이 아니잖는가? 觀玉

17

가장 큰 어르신[太上]은

太上下知有之, 其次親之譽之, 其次畏之, 其次侮之. 信
不足有不信. 猶兮其貴言. 功成事遂, 百姓皆謂我自然.

가장 큰 어르신[太上]은 아랫사람들이 그가 있는 줄을 알 뿐
이요 그 다음 사람은 가까이 모시고 받들며 그 다음은 두려
워하고 그 다음은 업신여긴다. 믿음직스럽지 못해서 신용이
없는 것이다. 삼가 말을 귀하게 여기고 공(功)을 이루어 일
을 마치되 백성은 모두 말하기를, 절로 그리 되었다고 한다.

■　　가장 큰 어르신[太上]께서 천하를 道로써 보살피되 세상을 다스리지는 않으시더니[以道在有天下而未嘗治之], 백성이 그러한 연유를 몰랐다. 그래서 그가 있다는 사실을 알 따름이었다.

그 다음 어른이 인의(仁義)로써 천하를 다스리니, 德은 좇을 만하고 공(功)은 뚜렷하여 백성이 그를 가까이 모시고 받들었다. 그러나 비록 그 이름[名]은 아름다웠지만 두텁고 엷음이 거기서부터 비롯되었다.

다시 그 다음 어른이 정치[政]로써 백성을 다스리니, 백성이 두려워하였으나 그 힘에 미치지 못하는 데가 있어서 그를 업신여겼다.

내가 성실하여 스스로 믿음직스러우면 道로써 천하를 거느리기에 넉넉하다. 다만 스스로 믿음직스럽지 못하여 인의(仁義)로 보태고 형정(刑政)으로 무겁게 하지만 백성은 처음부터 믿지 않는다.

성인(聖人)은 스스로 믿음직스러움이 넉넉하여 말을 할 적에는 그것을 귀하게 여겨 머뭇거리며 가벼이 입술 끝으로 나불대지 않는지라, 백성이 그를 믿는다. 그가 공(功)을 이루고 일을 마치매 백성은 날마다 착해지고 죄를 멀리하게 되나 스스로 그

것을 알지 못한다. 蘇子由

■　큰 법도[大象]를 잡고 세상에 와서 세상을 좇아 바야흐로 나를 버리고 또 나를 잊었거늘 누가 그 발자국을 보겠는가? 그런 까닭에 아랫사람들은 다만 그가 있는 줄을 알 따름이다. 아랫사람이 그가 있는 줄을 알 따름이란 말은 곧 그를 받들어 모시지 않았다는 말이니 그런 까닭에 그를 두고 가장 큰 어르신[太上]이라고 하였다. 따라서 가까이 모시고 받드는 것은 그 다음이요, 두려워하고 업신여기는 것은 다시 그 다음임을 알 수 있다.

무엇을 가지고 그렇다고 말하는가? 오늘날 아비와 자식이 사랑하고 공경하는 일은 말을 하지 않아도 절로 깨달아 안다. 손님과 주인 사이, 그리고 벗과 사귀는 일에 이르면 서로 공경하고자 할진대 반드시 먼저 글을 읽은 뒤에야 깨닫는다. 어째서 그러한가? 둘 사이에 신용이 있고 없음에 따라서 그러한 것일 뿐이다. 가까이 하고 받들어 모시는 일이 이미 신용이 부족하여 서로 믿지 못해서 그런 것일진대 하물며 두려워하고 업신여기는 일이야 새삼 말할 것 있겠는가?

그러므로 신용이 넉넉하여, 서로 믿지 못하는 일이 없기를 바라는 자는 마땅히 어찌 해야 할 것인가? 말을 삼가 귀하게 여겨 道로 돌아갈 따름이다. 말을 귀하게 여기는 것은 말없는 가르침을 베푸는 것이다. 말없는 가르침을 베풀면 곧 무위(無爲)로써 일에 처(處)하는 것을 알게 된다.

공(功)을 이루고 일을 마치매, 백성은 말하기를 모두 절로 그렇게 되었다고 하면서 누가 그 일을 했는지 모른다. 그러니 누가 그를 가까이 모시고 받들겠는가? 呂吉甫

■   가장 큰 어르신[太上]은 대인(大人)을 말한다. 대인(大人)이 위에 있어서, 가장 큰 어르신[太上]이라고 말한 것이다.

대인(大人)이 위에 있어서 무위(無爲)로 일에 처하고 말없는 가르침을 베풀고 만물을 만들어내되 그 머리가 되지 않는다. 그런 까닭에 아랫사람들은 그가 있는 줄을 알 따름이다. 말하자면 윗사람을 따르는 줄 모르고 따르는 것이다.

그 다음 사람은 무위(無爲)로써 일에 처하지 못하고 말없는 가르침을 베풀지 못하며 다만 선(善)에 서서 은혜를 베풀어 아랫사람으로 하여금 자기를 가까이 모시고 받들게 할 따름이다.

그 다음 사람은 은혜와 사랑에 돌아가서 남을 부릴 능력이 없는지라 위세(威勢)와 권력(權力)을 의지한다.

그 다음 사람은 법으로 백성을 다스릴 수 없는지라 잔꾀[智]로 나라를 다스린다. 아랫사람들이 그를 피하고 명령을 따르지 않으니 그래서 말하기를, 그를 업신여긴다고 하였다.

무릇 몸을 거느림에 성(性)을 잃으면 질병이 생기거니와 남을 도와줌에 참[眞]을 잃으면 허물이 생긴다. 믿음직스럽지 않으면 신용을 얻지 못하는데 이는 자연(自然)의 道다. 이미 모자라는 마당에 잔꾀 가지고 메울 것이 못된다.

자연(自然)은, 그 실마리와 그것이 뜻하는 바를 사람 눈으로 볼 수 없다. 그 무엇으로도 자연의 말[言]을 바꿀 수 없으니, 말은 반드시 응하게 마련이다. 그런 까닭에, 삼가 말을 귀하게 여긴다고 했다.

무위(無爲)로 일에 처하고 말없는 가르침을 베풀고 꼴[形]을 가지고 물(物)을 세우지 않는다. 그러기에 공(功)을 이루고 일을 마치되 백성이 그렇게 된 까닭을 모르는 것이다.　王弼

■　가을 들녘에 오곡이 무르익는다. 장관(壯觀)이다.

저마다 말하기를, 농부가 땀흘려 지은 열매라고 한다. 과연 그러한가? 그것이 과연 농부의 결실(結實)인가? 하늘이 없고 땅이 없는데도 농부가 농사를 짓는가? 콩이 없는데도 농부가 콩을 기르는가?

그러나, 하늘은 말이 없고 땅도 말이 없다. 자기 소유를 주장하지도 않는다. 자신의 모든 공(功)을 농부에게 떠넘기고 시치미를 뗀다.

드문 일이기는 하지만, 사람들 가운데도 하늘 닮고 땅 닮은 이들이 있다. 그들은 여전히 말이 없다. 세상은 그들 덕분에 살면서 그들의 공(功)을 모른다. 觀玉

대도(大道)가 무너져
인의(仁義)가 있다

大道廢, 有仁義. 智慧出, 有大僞. 六親不和, 有孝慈.
國家昏亂, 有忠臣.

대도(大道)가 무너져 인의(仁義)가 있다. 지혜(智慧)가 나타
나 큰 거짓[大僞]이 있다. 육친(六親)이 화목하지 못하여 효
[孝]와 자(慈)가 있다. 나라가 어지러워 충신(忠臣)이 있다.

■   대도(大道)가 융성하면 인의(仁義)가 그 가운데서 행해

지는데 백성은 그것을 모른다. 대도(大道)가 무너진 뒤에는 인의(仁義)가 드러나 보인다.

道가 스스로 넉넉하여 그것으로 만물을 또한 넉넉하게 한다는 사실을 세상이 모르고는 지혜(智慧)로써 무엇을 덧붙인다. 이에 이르러 백성이 거짓으로 보응(報應)하기 시작하는 것이다.

육친(六親)이 화목할진대 누가 어버이에게 효도하지 아니하고 누가 자식에게 자애롭지 아니하랴? 나라가 잘 다스려질진대 누가 충성된 신하 아니랴?

요(堯)가 불효(不孝)하지 않았는데 홀로 순(舜)을 효자(孝子)로 부르는 것은 요(堯)에게는 고수(螺瞍, 舜의 아비, 포악한 성격으로 알려져 있음)가 없었기 때문이다. 이윤(伊尹)과 주공(周公)이 불충(不忠)하지 않았는데 홀로 용봉(龍逢)과 비간(比干)을 충신으로 부르는 것은 그들에게 걸주(桀紂, 殷나라와 周나라의 폭군)가 없었기 때문이다.

마른 못의 고기들이 거품을 뿜어 서로 적셔주는 것은 상대를 잊고 강호(江湖)에 노니는 것만 못하다. 蘇子由

■　　道는 이름지어 부를 수 없다. 道라고 이름지어 부르면 그것은 道가 아니다. 그것을 다시 나누어서 인의(仁義)를 삼는다면 어찌 道의 온전함[全]이라 하겠는가? 그러니, 인의(仁義)

가 있음은 이미 대도(大道)가 무너졌음을 뜻한다.

마음을 품고 德을 행하는 것[德有心]보다 더 큰 적(賊)이 없다 했거늘, 마음에는 눈[眼]이 있고 눈이 있으면 주관(主觀)을 지니게 되고 주관을 지니면 낭패를 본다. 지혜(智慧)가 나타나서 커다란 거짓[大僞]이 있게 되었다는 말이 그 말이다. 거짓[僞]은 德의 반대다.

인의(仁義)가 있으면 그 폐단은 육친(六親)의 불화(不和)에 이르고, 그래서 효(孝)와 자(慈)가 있게 되는 것이다. 큰 거짓[大僞]이 있으면 그 폐단은 국가의 혼란에 이르고, 그래서 충신이 있게 되는 것이다. 이런 까닭에, 고수(瞽瞍)의 완은(頑相, 완악하고 어리석음)이 있은 뒤에 순(舜)이 있고 걸주(桀紂)의 난폭함이 있은 뒤에 용봉(龍逢)과 비간(比干)이 있다. 이는 다른 것이 아니라, 날이 갈수록 멀리 그 뿌리를 떠난 것일 따름이다. 呂吉甫

■　　대도(大道)가 무너져서 인의(仁義)가 있다는 말은, 사람들이 하지 않으면서 하는 길을 놓치고 지혜로써 선도(善道)를 세우며 물(物)에 나아감을 뜻한다. 다시, 술수(術數)를 부리고 간사한 거짓[姦僞]을 행하면, 그 속뜻을 보고 겉모양을 보아서, 물(物)이 그것을 알고는 피해간다. 그래서, 지혜(智慧)가 나타나서 큰 거짓[大僞]이 생긴다고 했다.

매우 아름다운 이름은 지독한 더러움[惡]에서 나온다. 아름다움과 더러움은 그 드나드는 문(門)이 같다.

부자형제부부(父子兄弟夫婦)가 육친(六親)이다. 만일 육친이 스스로 화목하다면 나라가 절로 다스려질 터인즉, 그러면 효자 충신이 있을 자리를 찾지 못할 것이다. 물고기가 강호(江湖)의 道를 잃어버려서, 그래서 거품으로 상대의 몸을 적셔주는 德이 있는 것이다. 王弼

■　　　인의(仁義)가 여기 있다는 말은 이미 불의(不義)와 불인(不仁)이 있다는 말이다. 사람이 하늘의 道를 등질 때 그런 결과가 온다.

효(孝)가 있다는 말은 벌써 불효(不孝)가 성행한다는 말이다. 사람이 사람의 道를 등질 때 그런 결과가 온다.

마차(馬車)가 가지 않을 때 채찍으로 마차를 칠 것인가? 말을 칠 것인가?

물어볼 것도 없는 이 질문을 두 번 세 번 진지하게 묻지 않을 수 없을 만큼, 오늘 인간 세상은 뒤죽박죽 엉망진창이다. 모든 것이 인간의 인간 상실에서 오는 비극인데, 제도와 법을 백날 뜯어고친다고 해서 될 일이 무엇이랴? 잃은 물건은 잃은 장소에서 찾아야 하는 법. 觀玉

19

성(聖)을 끊고 지(智)를 버리면

絶聖棄智, 民利百倍. 絶仁棄義, 民復孝慈. 絶巧棄利,
盜賊無有. 此三者以爲文不足. 故令有所屬, 見素抱樸,
少私寡欲.

성(聖)을 끊고 지(智)를 버리면 백성이 백 배로 이롭다. 인
(仁)을 끊고 의(義)를 버리면 백성이 효(孝)와 자(慈)로 돌아
간다. 잔꾀[巧]를 끊고 이(利)를 버리면 도적이 없다. 이 셋
은 문(文)이기에 부족하다. 그러므로 속하되, 바탕을 드러
내고 순박함을 지키고 사(私)를 적게 하고 욕심을 줄이는
데 속하도록 한다.

■ 　　성(聖)과 지(智)가 과연 道를 몰라서, 성(聖)과 지(智)로 하여금 세상을 다스리게 하면 그것이 道로 물(物)을 다스리지 않는 것이겠는가? 그런데 사람들은 성(聖)과 지(智)의 본(本)을 모르고 그 말(末)만 보아 잔꾀[巧]로 물(物)을 이기려 한다. 이에 말류(末流)로 치달리니 백성이 처음부터 그 해(害)를 물리치지 못하는 것이다. 그래서 "성(聖)을 끊고 지(智)를 버리면 백성이 백 배로 이롭다"고 했다. (여기, 聖을 끊고 智를 버린다는 말을 聖人을 끊고 智人을 버린다로 읽으면 뜻이 좀 편하게 통하겠다—觀玉).

사랑하면서[有仁] 어버이를 버리는 자 없고 의로우면서[有義] 임금을 등지는 자 없다. 그래서 인의(仁義) 곧 효자(孝慈)로 되는 것이다. 그런데 그것들이 허물어지매 사람들이 인의의 이름[仁義之名]을 훔쳐 세상에서 이득을 보려 한다. 이에 자식이 아비를 거역하고 아비가 자식을 학대하니 이는 곧 인의(仁義)의 발자국[迹]이 그렇게 만든 것이다. 그래서 "인(仁)을 끊고 의(義)를 버리면 백성이 효(孝)와 자(慈)로 돌아간다"고 했다.

잔꾀[巧]는 그것으로 일을 쉽게 하자는 것이요 이(利)는 그것으로 물(物)을 더 많이 가지려는 것이다. 이 둘을 끊고 버려서 도적이 이 둘을 쓰지 못하게 되면 도적질해서 얻는 게 없으니 도적질을 하지 않게 된다. 그래서 "잔꾀[巧]를 끊고 이(利)를 버리면 도적이 없다"고 했다.

사람들이 이 셋을 귀하게 여겨 천하를 불안케 하는 것은 문(文)의 부족(不足)에 그 까닭이 있다. ('文'을 한 마디 말로 옮기기 어렵다. 文은 글·겉꾸밈·법률·무늬 등을 뜻하는 말인데 속 바탕이 아니라 그것이 겉으로 드러나 보이는 것을 막연하게 가리킨다고 보면 되겠다―觀玉). 그래서 혹은 천하를 성(聖)과 지(智)에 맡기고 혹은 인(仁)과 의(義)에 맡기고 혹은 교(巧)와 이(利)에 맡기는데 이 모두가 문(文)을 가지고 세상을 다스리려는 것이다. 그러하나 천하는 갈수록 더욱 불안해지니 이 어찌 본(本)을 뒤집어엎은[反] 것이 아니겠는가?

바탕을 드러내고[見素] 순박함을 지키고[抱樸] 사(私)를 적게 하고[小私] 욕심을 줄여[寡欲] 천하 사람들이 저마다 성(性)으로 돌아가면(性을 회복하면), 비록 위에서 말한 세 가지가 다 있다 하여도 그것을 쓸 곳이 없다. 그래서 이르기를, 내가 아무것도 하지 않으니 백성이 절로 교화(教化)되고 내가 고요함을 좋아하니 백성이 절로 바르게 살고 내가 일을 만들지 않으니 백성이 절로 부(富)해지고 내가 욕심을 부리지 않으니 백성이 절로 순박하다고 했다. 이야말로 성(聖)과 지(智)의 큼[大]이요 인(仁)과 의(義)의 다함[至]이요 교(巧)와 이(利)의 끝[極]이다.

그런데 공자(孔子)는 인의예악(仁義禮樂)으로 천하를 다스리셨고 노자(老子)는 그것들을 끊고 버리셨다. 그래서 어떤 사람은 두 어른이 서로 다르다고 말한다. 『역(易)』에 이르기를, 꼴 위에 있는 것[形而上者]을 道라 하고 꼴 아래에 있는 것[形而下者]을 기(器)라 한다고 했다. 공자께서 후세(後世)를 근심하심이 깊은지라, 그래서 사람들에게 기(器)를 보이시고 짐짓 道를 감추셨으니 이는 보통사람 이하[中人以下]로 하여금 기(器)를 지키되 道에 현혹되지 않고 그래서 군자(君子)됨을 잃지 않게 하려 하심이요, 보통사람 이상[中人而上]으로 하여금 거기에서부터 시작하여 위로 상달(上達)케 하려 하심이다. 노자(老子)는 그와 달리, 道 밝히는 일[明道]에 뜻을 두시어 사람의 마음을 여는 데 바쁘셨다. 그래서 사람들에게 道를 보이시고 기(器)는 가벼이 다루셨다. 이는 배우는 사람이 기(器)로만 앎을 삼으면 道가 숨어버리기 때문이다. 그런 까닭에 노자는 인의(仁義)를 끊고 예악(禮樂)을 버려 道를 밝히려 하셨던 것이다.

무릇 道란 말로 할 수 없는 것이라, 말로 표현된 道는 모두 비슷한 가짜[似]다. 통달한 사람[達者]은 가짜를 말미암아 진짜를 알지만 어두운 사람[昧者]은 가짜에 붙잡혀 거짓[僞]에 떨어진다. 그래서 후세(後世)에 노자의 말에 붙잡혀 천하를 어지럽게 한 자들은 있었지만 공자를 배워서 크게 그릇된 자들은 없었고, 노자의 말로 말미암아 道에 이른 사람은 적지 않았지만 그것을 공자한테서 구(求)하려던 자들은 어디에서 들어가야 할지를 몰라 고생했다. 이 두 성인(聖人)은 모두 그러지 않을 수 없었던[不得已] 분이시다. 이쪽에 옹글면[全] 저쪽에 간략할[略] 수밖에 없는 일이다. 蘇子由

■　성인(聖人)은 천하가 어지러워지는 것이 본(本)을 놓치고 성(性)을 잃은 데서 비롯된다는 사실을 안다. 다만 이름 없는 순박함[無名之樸]이 어지러운 세상을 가라앉힐 수 있다. 성(聖)을 끊고 지(智)를 버리고 인(仁)을 끊고 의(義)를 버리고 교(巧)를 끊고 이(利)를 버림은 그렇게 함으로써 우리의 이름 없는 순박함을 되찾아 세상을 진정시키려는 것이다.

성(聖)을 끊고 지(智)를 버리고 인(仁)을 끊고 의(義)를 버리면 마음이 미(美)와 선(善)에 얽매이지 않는다. 교(巧)를 끊고 이(利)를 버리면 마음이 악(惡)과 불선(不善)에 얽매이지 않는다. 안으로 마음이 얽매이지 않고 밖으로 발자국을 남기지 않으면, 백성이 백 배로 이롭게 되어 효(孝)와 자(慈)를 회복하여 도적이 없어지니, 이치에 딱 들어맞는다.

성(聖)을 끊고 지(智)를 버리고 인(仁)을 끊고 의(義)를 버림은 잘난 놈 떠받들지 않기[不尙賢]를 다한[盡] 것이다. 그것을 끊어서 버림은 그냥 떠받들지 않는 것 정도가 아니다. 교(巧)를 끊고 이(利)를 버림은 얻기 힘든 보화를 귀하게 여기지 않기[不貴難得之貨]를 다한 것이다. 그것을 끊어서 버림은 얻기 힘든 보화를 귀하게 여기지 않는 것 정도가 아니다.

사람이 살아감에, 모든 것이 나에게 갖추어져 있으니 곧 지극히 넉넉한 부(富)를 지닌 것이다. 능히 성(聖)을 끊고 지(智)를 버린 뒤에 그 처음을 회복하면 이(利)가 백 배로 된다. 백성이 효(孝)와 자(慈)로 돌아가 육친(六親)이 화목하면 따로 효(孝)와 자(慈)가 있는 줄을 모른다. 도적이 없어 나라가 밝게 다스려지면 충신(忠臣)이 있는 줄을 모른다.

잘난 놈 떠받들지 않아서 백성으로 하여금 서로 다투지 않게 하면 백성이 백 배로 이(利)를 본다. 백성이 효(孝)와 자(慈)로 돌아감은 그냥 다투지 않는 것 정도가 아니다. 얻기 힘든 보화를 귀하게 여기지 않아서 백성으로 하여금 도적질을 하지 않게 하여 도적이 없게 됨은 그냥 도적질을 하지 않는 것 정도가 아니다.

성(聖)과 지(智), 인(仁)과 의(義), 교(巧)와 이(利), 이 셋은 어디까지나 문(文)이지 질(質)이 아니다. (겉으로 나타난 것이지 속바탕은 아니라는 뜻―觀玉). 그래서 부족하고 옹글지 못하다. 그러므로 그것들을 끊고 버려, 바탕을 드러내고 소박함을 지키고 사(私)를 적게 하고 욕심을 줄임[見素抱樸少私寡欲]에 들어가 속한 바 된다. 바탕을 드러내면 다른 무엇과 섞이거나 겉을 꾸밀게 없음을 알게 되고 소박함을 지키면 깨뜨려지지 않아서 부족함이 없음을 알게 된다. 바탕에 그 무엇도 섞이지 않고 순박함이 깨뜨려지지 않으면 성(性)으로 돌아가, 바깥 것들[外物]에 헛갈리지 않고 사(私)가 적어지고 욕심이 줄어든다. 사(私)가 적어지고 욕심이 줄어든 뒤에야 배움을 끊어버리는 지극한 道[絶學之至道]를 말할 수 있을 것이다. 呂吉甫

■　　성(聖)과 지(智)는 재질[手]이 훌륭한 것이다. 인(仁)과 의(義)는 사람이 훌륭한 것이다. 교(巧)와 이(利)는 씀[用]이 훌륭한 것이다. 그런데 이를 잘라서 끊어버린다고 말한다.

문(文)은 매우 부족하여 사람이 거기에 속할 바가 못 되고 그것이 어디를 가리키는지도 보이지 않는다. 그래서 이르기를, 이셋은 문(文)이 되어 부족한 까닭에 사람으로 하여금 속하되 소박(素樸)과 과욕(寡慾)에 속하도록 한다고 했다. 王弼

■　　"오직 인의(仁義)가 있을 뿐입니다. 하필이면 이(利)를 말씀하십니까?" 맹자(孟子)가 양혜왕(梁惠王)에게 했다는 말이다.
인의(仁義)는 유가(儒家)에서 가장 높이 치는 덕목이다. 그런

데 그것을 끊고 버리란다. 기독교 말투를 빌면, 하느님 사랑·
이웃 사랑을 끊고 버리라고 하는 셈이다. 말이 되는가?

"인(仁)이란 제가 스스로 인(仁)이 되는 것이 아니다. 의(義)
란 제가 스스로 의(義)가 되는 것이 아니다. 인의(仁義)가 끊는
다 해서 끊어질 수 있는 것이라면 그것은 인의(仁義)가 아니다."

앤소니 드 멜로 신부의 글에 이런 구절이 있다.

"나는 그렇게 말하기가 두려웠다. 그래도 나는 하느님께 말
했다. 나는 당신이 필요하지 않다고 그분께 말씀드렸다… 좋다,
만일 당신이 하느님을 잡지 않으면 행복해질 수 없다고 생각한
다면, 당신이 생각하고 있는 그 '하느님'은 진짜 하느님과 아무
상관이 없는 하느님이다… 당신은 당신의 개념(concept)을 생
각하고 있는 것이다. 때로 당신은 하느님을 만나기 위하여 '하
느님'한테서 벗어나야 한다. 많은 신비가들(mystics)이 우리에게
들려주는 말이다"(Anthony de Mello, Awareness, pp. 138, 139).

"나는 하느님과 나 사이에 하느님도 없기를 바란다." 마이스
터 에크하르트의 말이다.

인(仁)을 끊고 의(義)를 버림으로써 인(仁)을 살고 의(義)를
산다. 그래서 정언(正言)은 약반(若反)이라(『노자(老子)』, 78장),
바른 말은 거꾸로 된 말과 같다고 했다. 觀玉

20

배움[學]을 끊어 근심을 없앤다

絶學無憂. 唯之與阿, 相去幾何. 善之與惡, 相去何若.
人之所畏, 不可不畏. 荒兮其未央哉. 衆人熙熙, 如享太
牢, 如登春臺. 我獨酯兮其未兆, 如嫠兒之未孩. 乘乘兮
若無所歸. 衆人皆有餘, 而我獨若遺. 我愚人之心也哉.
沌沌兮, 俗人昭昭, 我獨若昏. 俗人察察, 我獨悶悶, 忽
兮若海, 寂兮似無所止. 衆人皆有以, 我獨頑似鄙. 我
獨異於人, 而貴食母.

배움[學]을 끊어 근심을 없앤다. '예'와 '응', 이 두 대답 사이
의 거리가 얼마나 되는가? 선과 악, 이 둘 사이의 거리는 얼
마나 되는가? 사람들이 겁내는 것을 겁내지 않을 수 없다.

황당하도다, 끝이 없구나. 사람들은 저마다 밝고 밝아서 큰 잔치를 벌이는 것 같고 봄 동산에 오르는 것 같은데 나 홀로 두렵도다. 첫 울음을 짓기 전의 젖먹이같이 아무 낌새도 없구나. 떠돌고 떠도는도다, 돌아갈 곳 없는 자 같도다. 사람들은 저마다 남음이 있는데 나 홀로 버려진 것 같다. 나야말로 어리석은 자의 마음인가? 멍청하고 멍청하도다. 속세 사람들은 빛나고 빛나는데 나 홀로 어둡고 속세 사람들은 똑똑하고 똑똑한데 나 홀로 어리숙하여 아득하기가 바다 같구나. 쓸쓸하도다, 멈출 곳이 없는 자 같구나. 사람들은 모두 쓸모가 있는데 나 홀로 완고하고[頑] 비루하구나[鄙]. 나 홀로 사람들과 달리 어미 먹기[食母]를 귀하게 여긴다.

■　　배우는 일에는 날마다 보태고 道 닦는 일에는 날마다 덜어낸다[爲學日益 爲道日損]고 했다. 성명(性命)의 바름[正]을 알지 못한 채 배워서 알게 된 것을 쌓고 모아두기만 하여 그것들을 하나로 꿰뚫지 못하고 둥근 것으로 모난 것을 해치며 곧은 것으로 굽은 것을 해치면 그 가운데 서로 얽힌 모양이, 걱정하지 않을 수 없게 한다. 배우는 이들이 이 지경에 이르는 것을

염려하여 말하기를, "배움을 끊어서 걱정이 없게 한다"고 했다. 성인(聖人)들이 일찍이 배울 만큼 배웠으면서 道를 주(主)로 삼아, 많이 알면서도 어지럽지 않고 환하게 탁 트여 걱정거리가 없었던[廓然無憂] 것이야말로 배움을 끊은 것 아니겠는가?

배우는 자가 귀로 듣는 것들[所聞]에 빠져서 그것들을 하나로 꿰뚫지 못하면, '예'는 공손함이 되고 '응'은 건방짐이 되어 같은 날에 같은 대답을 할 수 없거늘 하물며 선(善)과 악(惡)의 상반(相反)됨이야 어떠하겠는가? 오직 성인(聖人)이라야 만물이 같은 성(性)에서 나와 모두 허망된 것[妄]을 이루는데, 말과 소를 그리고 범과 돼지를 새기는 것과 같아서, 모두 실(實)이 아님을 안다.

도무지 정(定)해진 바가 없어서 옳은 것과 그른 것[是非], 같은 것과 다른 것[同異]을 나눌 수 없는데, 그것들의 거리가 얼마나 떨어져 있는지를 누가 알 것인가? 참으로 이를 알면, 만물을 기르되 서로 해(害)를 입히지 않고 道를 함께 행하되 서로 어그러뜨리지 않아 괴이(怪異)한 것이 하나도 없게 된다.

성인(聖人)은 나와 너를 고르게 하고 같은 것과 다른 것을 하나로 보아 그 마음에 찌꺼기가 남아 있지 않지만, 그것이 어찌 세상 법을 업신여겨 내버리거나 함부로 분수[分]를 어기고 이치[理]를 어지럽히는 것이겠는가? 그래서, 사람들이 겁내는 것을 나 또한 겁내고 사람들이 하는 일을 나 또한 한다고 했다. 군신부자(君臣父子) 사이에 서서 예악형정(禮樂刑政)의 경계를 걷는데 세상 사람들이 그에게서 다른 점[異]을 찾지 못한다. 물(物)에 닿아 걸려들지 않는 것은 다만 그의 마음[心]뿐이다(肉은 物에 걸려 있다는 뜻인 듯─觀玉).

보통사람들은 저마다 자기가 알고 있는 바를 좇아서 살아간다. 그래서 경계[畦畛, 밭둑]를 조금도 넘지 못한다. 성인(聖人)은 유(有)와 무(無)를 넘나들며 들어가지 못할 곳이 없고 하지 못할 일이 없어서 그 황당하기[荒]가 끝이 없다.

사람들은 저마다 좋아하는 것에 빠져서 큰 잔치를 벌이듯이 아름답게 가꾸고 봄 동산에 오르듯이 즐거워하며 떠들썩하게 그것들을 따르는데, 그것들이 아무것도 아님을 모른다. 오직 성인(聖人)만이 그 허망됨[妄]을 깊이 들여다보고 담담하게 그것들을 맞이하되 거기에 휘둘리지 않음이 첫 웃음 웃기 전의 젖먹이와 같다.

만물의 이치에 몸을 맡기고[乘萬物之理] 사사로움[私]을 품지 않으니 그런 까닭에 마치 돌아갈 곳이 없는 사람 같다.

사람들은 자기가 알고 있는 바를 간수하여 그것들로 자신의 남음[餘]을 삼는다. 성인(聖人)은 만물을 품에 안고 있으면서도 그 어느 하나 자기 것으로 삼지 않아서 초연(超然)하기가 마치 버려진 아이 같고, 멍청하여 바보 같은데 그러나 바보는 아니다.

세속 사람들은 분별하는 것을 지식[知]으로 삼고 성인(聖人)은 뭇 허망한 것들이 분별되지 않음을 알기에 겉모습은 어수룩해 보이고 중심은 어두워 보이며 아득하기가 바다 같아서 그 기슭을 볼 수 없고 떠도는 모습이 정처 없어서 그 머무는 자리를 볼 수 없다.

사람들은 저마다 유능해서 세상이 저들을 데려다가 쓰는데 성인(聖人)은 모든 재능을 두루 갖추고 있으면서도 베푸는 바가 없는 것 같아서 완고[頑]하고 비루한[鄙] 사람이라는 의심을 산다.

道는 만물의 어미다. 보통사람들은 물(物)을 좇아서 道를 잊어버리지만 성인(聖人)은 만물을 벗어나 등지고 오직 道를 종(宗)으로 삼으니 비(譬)컨대, 젖먹이가 함부로 잡식(雜食)하지 않고 어미의 젖만 먹는 것과 같다. 蘇子由

■ 　배움[學]이 배운 바 없음[無所學]에 이르지 못하면 배움을 끊는 것[絶學]이 아니다. 道는 얻는 바 없음[無得]을 얻음[得]으로 삼고 배움은 배운 바 없음[無學]을 배움[學]으로 삼는다. 道를 부려 얻는 것은 의(義)요 인(仁)이다. 배움으로 배우는 것은 명(名)이요 수(數)다. 성인(聖人)은 얻은 것 없음[無得]으로 득도(得道)를 삼고 배운 것 없음[無學]으로 진학(眞學, 참된 학문)

을 삼는다. 그래서 이르기를, 배움을 끊어서 근심이 없게 한다고 했다.

배움이 배운 것 없음에 이르지 못하면, 천하의 배움에 끝이 없어서 하나를 얻고 둘을 놓치며 이것을 얻고 저것을 잃게 되니 얻으면 반드시 기뻐하고 잃으면 근심하여 한때도 쉬지 못한다.

道의 뿌리[本原]는 본디 같은 것인데[未始不同], 본(本)을 헤아리지 않고 말(末)을 고르게 하고자 한다면 말(末)은 반드시 크게 달라진다. 말하자면, '예'를 공손한 대답이라 하고 '옹'을 거만한 대답이라 하는데 '예'와 '옹' 사이의 거리야 얼마 되리요마는 이윽고 공손과 거만에 이르면 그 거리가 아주 먼 것이다. 또, 이치[理]를 바라보는 것[嚮]을 선(善)이라 하고 이치를 등지는 것[背理]을 악(惡)이라 하는데 등지는 것과 바라보는 것 사이의 거리야 얼마 되리요마는 마침내 선과 악에 이르면 그 거리가 매우 먼 것이다.

성인(聖人)은 일찍이 '처음[始]'을 보고 본(本)이 같은 것임을 알기에, 거만을 거슬러 공손하고[反慢而爲恭] 악을 거슬러 선을 행함[反惡而爲善]이 눈 깜짝할 사이[俄頃之間]에 이루어진다. '예'와 '옹', 선과 악의 뿌리[本]가 본디 같은 것임을 안다면, 배움을 끊는 경지에 이르기가 어렵지 않을 것이다. 그러나, 성인(聖人)이 나와서 세상에 응(應)하는데 어찌 한 세상이 바라는 바를 바꾸어 자기가 바라는 대로 바라게 할 수 있으며 한 세상이 보는 바를 하나로 만들어 자기가 보는 대로 보게 할 수 있으랴? 사람들이 즐기는 것을 그도 또한 따라서 즐기고 사람들이 겁내는 것을 그도 또한 따라서 겁낸다. 다만, 그가 뭇 사람과 다른 것은, 사람들이 거침없이 즐거워하여 끝이 없으며 그 환한 모습이 즐거움은 봄 동산을 오르는 것 같고 아름다운 꾸밈새는 큰 잔치를 벌이는 것 같아서 화려하고 번쩍거리지만 끝내 그를 앞지르지 못하고(솔로몬의 옷과 백합꽃을 견주어보라―觀玉), 사람들의 지혜[智]가 똑똑하지만 그를 넘어서지 못하기 때문이다. 대개 그 마음은 참[實]으로써 즐거움을 삼고 참[實]으로써 지혜[智]를 삼는다. 사람의 심성(心性)이 깊고 어두워서 알기 힘들지만 오직 참[實]은 그것을 안다. 그래서 마음[心] 밖에는 아무것도 보지 않는다.

성인(聖人)의 마음은 道에 노닌다. 그가 물(物)에 응(應)하는 것은 실(實)이 아니다. 그러기에 두려워하는 모습은 아직 첫 웃음 짓기 전의 젖먹이처럼 아무 내색이 없고 떠도는 모습은 돌아갈 곳 없는 사람 같고 아득하기는 바다 같고 흘러가는 모습은 머물 곳이 없는 사람 같다.

사람들 모두 남음[餘]이 있는데 그 홀로 없는 듯하고 사람들 모두 쓰임새가 있는데 그 홀로 완고하고 비루한 듯하나, 이 어찌 정말로 바보라서 그런 것이겠는가? 대개 그가 뭇 사람들과 다른 것은, 뿌리[本]를 알고 근원[原]에 이르며[識本達原] 곁가지들[末]로 흐르지 않는 데 있다. 이를 두고, 어미 먹는 것[食母, 어미 젖을 먹는 것은 어미를 먹는 것이다—觀玉]을 귀하게 여긴다고 한 것이다. 李息齋

■　　　하편(下篇)에, 배우는 일에는 날마다 보태고 道 닦는 일에는 날마다 덜어낸다고 했다. 그러니 배움이란 보태지기를 구(求)하여 능력을 갖추고 많은 지식[智]에 나아가고자 하는 것이다. 만약에 아무 바라는 바 없이 만족한다면 어찌 보태지기를 구할 것이며, 아는 바 없이도 적중(的中)한다면 어찌 나아감을 구할 것인가?

무릇 제비와 참새가 잘 어울리고 비둘기와 때까치가 서로 원수처럼 지내며 추운 데 사는 백성이 반드시 털옷을 입음은 절로 그러한 것[自然]이요 그로써 이미 모자랄 게 없거늘, 거기에 무엇을 보태면 곧 걱정거리가 되는 것이다. 물오리 짧은 발에 무엇을 대어 잇는 것이 학의 정강이를 자르는 것과 어떻게 다르며, 명예를 다칠까 겁내어 앞으로 나가는 것이 형벌을 겁내는 것과 어떻게 다르며, '예'와 '응', 아름다움과 추함의 거리 또한 얼마나 되는가?

그런 까닭에 사람들이 두려워하는 것을 나 또한 두려워하되 그것을 믿고 함부로 쓰지 않는다.

"황당하도다, 끝이 없구나!" 이는 세속에 상반(相反)됨이 큰 것을 감탄하는 말이다. 사람들은 아름다움과 앞으로 나아감에 혹(惑)하고 영화[榮]와 이익[利]에 사로잡혀 앞으로 나아가려고 마음이 바빠서 밝고 즐거워하는 모습이 큰 잔치를 벌이는 것 같고 봄 동산에 오르는 것 같다.

"나 홀로 운운(云云)…"은, 자기는 탁 트여서 이름을 따로 붙일 꼴[形]이 없고 들어서 보여줄 낌새[兆]도 없음에 마치 첫 웃음을 웃기 전의 젖먹이 같다는 말이다.

"돌아갈 곳이 없다"는 말은 머물 집[宅]이 없다는 말과 같다. 사람들은 저마다 생각이 있고 뜻이 있어서 그것들이 가슴에 가득 차 흘러 넘친다. 그래서 이르기를, "모두 남음이 있다"고 했다. 그런데 나 홀로 탁 트이고 텅 비어서 하는 일도 없고 바랄 것도 없음이 그 모두를 잃어버린 것 같다.

"나야말로 어리석은 자의 마음인가?" 이 말은 뛰어나게 어리석은 자[絕愚之人]는 마음으로 무엇을 나누거나 쪼개지 않으며 뜻으로 좋아하여 탐내는 것이 없어서 그 머뭇거리는 모습[猶然]이 정(情)을 눈으로 볼 수 없거니와, 나의 힘없는 모습[纇然]이 그와 같다는 말이다.

"멍청하고 멍청하도다." 이 말은 아무것도 분별하지 않아서 이름을 따로 붙일 수 없다는 말이다.

"빛나고 빛난다"는 말은 밖으로 번쩍거린다는 말이요, "똑똑하고 똑똑하다"는 말은 나누고 가르고 쪼갠다는 말이다.

"아득하도다, 바다같구나!" 이는 정(情)을 눈으로 볼 수 없다는 말이요 "멈출 곳이 없는 듯하다"는 말은 어디에도 얽매여 붙잡히지 않는다는 말이다.

'이(以)'는 용(用)이다. 사람들은 저마다 쓰임받기를 바란다. 그런데 나 홀로 바라는 것도 없고 하는 일도 없어서 어수룩하고 어둡기가 마치 아무것도 모르는 사람 같다. 그래서 이르기를, 완고[頑]하고 비루[鄙]하다고 했다.

어미를 먹는 것[食母]은 삶[生]의 본(本)이다. 그런데 사람들은 모두 삶의 본[生之本]을 버리고 겉꾸민 화려함[末飾之華]을 귀하게 여긴다. 그래서 이르기를, 나 홀로 사람들과 다르고자 한다고 했다. 王弼

■　　참새도 날 저물면 돌아갈 둥지가 있고 들여우도 돌아갈 굴이 있건만 나에게는 머리 둘 곳이 없다. 왜? 이렇게 말씀하신 분이, 만물의 이치에 몸을 싣고 털끝만큼도 사(私)를 품지 않았던[乘萬物之理而不自私] 때문이다. 그래서 그분은 날마다 머

리 둘 곳이 없었지만, 오히려 그랬기 때문에, 지상(地上) 모든 자리가 그분의 아랫목이었다! 처음부터 얻을 물건이 없었으니 얻은 것도 없고 배울 것이 없었으니 배운 것 또한 없다. 무엇을 근심할 것인가? 觀玉

21

큰 德의 모양은
오직 道, 그것을 좇는다

孔德之容, 唯道是從. 道之爲物, 惟恍惟惚. 惚兮恍兮,
其中有象. 恍兮惚兮, 其中有物. 窈兮冥兮, 其中有精,
其精甚眞, 其中有信. 自古及今, 其名不去, 以閱衆甫.
吾何以知衆甫之然哉, 以此.

큰 德의 모양은 오직 道, 그것을 좇는다. 道라는 물건은 다
만 황[恍]하고 다만 홀[惚]하다. 홀[惚]하면서 황[恍]하구나,
그 가운데 모습[象]이 있도다. 황[恍]하면서 홀[惚]하구나,
그 가운데 물[物]이 있도다. 그윽하면서 어둡구나, 그 가운
데 정[精]이 매우 참되어서, 그 가운데 믿음[信]이 있도다.

옛부터 오늘에 이르기까지 그 이름을 떠나지 아니하고 모든 것의 처음에 들어가 있다. 나는 어떻게 모든 것의 처음이 그러한지를 아는가? 이로써 안다.

■   道는 꼴[形]이 없다. 그런데 그것이 움직여 德으로 되면 모양[容]을 갖추게 된다. 그런 까닭에 德이란 道가 드러난 것[見]이다. 이로 미루어 보건대, 온갖 모양을 지닌 것들이 다 道가 물(物)로 나타난 것이다.

道는 있는 것도 아니고 없는 것도 아니다. 그래서 황홀(恍惚)이라는 말로 그것을 가리켰다. 그러나 그것이 움직여 모습[象]을 이루고 겉으로 드러나 물(物)을 이루매, 황(恍)과 홀(惚)에서 나오지 않은 것이 없다.

바야흐로 아직 있음[有]과 없음[無]이 정하여지지 않은 데서는 황(恍)하고 홀(惚)하여 눈에 보이지 않으나 이윽고 있음[有]과 없음[無]이 오고 감에 이르면 그윽함[窈]과 어두움[冥], 깊음[深]과 아득함[蝶]이 드러나 보인다. 비록 아직 꼴[形]을 이루지 않았어도 그 가운데 정(精)이 있다.

물(物)이 꼴을 이루게 되면 진짜와 가짜가 섞인다. 바야흐로 거기에 정(精)이 있으면 가짜는 용납되지 않거니와, 진짜와 가짜가 이미 섞여 있어서 하나가 둘로 되고 둘이 셋으로 되어 어지러이 얽히고 어긋나면 다시 믿음[信]을 회복할 수 없다. 바야흐로 거기에 정(精)이 있으면 스스로 속이지 않거니와, 옛날과 지금이 비록 서로 다르나 道는 사라지지 않는다. 그래서 떠나지 않음[不去]이라는 이름으로 그것을 부른다. 처음부터 떠나지 않은 까닭에 모든 존재하는 것들의 변화 속에 들어간다[閱].

보(甫)는 미(美)다. 만물의 아름다움 또한 변화를 면치 못한다.

만물이 그러한 까닭을 성인(聖人)이 아는 것은, 능히 道를 몸 받아[體道] 떠나지 않기 때문이다. 蘇子由

■　　　물(物)을 버리고 꼴[形]을 떠남이 버림받은 것처럼 보이고, 지(智)를 버리고 마음[心]을 잊음이 비루한[鄙] 것처럼 보이니, 깊은 德을 갖춘 자의 모습이 곧 그러하다. 이는 과연 어디로 좇아서 오는 것인가? 오직 道, 그것을 좇아서 오는 것일 뿐이다.

道라는 물건은 다만 황(恍)하니, 황(恍)하면 어둡지 않고[不昧] 어둡지 않으면 밝고[明] 밝으면 물(物)이 있다는 의심을 품게 된다. 그러나 그 가운데 모습[象]이 있거니와, 모습이란 물(物)이 있다는 의심을 품게 하지만 실은 물(物)이 아니다. 그래서 이르기를, 물(物) 없는 모습[無物之象]이라 했고 또 이르기를, 큰 모습은 꼴이 없다[大象無形]고 했다.

바야흐로 황(恍)하면서 홀(惚)하니, 홀(惚)하면 밝지 않고[不瀊] 밝지 않으면 어둡고[晦] 어두우면 물(物)이 없다는 의심을 품게 된다. 그러나 그 가운데 물(物)이 있거니와 물(物)이 없다는 의심을 품어도 물(物)은 있는 것이다. 그래서 이르기를, 모양 없는 모양[無狀之狀]이라 했고 또 이르기를, 물(物)이 있어 서로 섞여 이루어진다[有物混成]고 했다.

황(恍)하고 홀(惚)하니 헤아려지지 않고 헤아려지지 않으니 신령하다[神]. 그윽하고 어두운 것은 신령하고 또 신령한 것이다. 신령하고 또 신령해서 능히 정(精)하다. 그래서 이르기를, "그윽하고 어둡구나, 그 가운데 정(精)이 있도다"고 했다.

정(精)이란 道, 그 '하나[一]'를 얻어 다른 것과 섞이지 않음을 말한다. 천하의 물(物)은 참되어 거짓이 없으며 믿음직하여 어긋나지 않으며 한결같아서 바뀌지 않으니 여기에 더 보탤 것이 없거니와 천하가 비롯될 때 이미 우리는 물(物)에서 정(精)을 보았다. 그래서 이르기를, 정(精)이 매우 참되어 그 가운데 믿음이 있다[其精甚眞其中有信]고 했다.

옛부터 오늘에 이르기까지 그 이름이 떠나지 않았으니 모든 것의 처음[甫]에 이미 들어가 있다[閱]. 그래서 道를 닦는 자는 밝지도 않고 어둡지도 않으며 황(恍)하고 홀(惚)함에 존(存)하여 보는 것도 없고 듣는 것도 없어서 그윽함과 어두움[窈冥]에 이르는 것이다.

모습[象]이 있으니 물(物)이 있고 물(物)이 있으니 정(精)이 있고 정(精)이 있으니 믿음[信]이 있는 것이다. 道를 닦아서 믿음 있음[有信]에 이르면 곧 내 마음에 들어맞아[符] 이윽고 물(物)을 얻기에 이른다.

천지 만물이 천지 만물로 된 까닭을 알고자 하는 자로서 여기에서 시작하지 않은 자 없다. 그래서 이르기를, "나는 어떻게 모든 것의 처음[甫]이 그러함을 아는가? 이로써 안다"고 했다.

呂吉甫

■   공(孔)은 공(空)이다. 오직 공(空)으로써 德을 삼는다. 그런 뒤에 능히 몸을 움직여 道를 좇는다.

황홀(恍惚)은 꼴[形]이 없고 어디에도 매인 바 없음을 말한다. 꼴이 없음으로써 물(物)을 처음 내고[始物] 어디에도 매인 바 없으므로 물(物)을 이룬다[成物]. 만물이 비롯되어 이루어졌으나 그러한 까닭을 모른다. 그래서 이르기를, "황(恍)하면서 홀(惚)하고 홀(惚)하면서 황(恍)하구나, 그 가운데 모습[象]이 있도다" 하였다.

요명(窈冥)은 깊고 먼 것을 말한다. 깊고 멀어서 눈으로 볼 수 없다. 그러나 만물이 거기서 말미암으니 볼 수도 있고 그 참됨[眞]을 정(定)할 수도 있다. 그래서 이르기를, "그윽하고 어둡구나, 그 가운데 정(精)이 있도다" 하였다.

신(信)은 믿어 증명함[信驗]이다. 물(物)이 그윽하고 어두운 데로 돌아가매 참된 정(精)의 지극함을 얻고 만물의 성(性)이 정(定)해진다. 그래서 이르기를, "정(精)이 매우 참되구나, 그 가운데 신(信)이 있도다" 하였다.

무릇 지극한 참[至眞]의 지극함[極]은 이름을 지어 부를 수 없다. 이름이 없음, 그것이 곧 그 이름이다. 옛부터 오늘에 이르기까지 이에서 말미암아 이루어지지 않은 것이 없다. 그래서 이르기를, "옛부터 오늘에 이르기까지 그 이름을 떠나지 않는다" 고 했다.

중보(衆甫)는 물(物)의 처음[始]이다. 이름 없음[無名]으로써 만물의 처음을 설명[說]한다.

'이것[此]'은 앞에서 말한 것을 가리킨다. 내가 어떻게 만물의 처음이 없음[無]에서 비롯되었는지를 아는가? 이로써 그것을 안다는 말이다. 王弼

■   "우리는 믿음이 있으므로 이 세상이 하느님의 말씀으

로 창조되었다는 것, 곧 우리의 눈에 보이지 않는 것에서 나왔다는 것을 압니다"(히브리서 11:3).

눈에 보이는 것(저 오동나무 한 그루)에서 눈에 보이지 않는 것(오동나무 또는 그냥 나무)을 본다. '나무'는 물(物) 없는 상(象)이다. 아무리 유능한 화가도 '나무'라는 물건을 그릴 수는 없다.
觀玉

22

굽어서 온전하고

曲則全. 枉則直. 窪則盈. 候則新. 少則得. 多則惑. 是
以聖人抱一, 爲天下式. 不自見故明, 不自是故彰, 不自
伐故有功, 不自矜故長. 夫唯不爭故天下莫能與之爭.
古之所謂曲則全者, 豈虛言哉. 誠全而歸之.

굽어서 온전하고 휘어서 곧고 우묵해서 가득 차고 부서져서
새로워지고 적어서 얻고 많아서 어지럽다. 이래서 성인(聖
人)은 '하나[一]'를 품어 안아 천하의 법[式]이 된다. 저를 보
지 않으니 그런 까닭에 밝고 저를 옳다 하지 않으니 그런 까
닭에 빛나고 저를 자랑하지 않으니 그런 까닭에 공(功)이 있
고 저를 뽐내지 않으니 그런 까닭에 어른이 된다. 오직 다투

지를 않아서 그런 까닭에 세상 그 무엇도 저와 더불어 다투지 못한다. 옛적에 이른바 굽어서 온전하다는 말이 어찌 헛소리겠는가? 진실로 온전해져서 그리로 돌아갈 일이다.

■   성인(聖人)의 움직임은 반드시 이치[理]를 좇는다. 이치[理]는 그 있는 곳이 혹은 곧고 혹은 굽어도 서로 통하는 것을 요(要)로 삼는다. 통하기 때문에 물(物)을 거스르지 않고 거스르지 않기 때문에 온전하다[全]. 곧아도 이치에 어긋나면 道가 아니다. 이치에 따르면 비록 휘었어도[枉] 천하의 지극한 곧음[直]이다.

모든 것이 돌아가는 곳은 아래[下]다. 비록 가득 차기를 바라지 않는다 해도 차지 않을 수 없다. 밝고 똑똑한 것은 道가 아니다. 어수룩하기가 장차 부서질 것 같아도 날마다 새로워지는 것이 거기로부터 나온다.

道는 하나[一]일 뿐이다. 하나를 얻으면 얻지 못한 것이 없다. 많은 것을 배워도 '하나'로 꿰뚫지 못하면 그 아는 것들로 어지러워[惑]진다. '하나'를 품는 것은 성(性)으로 돌아가는 것[復性]이다.

굽어서 온전하고 휘어서 곧고 우묵해서 가득 차고 부서져서 새로워지고 적어서 얻는 것이 모두 '하나'를 얻은 나머지다. 그런 까닭에, '하나'를 품어 안음으로써 그것들을 마친다[終].

눈은 저를 보지 않는다. 그래서 물(物)을 볼 수 있다[目不自見故能見物]. 거울은 저를 비치지 않는다. 그래서 물(物)을 비칠 수 있다[鏡不自照故能照物]. 만일 저를 보고 저를 비치게 한다면 저를 보고 비치는 일에 겨를이 없을 터인즉 어느 틈에 물(物)을 대하겠는가? 저를 보지 않고 저를 옳다 하지 않고 저를 자랑하지 않고 저를 뽐내지 않는 것이 모두 다투지 않은 나머지다. 그런 까닭에, 다투지 않는 것으로 그것들을 마친다.

세상은 곧음을 옳다 하고 휘어짐을 그르다 하지만, 이치를 좇아서 행세(行世)를 하자면 휘어지기를 면할 수 없다. 그런 까닭에, 끝에 가서 앞에 한 말을 되풀이하여 이르기를, 그 말이 어찌 헛소리겠느냐고 한 것이다.

"진실로 온전해져서 그리로 돌아간다[誠全而歸之]"고 했는데, 이른바 온전해진다[全]는 것은 몸을 온전케 함[全身]만을 말하는 게 아니다. 안으로 몸을 온전케 하고 밖으로 물(物)을 온전케 하여, 물(物)과 내가 함께 온전해져서 성(性)으로 돌아가면 그 곧음[直]이 실로 크다[大] 하겠다. 蘇子由

■   모든 것의 처음이 어떠함을 알면[知衆甫之然] 곧 '하나
[一]'를 품어서 부드러움[柔]에 이를 수 있다. '하나'를 품어서
부드러움에 이르면 능히 휘어지고 굽어지고 우묵해지고 부서
질 수 있다. 굽음[曲]은 굽은 모습 그대로이고 휨[枉]은 굽은 것
을 굽어지게 하는 것이다.

천하의 물(物)로서 다만 물[水]이 道에 가깝다. 한 줄기는 서
쪽으로 흐르고 한 줄기는 동쪽으로 흐르는데 어떤 물(物)도 그
것을 상(傷)치 못한다. 이것이 굽어서 온전함이다. 장애물을 피
하여 수없이 꺾이지만 반드시 동(東)으로 흐른다(대륙의 큰 강이
대개 동으로 흐른다―觀玉). 이것이 휘어서 곧음이다. 아래로 아래
로 내려가 온갖 골짜기가 그리로 돌아간다. 이것이 우묵해서 가
득 참이다. 세상의 온갖 때[垢]를 받아들여 그것들을 깨끗하게
한다. 이것이 부서져서 새로워짐이다. 오직 '하나'를 얻은 자만
이 넉넉히 그럴 수 있다. 그래서 이르기를, 적어서 얻는다 했다.

사람들이 이렇게 하지 못하는 까닭은 그 '하나'를 얻지 못해
서다. 그래서 이르기를, 많으면 어지럽다고 했다.

재물을 쓰는 데는 반드시 법[式]이 있고 토목(土木)을 옮기
는 데도 반드시 법이 있다. 그것을 부리는 쪽은 좁고[約] 그것에
응(應)하는 쪽은 너르다[博]. 성인(聖人)이 '하나'를 품어 천하의
법[式]으로 됨이 이와 같을 따름이다. 그런 까닭에, 굽을 수 있

고 휠 수 있고 우묵할 수 있고 부서질 수 있어서 가는 곳마다 '하나' 아닌 곳이 없다. 세상 사람들이 보는 바로써 보고 내가 나를 보지 않는다. 그러니 보는 것마다 살펴지지 않는 것이 없다. 그래서 이르기를, 저를 보지 않아서 밝다고 했다. 세상 사람들이 옳게 여기는 바로써 옳게 여기고 내가 나를 옳다고 여기지 않는다. 그러니 그 옳음을 무엇으로도 덮어버릴 수 없다. 그래서 이르기를, 저를 옳게 여기지 않아서 밝게 빛난다고 했다. 공(功)을 세상에 돌리고 그것을 자기 것으로 삼지 않는다. 그래서 공(功)이 있다. 만물의 능력에 맡기고 자신을 스스로 뽐내지 않는다. 그래서 윗사람[長]이 된다. 이는 다른 것이 아니다. '하나'를 얻으니 곧 내가 없고[無我] 내가 없으니 곧 다투지를 않고[不爭] 오직 다투지를 않으니 천하가 그와 더불어 다투지 못하는 것이다. 옛적에 이른바, 굽어져서 온전해진다는 말의 뜻이 바로 여기에 있을 따름이다.

굽어서 온전한 까닭을 알면 휘어서 곧고 우묵해서 가득 차고 부서져서 새로운 까닭을 안다. 또한 저를 보지 않아서 밝히 보고 저를 옳게 여기지 않아서 밝게 빛나고 저를 자랑하지 않아서 공(功)이 있고 저를 뽐내지 않아서 어른 되는 것이 모두 이로 말미암는다. 이 어찌, 온전해져서 그리로 돌아감 아니겠는가? 呂吉甫

■　　　저를 보지 않아서 그 밝음이 온전하다. 저를 옳다 하지 않아서 그 옳음이 빛난다. 저를 자랑하지 않아서 공(功)이 있다. 저를 뽐내지 않아서 德이 오래 간다.

무릇 자연(自然)의 道는 또한 나무와 같다. 가지가 많을수록 뿌리[根]에서 멀어지고 가지가 적을수록 밑동[本]을 얻는다. 많으면 참[眞]에서 멀어지니, 그래서 이르기를, 어지럽다[惑]고 했다. 적으면 밑동[本]을 얻으니, 그래서 이르기를 얻는다[得]고 했다.

하나[一]는 적음의 끝[小之極]이다. 식(式)은 무엇을 본받는다[則之]는 말과 같다. 王弼

■　　　"마르타, 마르타, 너는 많은 일에 마음을 쓰며 걱정하지만 실상 필요한 것은 한 가지뿐이다. 마리아는 참 좋은 몫을 택했다. 그것을 빼앗아서는 안 된다"(루가 10:41, 2).

모든 나무의 밑동[本]은 하나[一]다. 가지가 아무리 많아도 그 한 밑동에서 나온 것들이다.

여럿을 다 잡아서 마침내 모두를 잡는 길이 있고 하나를 잡아서 모두를 잡는 길이 있다. 전자(前者)는 실제(實際) 같은 망상(妄想)이고, 후자(後者)는 망상(妄想) 같은 실제(實際)다. 눈에 보이는 것들로 눈이 먼 자는 전자(前者)에 매달리고 보이지 않

는 것을 보는 자는 후자(後者)에 착실하다. 우리가 사는 세상은
이 두 가지 길과 그 길을 가는 인간들로 구성되어 있다. 觀玉

23

자연은 말을 드물게 한다

希言自然. 飄風不終朝, 驟雨不終日. 孰爲此者, 天地, 天
地尚不能久, 而況于人乎. 故從事於道者, 道者同于道. 德
者同于德, 失者同于失. 同于道者, 道亦樂得之. 同于德
者, 德亦樂得之. 同于失者, 失亦樂得之. 信不足, 有不信.

자연은 말을 드물게 한다. 회오리바람은 한나절 불지 않고
소낙비는 온종일 내리지 않는다. 누가 이렇게 하는가? 하늘
과 땅이다. 하늘과 땅이 오래 가지 못할진대 하물며 사람의
일이겠는가? 그러므로 道에 좇아서 일을 하는 자는, 道를
모신 자와 道에서 하나 되고 德 있는 자와 德에서 하나 되
고 잃은 자와 잃음[失]에서 하나 된다. 道에 같아진 자는 道

또한 즐거이 그를 얻고 德에 같아진 자는 德 또한 즐거이
그를 얻고 잃음에 같아진 자는 잃음 또한 즐거이 그를 얻는
다. 믿음이 부족해서 미쁘지 않은 것이다.

■   말[言]이 자연에서 나오면 간단하고 경우에 맞는다[簡
而中]. 자연스럽지 못한 말을 힘주어서 하면 번잡하고 믿기 어
렵다[煩而難信]. 그래서 이르기를, "道가 입에서 나오매 담담함
이여, 아무 맛도 없구나. 보아도 다 보지 못하고 들어도 다 듣지
못하고 써도 다 쓰지 못한다"고 했거니와 이를 일러서 '드문 말
[希言]'이라 한다.

음(陰)과 양(陽)이 서로 다투지 않고 바람과 비가 때를 맞추
어 내리는데 빠르지도 않고 더디지도 않다가 기운이 다하게 되
면 멈춘다. 양(陽)이 위에 올라 꼭대기에 닿고 음(陰)이 아래에
엎드려 바닥에 닿아서 더 갈 곳이 없게 되면 이에 회오리바람
[飄風]과 소낙비[驟雨]로 되지만, 그러나 그 세력이 종일(終日)은
못 간다.

옛적 성인(聖人)들이 말은 드물게 하고 행동은 평탄하게 하
였으니[言出于希行出于夷] 모두가 자연(自然)을 좇은 것이다. 그

래서 오래 가고 바닥이 나지 않았다. 세상이 혹 그를 싫어했으나, 궤변으로 귀를 즐겁게 하고 엉뚱한 행위로 세상을 놀라게 하는 짓은 하지 않았으니 그런 짓은 오래 못 가 바닥이 난다.

공자(孔子)께서 이르시기를, 진실로 뜻을 인(仁)에 두면 악(惡)이 없다고 하셨다. 그래서, 인자(仁者)는 잘못을 쉽게 거둔다고 했다. 뜻을 인(仁)에 둔 사람이 그와 같을진대 하물며 뜻을 道에 둔 사람이야 어떠하겠는가? 참으로 道에 좇아서 일을 하는 사람은 그 하는 바가 道 모신 자와 같아져서 道를 얻고 德 있는 자와 같아져서 德을 얻는데, 불행하게도 잃을 경우 그 하는 일에서는 잃어도 道와 德에는 반드시 얻는 바가 있다.

道를 모르는 자는 道에 대한 믿음도 착실치 못하여 그 잃은 것으로 말미암아 道를 의심한다. 이에 불신(不信)이 더욱 두터워진다.

오직 道를 안 뒤에야 얻고 잃음[得失] 따위로 道를 의심하는 일이 없게 된다. 蘇子由

■　　들어도 듣지 못하는 것을 이름하여 '드문 말[希言]'이라 한다.

'드문 말[希言]'은 道로써 하는 말이다. 그래서 자연(自然)이라고 했다. 회오리바람과 소낙비는 '늘 그러함[常然]'에서 나오는 것이 아니다. 그래서 비록 하늘과 땅이 하는 일이라 해도 종일토록 지속되지는 못한다.

사람 말이 자연에서 나오지 않으면 말이 많아지고 자주 막힌다. 오직 道에 좇아서 일을 하는 사람만이 능히 무아(無我)로 될 수 있다. 무아(無我)면 곧 道요 德이요 실(失)이다. 우리는 그것들을 서로 다르게 보지 않는다. 그러므로 道를 모신 자와는 道에서 같아지고 德이 있는 자와는 德에서 같아지고 잃은 자와는 잃음[失]에서 하나 되어 온갖 이상한 것들을 널리 꿰뚫어 하나로 된다. 오직 그것들을 서로 다르게 보지 않고 더불어 같아지면, 저가 비록 나와 다르다 해도 나를 떠날 수는 없는 것이다. 그래서 말하기를, 道 모신 자와 하나로 되면 道 또한 그를 얻고 德 있는 자와 하나 되면 德 또한 그를 얻고 잃은 자와 하나 되면 잃음[失] 또한 그를 얻는다고 하였다.

다만 믿음이 부족하여 道 모신 자, 德 있는 자, 잃은 자와 더불어 하나로 되지 못한다. 그래서 이르기를, 믿음이 부족하여 미쁘지 못하다고 하였다. 呂吉甫

■   들어도 듣지 못하는 것을 이름하여 '드뭄[希]'이라 하였다. 뒷장(章)에 말하기를, 道가 밖으로 말이 되어 나오매 담담함이여, 아무 맛도 없구나. 보아도 다 보지 못하고 들어도 다 듣

지 못한다고 하였다. 그런즉 맛이 없어서 그 말을 다 듣지 못하는 것이 곧 자연(自然)의 지극한 말씀[至言]이다.

회오리바람 운운(云云)은, 사납고 빠르게 일어난 것은 오래 가지 못함을 말한 것이다.

일을 한다[從事]는 말은 행동거지를 道에 좇아서 한다는 말이다. 道는 꼴[形]도 없고 함[爲]도 없이 만물을 이루고 돌본다. 그러므로 道에 좇아서 일하는 자는 '하지 아니함[無爲]'으로 임금을 삼고 '말 아니함[不言]'으로 가르침을 삼아, 끊임없이 이어져서 존재하는 것 같고[綿綿若存] 물(物)마다 참[眞]을 얻어 道와 더불어 한 몸을 이룬다. 그래서 이르기를, 道에 같아진다고 했다.

얻음[得]은 적음[少]이다. 적으면 얻는다. 그래서 얻는다고 했다. 얻으면 얻음과 더불어 한 몸을 이룬다. 그래서 이르기를, 얻음[得]에 같아진다고 했다.

잃음[失]은 많은 것에 묶여 있음[累多]이다. 많은 것에 묶여 있으면 잃는다. 그래서 잃는다고 했다. 잃으면 잃음[失]과 더불어 한 몸을 이룬다. 그래서 이르기를, 잃음[失]에 같아진다고 했다.

道에 같아진다 운운(云云)은, 사람의 행위가 그 있는 곳을 따르는 까닭에 같아져서 응(應)하는 것을 말한다.

아랫사람한테 충(忠)과 신(信)이 부족하면 그를 믿지 못하게

마련이다. 王弼

■　　"산굽이 돌아 흐르는 물은 아래로 흐르겠다는 뜻을 따로 지니지 않았고 마을 어귀에 떠 있는 조각 구름 또한 거기 그렇게 떠 있겠다는 마음을 품지 않았으니, 사람 살기가 저 물과 구름 같기만 하다면 쇠나무[鐵樹]에 꽃 피어 온 누리 가득 봄이리"[此庵守靜].

　　말을 하되 물처럼 한다. 말은 있으나 말의 꼴[形]을 따로 지니지 않는다. 지닌 것이 없거늘 고집할 말이 어디 따로 있으랴? 추우면 얼고 뜨거우면 날아간다. 좁으면 빠르게 넓으면 느리게, 자유(自由)다!

　　행동을 하되 구름처럼 한다. 떠나고 머물고 서고 앉고 눕고 걷는데 아무 데도 걸리지 않고 누구에게도 묶이지 않는다, 무아(無我)다!

　　"바람은 제가 불고 싶은 대로 분다. 너는 그 소리를 듣고도 어디서 불어와서 어디로 가는지를 모른다. 성령으로 난 사람은 누구든지 이와 마찬가지다"(요한 3:8).

　　자유(自由)는 쟁취(爭取)하는 것이 아니라 누리는 것.

　　이미 너에게 있는 것을

　　무슨 수로 빼앗아 가진단 말인가? 觀玉

24

발돋움하는 자 서지 못하고

罰者不立, 跨者不行. 自見者不明, 自是者不彰, 自伐者
無功, 自矜者不長. 其在道曰餘食贅行. 物或惡之, 故有
道者不處.

발돋움하는 자 서지 못하고 가랑이를 한껏 벌리는 자 걷지
못한다. 자기를 보는 자 밝지 못하고 자기를 옳다고 하는
자 빛나지 않고 자기를 자랑하는 자 공(功)이 없고 자기를
뽐내는 자 어른이 못 된다. 그것들을 道에 미루어 말하면
음식 찌꺼기요 군더더기 짓이라. 만물이 모두 싫어한다. 그
런 까닭에 道를 모신 자 거기에 처(處)하지 않는다.

■　　사람으로 서지 못하고 걷지 못하는 자는 없다. 그런데 서는 것만으로 만족하지 못하여 발돋움하고 걷는 것만으로 만족 못 하여 가랑이를 한껏 벌려 걸으면 마침내 서는 것과 걷는 것 자체를 하지 못하게 된다. 자기를 보고, 자기를 옳다 하고, 자기를 자랑하고, 자기를 뽐내는 자 또한 이와 같다.

비(譬)컨대 이는, 먹고 마시는데 알맞게 배불리면 그만이나 넘치게 먹고 마시면 탈이 나는 것과 같고 사지(四肢) 육신이 알맞게 살찌면 그만이나 군살이 붙으면 걱정거리가 되는 것과 같다. 蘇子由

■　　돌은 발 없이 서고 바람은 발 없이 간다. 대개 서 있으면서 서 있는 줄 모르고 가면서 가는 줄 모르기 때문이다.

발꿈치가 땅에 닿지 않는 것을 기(跂)라 하고 가랑이를 한껏 벌려서 걷는 것을 과(跨)라 한다. 발돋움으로 서면 반드시 오래 서지 못하고 가랑이를 한껏 벌려서 걸으면 반드시 멀리 못 간다.

옛적에 道를 배우는 이들은 다만 하늘에 온전하여[全于天], 물(物)을 만나 응(應)하되, 사람이 손발과 눈귀로 마음에 응하면서 그것들을 따로 일삼아 부리지 않듯, 생각과 염려를 하지 않았다. 손발과 눈귀를 따로 부리듯이 생각을 한 뒤에 응(應)하면 거동지간(擧動之間)에 몸 둘 바를 모르게 된다. 그래서 자기를 보는 자 밝게 보지 못하고 자기를 옳다 하는 자 빛나지 않고 자기를 자랑하는 자 공(功)이 없고 자기를 뽐내는 자 어른이 되지 못한다(또는, 오래 가지 못한다). 이는 모두 제 마음[自心]이 따로 있어서 그런 것이다. 道를 배운다면서 제 마음을 따로 지니면 그것이 음식 찌꺼기로 되고 군더더기 짓으로 된다.

무릇 음식을 먹는 자는 알맞게 배를 불리고 행하는 자는 일에 맞추어 행할 것이다. 음식 찌꺼기는 소 돼지가 배불리 먹고 뒤뚱거리며 앞으로 나아간다. 일에 맞추어 행하지 않으면 비록 둘째 아들의 겸손이나 미생지신(尾生之信, 약속을 굳게 지키고 변하지 않음)이라 해도 오히려 역겨운 법이다. 그런 까닭에 음식 찌꺼기와 군더더기 짓, 이 둘은 만물이 싫어하는 바다.

道를 모신 사람은 언제나 자연스럽게 행한다. 그래서 음식을 남기지 않고 군더더기 짓을 하지 않는 것이다. 李息齋

■ 물(物)이 앞으로 나아가려고만 하면 안정[安]을 잃는다. 그래서 이르기를, 발돋움하는 자 서지 못한다고 했다.

다만 道에 미루어 논(論)하자면, 가랑이를 한껏 벌려서 걷고 성대하게 차린 음식을 남기는 것과 같으니, 본디 아름다우나 바

꿰어 더러워지고 본디 공(功)이 있지만, 스스로 자랑을 한 결과, 바뀌어 군더더기가 되고 만다. 王弼

■   사람이 왜 발돋움을 하는가? 키를 남보다 더 키우려고 그런다. 사람이 왜 가랑이를 한껏 벌려서 걷는가? 남보다 빨리 (또는 먼저) 가려고 그런다. 그런데, 남보다 키를 키우려 한 바람에 오히려 서지 못하고 남보다 빨리 가려 한 덕분에 오히려 걷지를 못한다.

남보다 키가 작으면 작은 키로 선다. 남보다 가랑이가 좁으면 좁은 가랑이로 걷는다. 그것이 자연(自然)이다! 사람이 잘 서려다 오히려 서지 못하고 잘 가려다 오히려 가지 못함은, 자연을 거슬렀기 때문이다. 사람이 자연을 거스름은 곧 제가 저를 거스르는 것이다.

사는 날까지 산다. 죽게 되면 죽는다. 그뿐이다. 무엇을 억지로 시도하여 저와 남을 쓸데없이 괴롭힐 것인가? 觀玉

25

한데 뒤섞여 이루어진
물(物)이 있다

有物混成, 先天地生. 寂兮寥兮, 獨立而不改, 周行而不
殆, 可以爲天下母. 吾不知其名. 字之曰道, 强爲之名曰
大. 大曰逝, 逝曰遠, 遠曰反. 故道大, 天大, 地大, 王亦
大, 域中有四大, 而王居其一焉. 人法地, 地法天, 天法
道, 道法自然.

한데 뒤섞여 이루어진 물(物)이 있다. 하늘과 땅이 생겨나
기 전이다. 고요하고 텅 비었구나. 홀로 있어 바뀌지 않고
두루 다녀 없어지지 않으니. 천하의 어미가 된다. 우리는 그
이름을 모르매 일컬어 道라 하고 억지로 이름붙여 큼[大]

이라 하였다. 큼[大]은 감[逝]이요 감은 멂[遠]이요 멂은 돌아옴[反]이다. 그래서 道가 크고 하늘이 크고 땅이 크고 왕(王) 또한 커서, 그 가운데 큰 것이 넷 있거니와 왕이 그 하나를 차지한다. 사람은 땅을 본받고 땅은 하늘을 본받고 하늘은 道를 본받고 道는 자연(自然)을 본받는다.

■　　　무릇 道란 맑지도 않고 흐리지도 않고 높지도 않고 낮지도 않고 가지도 않고 오지도 않고 좋지도 않고 나쁘지도 않으면서 한데 뒤섞여 몸[體]을 이루는데, 사람한테는 성(性)이 된다. 그런 까닭에 이르기를, "한데 뒤섞여 이루어진 물(物)이 있다"고 했다. 이것이 어떻게 생겨났는지를 아무도 모른다. 다만 고요히 늘 그렇게 있어서 하늘과 땅이 그 가운데서 생겨났을 따름이다.

고요하여 소리가 없고 텅 비어 꼴[形]이 없다. 홀로 있어 짝이 없는지라 바뀌지 않고 뭇 있는 것들[群有]과 더불어 행하는지라 없어지지 않는다. 숨어서 만물을 길러내니 곧 그 어미다.

道는 본디 이름이 없는데, 만물이 거기서 말미암지 않는 게 없음을 성인(聖人)이 보시고 이름지어 道라 하였고 또 만물을 가지고 거기에 보탤 수 없음을 보시고 억지로 이름하여 '큼[大]'이라 하였거니와 실(實)인즉 무엇이라고도 이름지어 부를 수 없는 것이다. 큼[大]으로 그것을 구(求)해도 아직 가서 닿아야 할 거리가 있으며 가는 것[往]으로 그것을 구해도 멀어서 미치지 못한다. 비록 갈수록 멀지만 그러나 돌이켜 그것을 구하면 한 마음[一心]으로 족(足)하다.

道에 견주어 말할 것 같으면, 하늘 땅과 왕이라 해도 모두 그만큼에는 미치지 못한다. 그러나 세상 사람들 버릇이 하늘 땅과 왕을 큰 줄로 아는지라 道의 큼을 믿지 않는다. 그래서 이실조지(以實造之)하여, 사람은 땅만 못하고 땅은 하늘만 못하고 하늘은 道만 못하고 道는 자연만 못하다고 하였다. 그러하되 사람이 하루 아침에 성(性)을 되찾으면 이 셋을 모두 마칠[盡] 수 있는 것이다. 蘇子由

■　　일컬어 "물(物)이 있다"고 하지만 그것을 이름지어 부를 수 없다. 일컬어 "한데 뒤섞여 이루어진다"고 하지만 그것을 닦을[修] 수 없다.

하늘 땅이 생겨나기 전에 있어서 그 처음을 볼 수 없고 그 처음을 볼 수 없어서 끝을 알 수 없다. 처음과 끝이 없으니 홀로 있어 바뀌지 않는다. 그러나 홀로 있으면서 홀로 있지를 않아,

만물에 두루 행하는데[周行萬物] 들어가지 않는 곳이 없고 바닥
날 위태로움[殆]이 없다. 세상 만물 가운데 그로 말미암지 않는
것이 없고 낳고 또 낳아서 끝이 없으니 과연 세상의 어미라 하
겠다.

그러나 그것을 두고 홀로 있다고 말하지만 홀로 있는 게 아
니요, 두루 행한다고 하지만 두루 행하는 게 아니요, 세상의 어
미라고 말하지만 세상의 어미가 아니다. 우리는 그 이름을 모른
다. 그냥 道라고 부를 뿐이요 억지로 이름지어 큼[大]이라 부르
는 것이다. 크다고 하지만 그러나 그 큼[大]을 우리는 보지 못한
다. 크지만 바뀌는지라 그런 까닭에 간다[逝]고 한다. 간다고 하
지만 그러나 실(實)인즉 가지[去] 않는다. 두루 다니지 않는 데
가 없는지라 그런 까닭에 멀다[遠]고 한다. 멀다고 하지만 그러
나 한 생각 사이[一念之間]에 갖추어지지 않은 것이 없다. 그래
서 이르기를, 돌아감[反]이라 했다. 그 큼[大]으로 말미암아 능
히 가고[逝], 멀어도 능히 돌아온다. 그런 까닭에 크지도 않고
작지도 않고 멀지도 않고 가깝지도 않다. 이름지어 부를 수 없
으니 이를 일컬어 道라고 말한다.

道가 내려와 물(物)을 낳으니 하늘과 땅이 나뉘는데 그 가운
데 큰 것이 넷 있다. 세상 사람들 말에 따르면, 왕이 크지만 그
큼이 하늘 땅의 큼에 미치지 못하고 하늘 땅이 크지만 그 큼이

道의 큼에 미치지 못한다. 이 네 가지 큰 것 가운데 왕이 하나를 차지하고 있거니와, 왕이 道를 짝하면[配] 아무 어려움 없는 사람 같이 된다. 한 사람의 몸으로라도 희로애락(喜怒哀樂)의 마디[節]가 하늘 땅을 세우고 만물을 길러내거늘 하물며 왕이랴? 진실로 능히 서로 본을 받는데, 사람은 땅을 본받고 땅은 하늘을 본받고 하늘은 道를 본받으니, 왕이 道에 짝하면[配] 또한 무엇이 어렵겠는가? 李息齋

■   뒤섞여 있어서 알 수는 없지만 만물이 다 그로 말미암아 이루어지는지라, 그래서 이르기를, 뒤섞여 이루어진다[混成]고 했다. 그것이 누구의 자식인지 알지 못하는 까닭에, 하늘 땅이 생겨나기 전에 있었다고 했다.

'고요함과 텅 빔[寂寥]'은 꼴[形]이 없고 몸[體]이 없다는 말이다. 어떤 물(物)도 짝이 되지 못하기 때문에 이르기를, 홀로 선다[獨立]고 했다. 돌아가고 바뀌고 마치고 시작함에 그 한결같음을 잃지 않으니 그래서 이르기를, 바뀌지 않는다[不改]고 했다. 두루 다녀 미치지 않는 곳이 없으면서 또한 사라져 없어지지 않고, 옹글고 큰 꼴[全大形]을 낳으니, 천하의 어미가 될 수 있다.

이름[名]이란 꼴을 정하는[定型] 것인데, 뒤섞여 이루어지며 꼴이 없으므로 무엇이라 정(定)할 수 없어서, 그런 까닭에 이름을 모른다고 했다. 이름[名]은 그것으로 꼴을 정하는 것이요 자(字)는 그것으로 불러 말하는 것이다. 道는 그로 말미암아 나오지 않은 물(物)이 없거니와, 이는 서로 뒤섞여 있는 가운데 부를 수 있는 가장 큰 것이다. 우리가 자(字)를 붙여서 그것을 道라고 말하는 까닭은 부를 수 있는 가장 큰 것을 취한 때문이다. 그 자(字)가 정해진 이유를 따지면 큼[大]에 연계되어 있다. 큼[大]에 연계된 것이 있으면 반드시 나뉨이 있다. 나뉨이 있으니 그 다함[極]을 잃는다. 그래서 이르기를, 억지로 이름지어 큼[大]이라 한다고 했다.

서(逝)는 행(行)이다. 하나인 큰 몸[一大體]만 지키지 않고 두루 다녀 이르지 않는 곳이 없으므로, 그래서 이르기를, 간다[逝]고 했다.

원(遠)은 극(極)이다. 두루 다녀서 끝에 닿지 않는 곳이 없으나 오로지 가는 일[逝]에만 치우치지 않으므로, 그래서 이르기를, 멀다[遠]고 했다.

가는 곳을 따르지 않고 그 몸을 홀로 세우므로, 그래서 이르기를, 돌아선다[反]고 했다.

하늘과 땅의 성(性)에서 사람이 귀하고 왕(王)은 그 사람의 주인[主]이다. 비록 본디부터 큰 것은 아니나[不職大] 크게 되어서 세 가지[道·天·地]와 짝을 이루니, 그래서 이르기를, 왕 또한 크다[王亦大]고 했다.

네 가지 큰 것[四大]은 道·하늘·땅·왕을 말한다. 모든 물(物)에 명(名)과 칭(稱)이 있지만 그것들이 다가 아니다. 일단 道라고 말한 이상 어디선가 말미암은 바가 있다. 말미암은 바가 있으니까 뒤에 일컬어 道라고 말한 것이다. 그러므로 이 道는 가리킬 수 있는 것[稱] 가운데 가장 큰 것이기는 하지만 가리킬 수 없는 것의 크기[無稱之大]에는 미치지 못한다. 가리킬 수 없어서 이름붙일 수 없는 것을 일컬어 그냥 거기[域]라고 했다. 道·하늘·땅·왕, 이 모두가 가리킬 수 없는 곳 안에 있으니, 그래서 이르기를, 그 가운데 네 가지 큰 것이 있다고 했다. 왕은 그 중 하나로서 사람의 주인[人主]이라는 큰 자리를 차지한다.

법(法)은 본받는다는 말이다. 사람은 땅에 어긋나지[違] 않아서 안전하다. 땅을 본받음이다. 땅은 하늘에 어긋나지 않아서 모든 것을 싣는다. 하늘을 본받음이다. 하늘은 道에 어긋나지 않아서 모든 것을 덮어준다. 道를 본받음이다. 道는 자연에 어긋나지 않아서 그 성(性)을 얻는다. 자연을 본받는다는 것은, 네모난 데서는 네모난 것을 본받고 둥근 데서는 둥근 것을 본받아 자연과 더불어 어긋남이 없음을 말한다.

자연(自然)이란, 가리킬 수 없는 것을 말한 것이요 더 이상 말할 수 없는 것을 말한 것이다. 꾀[智]를 쓰는 것은 무지(無知)에 못 미치고 형백(形魄, 땅)은 정상(精象, 하늘)에 못 미치고 정상은 무형(無形, 道)에 못 미치고 유의(有儀, 道)는 무의(無儀, 자연)에 미치지 못한다. 그래서 돌아가며 서로 본받는[轉相法]다.

道는 자연을 따른다[道順自然]. 그래서 하늘이 그것을 바탕삼는다[天故資焉]. 하늘은 道를 본받는다. 그래서 땅이 그것을 본받는다. 땅은 하늘을 본받는다. 그래서 사람이 그것을 본받는다. [왕이] 주인 되는 까닭은, 그것들을 하나로 만드는 자가 바로 주인이기 때문이다[其一之者主也].　王弼

■　　사람이 땅을 이기지 못함은, 사람은 발이 있어서 돌아다니는데 땅은 돌아다니지 않기 때문이다. 땅이 하늘을 이기지 못함은, 땅은 손에 잡히는데 하늘은 잡히지 않기 때문이다. 하늘이 道를 이기지 못함은, 하늘은 눈에 보이는데 道는 보이지 않기 때문이다. 道가 자연(自然)을 이기지 못함은, 道는 만물에 작용(作用)하는데 자연은 아무것도 작용하지 않기 때문이다.

하느님은 호렙산(山)에서, 당신이 누구냐고 묻는 모세에게, "나는 나인 나다"라고 대답하셨다. 그 말씀 속에는, "나는 자연이다"라는 뜻과 함께 "너는 네가 아닌 너다" 곧 "너는 자연이 아닌 자연이다"라는 뜻이 담겨져 있다.

나 아닌 나에서 나인 나로 가는 길, 비자연(非自然)에서 자연(自然)으로 가는 길, 그것을 일컬어 돌아감[反]이라 했다.

　과연, 인생(人生)은 돌아감이다.　觀玉

26

무거움은 가벼움의
뿌리가 되고

重爲輕根, 靜爲躁君. 是以聖人終日行, 不離輜重. 雖
有榮觀, 燕處超然. 奈何萬乘之主而以身輕天下. 輕則
失根,* 躁則失君.

무거움은 가벼움의 뿌리가 되고 고요함은 시끄러움의 임금
이 된다. 이런 까닭에 성인(聖人)은 종일토록 길을 가는데
양식 실은 수레를 떠나지 않는다. 떠들썩한 구경거리가 있
어도 진중(鎭重)하게 처신하여 거기 휘말려들지 않는다. 천
자(天子)의 몸 되어 어찌 그 몸으로써 천하를 가볍게 할 것
인가? 가벼우면 뿌리를 잃고 시끄러우면 임금을 잃는다.

■   무릇 물(物)이란 가벼우면 무거운 것을 싣지 못하고 작으면 큰 것을 덮지 못한다. 가지 않는 것이 (무엇을) 가게 하고 움직이지 않는 것이 (무엇을) 움직이게 한다. 그러기에, 가벼움은 무거움으로 뿌리를 삼고 시끄러움은 고요함으로 임금을 삼는다. 가볍게 가고 싶어도 양식 수레를 버릴 수 없으며 떠들썩한 구경거리가 비록 즐거워도 반드시 신중(愼重)하게 처신한다. 무거움과 고요함을 잃어서는 안 되는 것이 이와 같다.

백성의 주인 되어 그 몸으로 천하를 떠맡는데 처신(處身)을 가벼이 한다면 천하를 맡기에 부족한 인물이다. 가벼움과 시끄러움은 일부러 하지 않아도 저절로 된다. 그러나 임금이 가벼우면 그의 믿음직스럽지 못함을 신하가 알게 되고, 신하가 시끄러우면 그의 속셈이 다만 이득(利得)에 있음을 임금이 알게 된다. 그래서 말하기를, 가벼우면 신하를 잃고 시끄러우면 임금을 잃는다고 했다. 蘇子由

■　　가벼움은 반드시 무거움으로 돌아가고 시끄러움은 반드시 고요함으로 돌아간다. 그러기에 무거움은 가벼움의 뿌리가 되고 고요함은 시끄러움의 임금이 된다.

성인(聖人)은 종일토록 길을 가는데 반드시 양식 수레를 가지고 간다. 이는, 가서 이르지 않는 곳이 없으면서 언제나 본(本)을 떠나지 않는 것이다. 떠들썩한 구경거리가 있어도 신중하게 처신하여 거기 휘말려들지 않는다. 이는, 하지 않는 일이 없으면서 언제나 함이 없는[無爲] 것이다.

천자(天子)의 몸으로 어찌 그 무게를 헤아리지 않고 쓸데없이 몸을 가벼이 굴려 세상의 자지레한 일에 바쁠 것인가? 만약 세상의 자지레한 일에 스스로 휘둘린다면 작은 물건 하나에도 부림을 당할 터인즉, 그런 몸으로 어찌 천하를 다스릴 수 있겠는가?

가벼움과 시끄러움이 모두 병(病)이나, 시끄러움이 가벼움보다 더 깊은 병이다. 대개 가벼움은 마음을 얕게[淺] 부리고 시끄러움은 마음을 깊게[深] 부린다. 가벼움으로 해서 잃는 것은 그 가벼운 자가 잃는 것에서 그치지만 시끄러움으로 해서 잃는 것은 임금에게 미치고 나라를 어지럽히는 데까지 이른다. 그래서 이르기를, 가벼우면 신하를 잃고[失臣] 시끄러우면 임금을 잃는다[失君]고 했다. 李息齋

■　　　무릇 물(物)이란 가벼우면 무거운 것을 싣지 못하고 작으면 큰 것을 덮지 못한다. 가지 않는 것이 (무엇을) 가게 하고 움직이지 않는 것이 (무엇을) 움직이게 한다. 그러기에, 무거움은 반드시 가벼움의 뿌리가 되고 고요함은 반드시 시끄러움의 임금이 된다.

무거움을 본(本)으로 삼는다. 그런 까닭에 떠나지 않는다.

신중하여 벗어나 있다[燕處超然]는 말은 마음이 쫓아가지 않는다는 말이다. 가벼움[輕]은 진중(鎭重)치 못함이다.

본(本)을 잃는 것은[失本] 곧 몸을 망치는 것[喪身]이다.

임금을 잃는 것[失君]은 곧 임금 자리를 잃는 것[失君位]이다. 王弼

■　　　일이 급하고 복잡할수록, 눈은 깊고 손발은 무겁고 마음은 단순해야 한다. 언제 어디서나 근본으로 돌아감[反], 그것이 곧 道다. 觀玉

| 27 |

잘 가는 자 발자국이 없다

善行無轍迹, 善言無瑕讁, 善計不用籌策, 善閉無關楗
而不可開, 善結無繩約而不可解. 是以聖人常善救人, 故
無棄人, 常善救物, 故無棄物. 是謂襲明. 故善人不善人
之師, 不善人善人之資. 不貴其師, 不愛其資, 雖知大迷.
是爲要妙.

잘 가는 자 발자국이 없다. 잘 말하는 자 허물이 없다. 잘 헤
아리는 자 주산(籌算)을 쓰지 않는다. 잘 닫는 자 빗장을 쓰
지 않아서 열지 못한다. 잘 묶는 자 밧줄을 쓰지 않아서 풀
지 못한다. 그러므로 성인(聖人)은 언제나 사람을 잘 구해주
는 까닭에 버려진 사람이 없다. 언제나 물(物)을 잘 구해주

는 까닭에 버려진 물(物)이 없다. 이를 일컬어 물려받은 밝음이라 한다. 그런 까닭에 착한 사람은 착하지 못한 사람의 스승이고 착하지 못한 사람은 착한 사람의 바탕[資]이다. 그 스승을 귀하게 여기지 않고 그 바탕을 사랑하지 않으면 비록 아는 것이 있다 해도 크게 어두운 사람이다. 이것이 요묘(要妙)다.

■   이치[理]를 타고 간다. 그래서 발자국이 없다. 때가 찬 뒤에 말한다. 그래서 말씀이 세상에 가득하되 입술의 허물이 없다. 만물의 수(數)가 모두 눈앞에 펼쳐져 있어 헤아리지 않고 아는데 어찌 주산(籌算)을 쓰겠는가? 온전한 德을 지닌 사람이 만물을 대함은 어미가 자식을 대함 같아서 그것들을 내버려두어도 떠나가지 않는다. 그래서 빗장 없이 닫고 밧줄 없이 묶는다. 저가 이제 주산으로 헤아리고 빗장으로 닫고 밧줄로 묶는다면 그 힘이 미치는 바가 적을 것이다.

성인(聖人)이 사람들을 대함에, 그를 특별하게 대접하지 않으면서 또한 그를 잘 구제(救濟)한다. 내가 사람들을 버리지 않는데 저들이 어찌 나에게 돌아오지 않겠는가? 어려움에 빠진

사람들 건져주는 일은 그리 대단한 구제(救濟)가 아니다. 바야
흐로 저들이 생사(生死)를 유전(流轉)하며 물(物)에 눈이 멀어
있을 때 자기의 지극한 밝음을 비추어 어둠 속에 있는 저들로
하여금 모두 밝아지게 하기를, 등불을 전(傳)하고 물려받아[襲]
끊기지 않듯이 한다면, 일컬어 사람을 잘 구해주는 것[善救人]
이라 하겠다.

성인(聖人)은 남을 가르치려는 마음이 없다. 그래서 자기의
바탕[資]이 되는 자를 따로 사랑하지 않는다. 세상 사람들은 배
우려는 마음이 없다. 그래서 스승을 귀하게 여기지 않는다. 성
인(聖人)은 자기가 세상을 잊을 뿐 아니라 세상으로 하여금 자
기를 잊게 한다. 그래서 성인이다. 성인의 묘(妙)는 지혜로운 자
라도 깨닫지 못할 바가 있다. 그래서 이르기를, 요묘(要妙)라 했
다. 蘇子由

■　　길을 가매 발자국을 남기지 않을 수 없다. 말을 하매
허물을 짓지 않을 수 없다. 헤아리매 주산(籌算)을 안 쓸 수 없
다. 빗장 없이 못 닫고 밧줄 없이 못 묶는다. 오직 道를 모신 자
만이 발로 가지 않는 까닭에 발자국이 없다. 입으로 말하지 않
는 까닭에 허물이 없다. 마음으로 헤아리지 않는 까닭에 주산
(籌算)이 없다. 빗장으로 닫지 않는 까닭에 열 수 없다. 밧줄로

묶지 않는 까닭에 풀지 못한다.

지극한 한결같음[至常]을 몸[體]으로 삼았기에 그것을 언제나 묘하게 쓴다. 그래서 착하지 않은 곳이 없다. 한결같음[常]이 道로 되매 사람마다 그것을 지녔고 물(物)마다 그것을 얻었다. 일컬어 한결같음[常]이라 하였거니와 사람으로써 그것을 더 많게 못 하고 물(物)로써 그것을 덜어내지 못한다. 그러나 사람과 물(物)이 비록 한결같음[常]을 지녔으나 참된 한결같음[眞常]을 잃었다. 그래서 성인(聖人)이 참된 한결같음으로 매번 사람을 구(救)하는 것이다. 참된 한결같음[眞常]으로써 사람을 구하니 곧 사람이 사람을 버리지 않음이요, 참된 한결같음으로 물(物)을 구하니 곧 물(物)이 물(物)을 버리지 않음이다. 그러할진대 또한 어찌 성인(聖人)만이 그리한다 하겠는가?

사람과 물(物)이 모두 이 밝음[明]을 지니고 있거니와 성인이 돌이켜 본디 밝음[元明]으로써 그것을 보여준다. 그래서 이르기를, 물려받은 밝음[襲明]이라 했다. 물려받은 밝음[襲明]에 이르면, 곧 하나[一]로 고르게[均] 된다.

사람은 착하지도 않고 착하지 않지도 않다. 그런 까닭에, 착한 사람이 착하지 못한 사람의 스승이라 함은 착하지 못한 사람이 착한 사람으로 될 수 있음을 말한 것이요, 착하지 못한 사람이 착한 사람의 바탕[資]이라 함은 착하지 못한 사람의 본

(本)이 착한 사람과 같음을 말한 것이다.

만약에 스승을 귀하게 여기지 않아서 그 선(善)을 배우려 하지 않고 그 바탕을 사랑하지 않아서 위악(僞惡)을 달게 여긴다면 비록 지혜[智]가 많다 해도 다만 미혹(迷惑)됨이 심할 따름이다.

돌이켜 본원(本源)으로 돌아감[反本還原]을 일컬어 요묘(要妙)라 한다. 李息齋

■　　자연을 좇아서 길을 가며 짓지도 않고 만들지도 않는다. 그런 까닭에 물(物)이 지극함을 얻어 발자국이 없다.

물(物)의 성(性)을 좇아 가르지도 않고 나누지도 않는다. 그런 까닭에 허물이 들어오지 못한다.

잘 헤아리는 자가 주산(籌算)을 쓰지 않는 것은 물(物)의 수(數)를 좇고 겉모양[形]을 빌리지 않음이다.

물(物)의 절로 그러함[自然]을 좇되 따로 무엇을 설치하지 않는다. 그런 까닭에 빗장과 밧줄을 쓰지 않아도 열거나 풀지 못한다.

이 다섯 가지는 모두 일삼아 짓지 않으며 만들지도 않고 물(物)의 성(性)을 좇되 겉모양으로 물(物)을 다스리지 않는 것을 말한다.

성인(聖人)은 꼴[形]과 이름[名]을 내세워 물(物)을 단속하지 않고 나아갈 방향을 만들어 거기에 미치지 못하는 자를 버리지 않는다. 만물의 자연(自然)을 거들되[輔] 스스로 머리[始]가 되지 않으니 그래서 이르기를, 버려진 사람이 없다[無棄人]고 했다. 잘난 사람 떠받들지 않으면 백성이 다투지 않고 얻기 힘든 보화를 귀하게 여기지 않으면 백성이 도둑질을 하지 않고 탐낼 만한 것을 보여주지 않으면 백성의 마음이 어지러워지지 않는다. 언제나 백성의 마음에 욕심이나 미혹됨이 없게 하면 버려진 사람이 없을 것이다.

착한 것을 들어 착하지 못한 것을 바르게 하니 그래서 일컬어 스승이라 했다. 자(資)는 취(取)다. 착한 사람이 착함으로 착하지 못함을 바르게 하고, 착함으로 착하지 못함을 버리게 한다. 그런 까닭에 착하지 못한 사람이 착한 사람의 취(取)하는 바가 되는 것이다.

비록 지혜[智]가 있어도 지혜에 자신을 맡기고 물(物)을 좇지 않으면 반드시 道를 잃는다. 그런 까닭에 이르기를, 지혜롭다 하여도 크게 어둡다[雖智大迷]고 했다. 王弼

■　　되는 일을 되게 하는데 힘들 까닭이 없다. 힘들지 않으니 흔적도 남지 않는다.

어떤 사람이 운전에 미숙하여 핸드 브레이크를 걸어놓고 차를 몰았다. 차는 가고 싶지 않다는 듯 덜덜거리며 그래도 억지로 갔다. 흙마당을 한 바퀴 돌고 뒤돌아보니 작은 승용차 바퀴 자국이 탱크 자국처럼 나 있다. 바퀴가 땅을 후벼 파면서 돌았던 것이다. 제동장치를 하고 동작을 하니 이중(二重)으로 힘이 든 셈인데, 우리 오늘 살아가는 꼬락서니가 그와 같구나. 어깨 힘만 빼어도 얼마나 가벼운 인생길이랴! 하물며, 흐르는 물처럼 또는 바람처럼, 온 몸에서 힘을 빼고 걷는 길에 무슨 자취가 남을 것인가? 觀玉

28

수[雄]를 알면서
암[雌]을 지키면

知其雄, 守其雌, 爲天下谿. 爲天下谿, 常德不離, 復歸
于嬰兒. 知其白, 守其黑, 爲天下式. 爲天下式, 常德不
忒, 復歸于無極. 知其榮, 守其辱, 爲天下谷. 爲天下
谷, 常德乃足, 復歸于樸. 樸散則爲器, 聖人用之則爲官
長. 故大制不割.

수[雄]를 알면서 암[雌]을 지키면 세상의 냇물이 된다. 세상
의 냇물이 되면 한결같은 德이 떠나지 않아 젖먹이로 돌아
간다. 백(白)을 알면서 흑(黑)을 지키면 세상의 법[式]이 된
다. 세상의 법이 되면 한결같은 德이 어긋나지 않아 끝없음

[無極]으로 돌아간다. 영화[榮]를 알면서 욕됨[辱]을 지키면 세상의 골짜기가 된다. 세상의 골짜기가 되면 한결같은 德이 넉넉하여 통나무[樸]로 돌아간다. 통나무가 깨어지면 그릇이 된다. 성인(聖人)이 그것을 써서 관장(官長)으로 삼는다. 그런 까닭에 큰 마름질은 가르지 않는다.

■   수[雄]는 움직이고[動] 암[雌]은 고요하다[靜]. 수는 단단하고[剛] 암은 부드럽다[柔]. 수는 부르고[倡] 암은 답한다[和]. 수를 알면서 암을 지킴은 곧 착실하게 고요하고 부드러워져서 응답하되 먼저 부르지 않는[和而不倡] 것이다. 그래서 세상의 냇물이 된다. 냇물은 골을 타고 강과 바다에 이른다. 받아들이면서 거스르지 않고 흐르면서 쌓아두지 않는다. 물(物)을 만나면 능히 통(通)하는데 그것과 섞이는 법이 없다. 능히 통한 즉 한결같은 德이 떠나지 않는다.

사람의 삶 또한 한결같은 德이 안으로 온전하고 물(物)로 더불어 섞이지 않아야 하는 것인데 물(物)을 만나 이리저리 옮겨다니면 날마다 더욱 멀리 떠나게 된다. 오직 착실하게 고요하고 부드러워져서 응답하되 먼저 부르지 않는 사람만이 마침내 젖먹이로 돌아간다.

백(白)은 색(色)을 받아들이고 물(物)에 칠하면 밝아진다. 오행(伍行)에서는 쇠[金]요 수(數)로는 넷[四]이다. 흑(黑)은 색(色)을 받아들이지 않고 물(物)에 칠하면 어두워진다. 오행(伍行)에서는 물[水]이요 수(數)로는 하나[一]다.

백(白)을 알면서 흑(黑)을 지킴은 곧 만물의 칠[染]을 받아들이지 않고 깊은 물처럼 어두워져서 마침내 하나[一]를 품에 안는 것[抱一]이다. 하나[一]를 품에 안으니 굽힐 수도 있고 굽을 수도 있으며 우묵하게 패일 수도 있고 해질[候] 수도 있다. 그런 까닭에 세상의 법[式]이 된다. 세상의 법이 되어 어느 곳을 가든지 하나[一] 아닌 곳이 없으니 한결같은 德이 어긋나지 않는다. '떠나지 않음[不離]'은 본디 출발한 곳을 떠나지 않는 것일 뿐이다. 따라서 반드시 어긋나지 않는다[不胡]고는 말할 수 없다. 어긋나지 않으면 틀리지 않는다[不差]. '젖먹이로 돌아감'은 기(氣)를 오로지 하여 부드러워져서[專氣致柔] 그 한 몸[一體]의 화(和)를 잃지 않는 것일 뿐이다. 젖먹이로 돌아감이 곧 무극(無極)으로 돌아감이라고 말하기에는 부족한 바가 있다.

초목이 우거지면 곧 영화로움[榮]이요 시들면 곧 욕됨[辱]이다. 이른바 사람의 영욕(榮辱)이 또한 이와 같을 따름이다. 영화를 알면서 욕됨을 지키면, 꽃을 버리고 뿌리로 돌아가, 비록 세상 사람들 모두 자기를 싫어한다 해도 거기에 얽매이지 않는다. 그래서 세상의 골짜기가 된다. 골짜기는 텅 비어 있어서 가득 찰 수 있고 응(應)하되 간직하지 않는다[應而不藏]. 강과 바다가 모두 거기로부터 나온다. 능히 세상의 골짜기가 됨은 돌이켜 시원(始源)으로 돌아감이다. 그런 까닭에 한결같은 德이 스스로 넉넉하여 어긋나지 않을 뿐 아니라 통나무[樸]로 돌아간다. '통나무[樸]'는 참[眞]이 옹근 상태로 물(物)에 섞여 있음[眞之全而物之混成者]이다. 다만 섞여 있을 뿐 아직 그릇으로 되지 않았으니 그런 까닭에 클 수도 있고 작을 수도 있으며 굽을 수도 있고 곧을 수도 있으며 짧을 수도 있고 길 수도 있으며 둥글 수도 있고 모날 수도 있어 도무지 되지 못할 것이 없는 즉, 무극(無極) 가지고는 그것을 말하기에 부족한 바가 있다.

그렇다면 암[雌]을 지키고 흑(黑)을 지키고 욕(辱)을 지키는 것만으로 족(足)한데 어째서 수[雄]와 백(白)과 영(榮)을 안다고 하는 것인가? 대개 지키는 것은 어미[母]요 아는 것은 자식이며 지키는 것은 날[經]이요 아는 것은 씨[變]다.

통나무를 쪼개면 그릇이 되는데 그릇이란 물건은 크면 작지 못하고 굽으면 곧지 못하고 짧으면 길지 못하고 둥글면 모나지 못한다. 그런 까닭에 성인(聖人)이 그것을 써서 관장(官長)으로 삼을 따름이다. 모든 것을 받아들여 공(公)하고 공(公)하여 왕

(王) 되는[容乃公, 公乃王] 道가 아니다.

'통나무'를 품에 안고[抱樸] 세상을 다스리면 천하의 이치[理]를 보는 것이 포정(庖丁, 『莊子』에 나오는 백정, 소 잡는 일로 도통한 인물)이 소를 보는 것 같아서 소를 다 보지 않고서도 거침없이 소를 잡듯이 그 칼 쓰는 곳에 오히려 남는 자리[餘地]가 있다. 무엇을 새삼 가를[割] 것인가? 그래서 이르기를, 큰 마름질은 가르지 않는다고 하였다. 呂吉甫

■   수[雄]는 움직여 만든다. 암[雌]은 고요하여 처(處)한다. 움직임은 반드시 고요함으로 돌아가고 수[雄]는 반드시 암[雌]으로 돌아간다. 그런 까닭에 세상의 냇물이 된다.

백(白)은 알고자 하고 흑(黑)은 모르고자 한다. 모름으로써 아는[有知以無知] 사람은 귀인(貴人)이요 백(白)을 알면서 흑(黑)을 지키는 사람은 현인(賢人)이다. 그런 까닭에 세상의 법[式]이 된다.

영화[榮]는 내가 남에게 주는 것이요 욕(辱)은 남이 나에게 주는 것이다. 내가 남에게 주는데 남이 그것을 능히 받으면 그 유익함이 남에게 있고 남이 나에게 주는 것을 내가 능히 받으면 그 유익함이 나에게 있다. 그런 까닭에 세상의 골짜기가 된다.

그러나 道의 한결같음에 어찌 암수[雌雄]니 흑백(黑白)이니 영욕(榮辱)이니 하는 것들이 있겠는가? 안다거나 지킨다거나 하는 것은 한결같은 德을 가리키는 게 아니요 마침내 깨뜨려 德으로 삼는 것을 가리켜 말한 것이다.

수[雄]를 쓰고 백(白)을 쓰며 영(榮)을 쓰면 한결같은 德을 잃는다. 암[雌]을 쓰면 한결같은 德이 떠나지 않아 젖먹이로 돌아간다. 흑(黑)을 쓰면 한결같은 德이 어긋나지 않아 무극(無極)으로 돌아간다. 욕(辱)을 쓰면 한결같은 德이 넉넉하여 통나무[樸]로 돌아간다. 젖먹이니 무극(無極)이니 통나무니 하는 것들은 참된 한결같음[眞常]을 말한다. 그러므로 참된 한결같음은 알아볼 수가 없고 지킬 수가 없다.

통나무를 쪼개면 그릇이 되듯, 성인(聖人)은 道로써 그릇을 만든다. 다만 道를 잃지 않는 까닭에 그것을 써서 관장(官長)으로 삼는다. 관장된 자는 세상을 보는데 자기 집안 보듯이 사사로이 보지 않는다. 그래서 벼슬살이를 하되 사사로이 아니하고 백성을 기르되 손아귀에 넣지 않는다. 이를 일러, 큰 마름질은 가르지 않는다 했다. 李息齋

■　　수[雄]는 앞에 속한 것이고 암[雌]은 뒤에 속한 것이다. 세상의 앞장을 서는 것들이 반드시 뒤쳐진다는 사실을 알아서, 그래서 성인(聖人)은 자기 몸을 뒤에 두어 앞에 나선다.

냇물은 물(物)을 구하지 않으나 물(物)이 스스로 그리 돌아간다.

젖먹이는 지혜[智]를 쓰지 않으나 자연의 지혜[智]에 합(合)한다.

식(式)은 본뜨는 것이다. 특[胡]은 틀어짐[差]이다. 무극(無極)으로 돌아감은 끝나지 아니함[不可窮]이다. 이 세 가지는 한결같은 돌아감[常反]을 말한 것이다. 그 뒤에야 비로소 德이 그 있는 곳에서 온전해진다. 아래 장(章)에서, 돌아감이 道의 움직임이라[反者道之動] 하였거니와 공(功)은 취할 바 못되고 언제나 그 어미[母] 있는 자리에 처해야 한다.

통나무[樸]는 참[眞]이다. 참[眞]이 깨어져 거기서 온갖 행실이 나오고 갖가지 유(類)가 생겨남이, 그릇이 만들어지는 것과 같다. 성인(聖人)은 그것이 나뉘고 깨어지는 것을 말미암아 그것들로 관장(官長)을 세운다. 그리하여 착한 자들[善]로 스승을 삼고 착하지 못한 자들[不善]로 바탕[資]을 삼아 풍속을 바꾸고 다시 하나[一]로 돌아가게 한다.

크게 마름질하는 자는 세상 사람들의 마음을 자기 마음으로 삼는다. 그런 까닭에 가르지 않는다. 王弼

■   낮은 자리에서 낮게 살기도 쉬운 일은 아니다. 그러나 높은 자리에 앉아서 낮게 살기는 더욱 어렵다. 손만 뻗으면 먹

을 수 있는 어두육미(魚頭肉尾)를 놔두고 시래기죽으로 만족한
다는 것은 결코 쉬운 일이 아니다. 영화(榮華)를 알면서 욕(辱)
된 자리를 지킨다는 것은 아무나 할 수 있는 일이 아니다.

모든 것을 알면서 하나도 '아는 게' 없는 사람, 온갖 데 다 가
면서 아무 데도 가지 않는 사람, 가지지 않은 것이 없으면서 맨
손인 사람, 그런 사람만이 젖먹이 되고 통나무 되어, 예수가 말
씀하신 '하늘나라'에 들어갈 수 있다. 觀玉

29

천하는 신(神)의 그릇이다

將欲取天下而爲之, 吾見其不得已. 天下神器, 不可爲也.
爲者敗之, 執者失之. 故物或行或隨或噓或吹或强或羸
或載或隳. 是以聖人去甚去奢去泰.

장차 천하를 취(取)하고자 하여 그것을 시도하는 자들이 있
는데 나는 그들이 얻지 못함을 본다. 천하는 신(神)의 그릇
이다. 사람이 어찌 할 수 없는 것이다. 일삼아 하는 자는 패
(敗)하고 붙잡는 자는 잃는다. 그런 까닭에 어떤 것은 앞장
서고 어떤 것은 뒤따라가고 어떤 것은 '호―' 하고 어떤 것은
'후―' 하고 어떤 것은 강하고 어떤 것은 여리고 어떤 것은
싣고 어떤 것은 털어낸다. 이로써 성인(聖人)은 너무함을 버

리고 사치함을 버리고 거만함을 버린다.

■　성인(聖人)이 천하를 손에 넣음은 그것을 취(取)하는
것이 아니요 만물이 그에게로 돌아오매 마지못해서 받는 것이
다. 그가 천하를 다스림은 일삼아 다스리는 게 아니라 만물의
자연(自然)을 좇아서 다만 해(害)를 치워주는 것일 따름이다. 만
약 천하를 취하여 다스리려는 욕심을 품는다면 그럴 수 없는
일이다.

　무릇 일에는 되지 않는 일이 있으니, 백 사람이 모였다 해도
자연(自然)을 따르지 않고 함부로 일을 하면 반드시 어긋나 복
종하지 않는 자들이 있는 법인데 하물며 천하 모든 사람들이야
어떠하겠는가? 그러나 작은 일 적은 무리 가운데는 오히려 힘
으로 취하고 꾀로 빼앗는 자들이 있지만, 천하의 큰 규모에 이
르면 신(神)이 있어서 그것을 주재(主宰)하는지라, 스스로 돌아
오기를 기다리지 않고 스스로 다스려지기를 기다리지 않으면
반란[叛]이 일어난다.

　음(陰)과 양(陽)은 서로 움직이고[相見] 높음과 낮음은 서로 기
울고[相傾] 큼과 작음은 서로 부린다[相使]. 어떤 것은 앞서가고

어떤 것은 뒤따르고 어떤 것은 '호-' 하고 불어서 따뜻하게 하고 어떤 것은 '후-' 하고 불어서 차게 하고 어떤 것은 보태서 강하게 하고 어떤 것은 덜어서 여리게 하고 어떤 것은 실어서 채워주고 어떤 것은 털어서 이울게 하거니와 이 모두가 물(物)의 자연(自然)이라, 누구도 그 힘을 벗어나지 못한다. 세상의 어리석은 인간들이 사욕(私慾)을 품고 그것들을 얻고자 힘을 쏟으며 거스르기도 하고 어기기도 하여 화(禍)를 입거나 아니면 일찍 죽고 만다. 다만 성인(聖人)은 그것에 거스를 수 없음을 알고 온순하게 기다리며 너무함[甚]과 사치[奢]와 거만함[泰]을 버리고, 잘못을 저질러 물(物)을 상하게 하지 않으니 천하에 아무 탈[患]이 없게 된다. 이것이 곧 하지 아니함의 지극함[不爲之至]이다. 요(堯)와 탕(湯)이 가뭄을 만나매 비록 그것을 면할 수는 없었으나 끝내 패(敗)하지 않을 수 있었던 것은 바로 이 때문이었다.

거만함[泰]에 대하여 『역(易)』에 이르기를, 재(財)로써 천지(天地)의 道를 이룬 뒤에 좌우에 있는 백성으로 천지(天地)의 의(宜)를 바로 잡고자 삼양(三陽)을 안에 두고 삼음(三陰)을 밖에 둔다 하였거니와, 이는 물(物)의 거만함[泰]이 극(極)에 이른 것이다. 성인(聖人)은 너무하는 바가 있어서 생명을 다칠까 그것을 두려워하여 먼저 재(財)를 이루고 뒤에 천지를 바로잡아 너무하는 일이 없도록 한다. 이를 일러서, 너무함을 버리고 사치

를 버리고 거만함을 버린다, 하였다. 蘇子由

■　　성인(聖人)은 통나무[樸]를 안고 천하를 다스린다. 큰 마름질은 가르지 않으니 그가 천하를 취(取)하는 것은 취하지 않음으로써 취하는 것이다. 천하를 취한다는 것은 사람들의 마음을 얻고 그 마음이 떠나지 않게 하는 것이다. 장차 천하를 취하고자 하여 그것을 시도하지만 그렇게 해서는 천하를 취하지 못하고, 억지로 취해도 끝내 취하지 못한다. 이로써 나는 그들이 얻지 못함을 본다.

　꼴[形] 위에 있는 것[形而上者]을 道라 하고 꼴 아래에 있는 것[形而下者]을 그릇[器]이라 한다. 천하라고 하는 그릇은 신(神)의 그릇이다. 신(神)의 道만이 신(神)의 그릇을 다스릴 수 있다. 신(神)은 생각하지 않고[無思] 행위하지 않는다[無爲]. 어떤 행동을 해서 다스린다면 그것은 신(神)의 道가 아니다. 그러므로, 사람이 어찌 할 수 없다고 했다.

　행위하는 자는 행위로써 이루려고 하지만 가다가 반드시 패(敗)하고 움켜잡는 자는 잡음으로써 얻고자 하지만 가다가 반드시 잃는다. 요(堯)는 사람이 그를 둘러싸고 모여들지 않았으나 사람들에게 자기를 드러내 보이려 하지 않았다. 순(舜)과 우(禹)의 떳떳함이여, 천하를 손에 넣었으면서도 거기에 얽매이지 않았다. 이들이야말로 천하 취하는 방법을 참으로 아는 이들이었고, 붙잡지 않고 잡은 이들이었다.

이로써 모든 물(物)에 앞장섬이 있으니 뒤따름이 있고 '호-' 하고 부니 '후-' 하고 불고 강함이 있으니 여림이 있고 실어줌이 있으니 털어버림이 있어서 서로가 서로를 살려주는 것이 부득불 이와 같다. 그럴진대 어찌 손으로 잡고 일삼아 하겠는가? 이런 까닭에 성인(聖人)은 너무함을 버리고 사치함을 버리고 거만함을 버리거니와, 이 모두가 그렇게 함으로써 만물의 자연(自然)을 바로잡는 것일 따름이다. 어찌 그것을 감히 일삼아 하겠는가? 呂吉甫

■　　신(神)은 꼴[形]이 없고 길[方]도 없다. 그릇[器]은 합하여 이루어지는 것인데 꼴 없는 것으로 합하였으니 그래서 신(神)의 그릇[神器]이라 한다.

만물은 자연(自然)으로 성(性)을 삼는다. 그러므로 말미암을 수는 있어도 일삼아 할 수는 없고 통(通)할 수는 있어도 잡을 수는 없다. 물(物)마다 한결같은 성(性)을 지니고 있는데 그것을 일부러 만들면 반드시 패(敗)한다. 물(物)은 늘 오고가는 것인데 그것을 잡으면 반드시 잃는다.

여기 "어떤 것은[或]" 하고 말한 대목은 사물의 거스름과 따름과 뒤집음과 덮음을 일삼아 하거나 가르지 않는 것을 말한다. 성인(聖人)은 자연의 지극함에 이르러 만물의 정(情)을 꿰뚫는다. 그런 까닭에, 말미암되 일삼아 하지 않고 따르되 베풀지 않는다. 사람을 어지럽게 하고 어리석게 하는 요소를 제거하니 그러므로 마음이 어지러워지지 않고 물(物)의 성(性)을 절로 얻는다. 王弼

■　　무엇이든지 그것이 너무한[甚] 것은 사람 욕심이 지나친[過] 결과다. 사람 손이 닿지 않는 자연계에는 너무함[甚]이라는 게 없다. "오늘 바람이 심(甚)하다"고 말하지만 심한 것은 바람이 아니다. 바람은 언제 어디서나 불만큼 분다. 사람이 그렇게 느끼고 판단한 것일 따름이다. 觀玉

30

군대가 머문 곳에는
가시덤불이 자라고

以道佐人主者, 不以兵强天下. 其事好還. 師之所處, 荊
棘生焉. 大兵之後, 必有凶年. 善者果而已. 不敢以取强,
果而勿矜, 果而勿伐, 果而勿驕, 果而不得已, 果而勿
强. 物壯則老. 是謂不道, 不道早已.

道로써 임금을 돕는 자가 군대로 천하를 강압해서는 안 된
다. 일이 바로 돌아온다. 군대가 머문 곳에는 가시덤불이
자라고 큰 군대가 지나간 뒤에는 반드시 흉년이 든다. 일을
잘하는 이는 한 번 하고 만다. 감히 강제(强制)를 취하지 않
는다. 하고서 뽐내지 않는다. 하고서 자랑하지 않는다. 하

고서 거만하지 않는다. 하되 마지못해서 한다. 하되 강제로
하지 않는다. 물(物)은 장(壯)하면 늙는다. 이를 道 아님[不
道]이라 한다. 道가 아니면 일찍 끝난다.

■　　성인(聖人)이 군대를 부리는 것은 마지못해서 부리는
것이다. 마지못할 것도 아닌데 욕심부려 억지로 천하를 누르려
하면 반드시 화(禍)가 돌아와 앙갚음한다. 초(楚)나라 영(靈), 제
(齊)나라 민(泯), 진(秦)나라 시황(始皇), 한(漢)나라 효무(孝武)
가 혹은 제 몸을 죽이고 혹은 그 자손이 화를 입고, 사람들이 독
(毒)을 입고 귀신들이 병든 것은 모두가 앙갚음을 당한 것이다.
　군대가 있는 곳에서는 백성의 일이 결딴난다. 그래서 밭이
쓸모가 없어진다. 한바탕 작전(作戰)이 있은 뒤에는 살기(殺氣)
가 승(勝)하여 곡식이 상(傷)한다. 군대 자체가 그럴진대 하물며
군대로써 천하를 강압코자 하면 어떠하겠는가?
　과(果)는 결(決)이다. 德으로써 평안하게 할 수 없을 때, 정치
력으로 굴복시킬 수 없을 때, 마지못해 군대를 일으켜 결판내는
[決] 것일 뿐이다.
　뽐내지 말고 자랑하지 말고 거만하지 말고 마지못해서 하라

는 이 네 가지는 작위(作爲)로 강압하지 말라는 것이다.

장(壯)하면 반드시 늙는다. 그렇지 않는 물(物)이 없다. 오직 道를 모신 자만이 이루되 모자란 것 같고 채우되 비어 있는 것 같고 일찍이 장(壯)한 적이 없어서 또한 늙지도 않고 죽지도 않는다. 군대로써 천하를 강압하면 그 장(壯)함 또한 매우 심할 터인즉 어찌 늙지 않고 죽지 않을 수 있겠는가? 蘇子由

■　　　남의 아비를 죽이면 남이 또한 그의 아비를 죽인다. 남의 형을 죽이면 남이 또한 그의 형을 죽인다. 이것을 '바로 돌아옴[好還]'이라고 한다.

군대가 이기지 못하면 그 해(害)는 한두 가지로 그치지 않는다. 어쩌다 이겼다 해도 살기(殺氣)로 말미암아 땅이 생명을 낳지 못하고 하늘이 조화(調和)를 이루지 못하여 싸움터에는 가시덤불이 자라고 군대가 지나간 자리에는 굶주림이 따르거니와, 이기지 못했을 경우에 과연 어떠할는지 알 수 있을 것이다. 그러므로 잘 싸우는 자는 싸우지 않을 수 없어서 마지못해 한 번 일어나 결전을 하는 것일 뿐, 그렇게 해서 남을 짓누르려고 하지 않는다.

과(果)는 오래 가지 않음[不久]을 말한다. 안으로 마지못하는 마음을 품고 밖으로 한 번 결전(決戰)하는 것이니, 그런 까닭에 뽐내거나 거만하거나 자랑하거나 짓누르려고 할 까닭이 없다. 하지 않을 수 있으면 하지 않는다. 군인은 늙고 기(氣)는 시든다. 이는 사람이 장(壯)하면 반드시 늙는 것과 같다. 이것이 바로 道 아님[不道]이다. 사람의 道 아님이, 제명을 다하지 못하고 죽는 것과 같다면 하물며 군대의 늙음이야 어떠하겠는가?

李息齋

■   道로써 임금을 돕고자 하는 자가 군대 힘으로 천하를 강압코자 해서는 안 된다. 하물며 임금이 되어 道를 몸소 실천하는 자에게 있어서랴? 일을 시작하는 자는 공(功)을 세워 일을 만들려고 애쓴다. 그런데 道를 모신 자는 돌이켜 함이 없음[無爲]으로 돌아가고자 애를 쓴다. 그래서 이르기를, 일이 바로 돌아온다고 했다.

'군대가 머문 곳'은 군대가 흉(凶)하고 해로운 것을 말한다. 군대는 구제(救濟)하지는 않으면서 반드시 상처를 입히고 인민(人民)을 해치며 논밭을 황폐하게 한다. 그래서 이르기를, 가시덤불이 자란다 했다.

과(果)는 제(濟)와 같다. 군대를 잘 부리는 자는 나아가 난리[亂]를 구제[濟]할 따름이요 군대 힘으로 천하를 강압하지 않음이 이와 같음을 말한다. 내가 좋아서 군대를 쓰는 게 아니라 마지못해서 쓰는 것뿐이니 어찌 그것을 가지고 뽐내겠는가?

하되 마지못해 하고 강제로 하지 않는다 함은, 군대를 써서 공(功)을 세우고 난리를 구제하되 때와 상황이 그러지 않을 수 없어서 군대를 쓰는 것이요 다만 난폭한 어지러움을 제(除)할 뿐, 군대를 쓰면서 그것으로 강압을 해서는 안 됨을 말한 것이다.

장(壯)은 무력(武力)이 사납게 일어남이니, 군대로 천하를 억누르는 것을 비유한 말이다. 회오리바람은 한나절을 넘기지 못하고 소나기는 하루 종일 쏟아지지 못한다. 그러므로 사납게 일어난 것은 결코 道가 아니어서 일찍 끝난다. 王弼

■　　사람 세상에 군대(軍隊)란 없을 수 없는 것이라지만, 실은 없어야 하는 것이다. 세상에 군대라는 물건이 있음은, 거기가 '하늘나라' 아님을 입증하는 사실이다. 사람들 말이 천군천사(天軍天使)라 하지만, 하늘나라에는 군대가 없다. 싸움이 없는데 싸움꾼이 어찌 있을 것인가?

그러나 이 세상에 몸담고 있는 한, 군대 없는 데서 살 수는 없다. 성인(聖人)도 경우에 따라 군대를 일으킨다. 그도 또한 인간이기 때문이다. 그러나, 어디까지나 마지못해서다. 싸우지 않을 수 없어서 한번 싸운 뒤에는 군대를 해산하여 평민으로 살게 한다.

승전(勝戰)을 기념하여 잔치를 열고 춤추며 기뻐하는 일은, 성인(聖人)이 다스리는 나라에서는 있을 수 없는 일이다. 오히려, 전장(戰場)에서 죽어간 아군과 적군 병사들을 위하여 눈물을 흘리며 슬퍼해야 한다.

싸우지 않을 수 없는 자리에서 싸우지 않는 것이 무위(無爲)가 아니다. 마지못해 싸우는 것이, 그리고 얼른 치우는 것이 무위(無爲)다. 觀玉

31

군대란 좋지 못한 물건이라

夫佳兵者不祥之器. 物或惡之, 故有道者不處. 君子居則
貴左, 用兵則貴右. 兵者不祥之器, 非君子之器. 不得已
而用之, 恬澹爲上. 勝而不美, 而美之者是樂殺人. 夫樂
殺人者, 不可得志于天下矣. 吉事尚左, 凶事尚右. 偏將
軍處左, 上將軍處右, 言居上勢則以喪禮處之. 殺人衆
多, 以悲哀泣之. 戰勝以喪禮處之.

무릇 훌륭한 군대란 좋지 못한 물건이다. 사람들이 그것을
싫어한다. 그러므로 道를 모신 사람은 거기에 처(處)하지
않는다. 군자가 평상시에는 왼쪽을 귀하게 여기다가 군대
를 부릴 때에는 오른쪽을 귀하게 여긴다. 군대란 좋지 못한

물건이라, 군자가 쓸 것이 못 된다. 마지못하여 쓰더라도 조용히 담박(澹泊)하게 쓰는 것이 제일이다. 이겨도 아름답지 못하니 그것을 아름답게 꾸미는 자는 사람 죽이기를 즐기는 자다. 사람 죽이기를 즐기는 자는 천하에 뜻을 얻을 수 없다. 좋은 일에는 왼쪽을 받들고 나쁜 일에는 오른쪽을 받든다. 편장군(偏將軍)은 왼쪽에 서고 상장군(上將軍)은 오른쪽에 선다. 이는 윗자리에 있는 자가 상례(喪禮)로써 그 자리에 처(處)함을 말한다. 사람 죽이는 무리가 많으면 슬퍼울 일이다. 전쟁에 이겨도 상례(喪禮)로써 처리한다.

■　　그것으로 난국[難]을 건질 따름, 그것을 늘 두고 부리지 않는다. 이를 일러서 처하지 않는다[不處]고 했다. 蘇子由

■　　문(文)은 드러나고 무(武)는 숨는다. 이는 천지(天地)의 道요 음양(陰陽)의 이치[理]다. 군대가 훌륭하다는 것은 곧 무기(武器)가 그만큼 고약하다는 말이요 어떤 상대방[物]도 그것을 좋아하지 않는다. 그래서 道를 모신 자는 거기에 처(處)하지 않는 것이다. 그런 까닭에 군자(君子)가 집에 있을 적에는 왼쪽

을 귀하게 여기고 군대를 부릴 적에는 오른쪽을 귀하게 여긴다. 그 귀하게 여기는 바가 평상시와 다른 것은 좋지 못한 물건으로 그것을 부리기 때문이다. 이는 군자(君子)가 다룰 물건이 아니요, 훌륭하게 가꿀 것도 아니다. 쓰지 않을 수 없을 경우에 쓸 따름이요, 그것도 염담(恬澹, 조용하고 담박함)하게 부리는 것이 제일이다. 그런 까닭에 이겨도 아름답지 못하다. 그것을 아름답게 가꿀 일이 아니다.

하늘이 장차 사랑[悲]으로 그것을 구하여 지킨다고 했거니와, 사랑이란 세상 모든 사람이 즐겨 받들고 싫증을 내지 않는 것이다. 그러니 사람을 죽이는 자가 어찌 그것을 즐기겠는가? 그것을 아름답게 가꾸면 이는 곧 살인을 즐기는 것이다. 살인을 즐기는 자, 천하에 그 뜻을 얻지 못한다. 그런 까닭에 좋은 일[吉事]은 왼쪽을 받들고 나쁜 일[凶事]은 오른쪽을 받든다. 편장군(偏將軍)은 왼쪽에 서고 상장군(上將軍)은 오른쪽에 선다. 이는 상례(喪禮)로써 처(處)한다는 말이다.

사람 죽이는 무리가 많으면, 슬피 울 일이다. 전쟁에 이겨도 상례(喪禮)로써 처한다. 이렇게 상례로 처하는 것을 보면, 그것이 좋지 못한 물건이요 아름답지 못한 것임을 알 수 있다.

노자(老子)의 예학(禮學)에 대한 살핌이 이와 같거늘, 노자(老子)가 예학(禮學)을 멸절(滅絶)했다고 말하는 자 누군가? 그가

어찌 멸절이란 말의 뜻을 알았다고 하겠는가? 呂吉甫

■　　군대는 훌륭하기 위해서 훌륭하게 만들 것이 아니다. 이는, 사람을 죽이기 위해서 죽이면 안 되는 것과 같다. 그런 까닭에 즐기지 않는다[不樂]. 사람을 죽이고 나서야 군대에 대하여 말할 수 있는 것이다(군대, 하면 곧 사람을 죽이는 것이라는 뜻).

손오(孫鳴)가 병법(兵法)을 논했는데, 허(虛)와 실(實)을 살피고 기(奇)와 정(正)을 가렸다. 그 말인즉 자세한 바 있으나, 그러나 허실기정(虛實奇正)의 본(本)에 대하여 손오(孫鳴)는 몰랐다. 노씨(老氏) 이르기를, 염담(恬澹)이 제일이요 이겨도 아름답지 못하다 했다. 염담(恬澹)으로써 군대를 말함은 말이 되지 않는 것 같겠지만 이는 염담 곧 정(靜)이요 정(靜)은 승리의 본(本)이고 광조(狂躁, 미쳐 날뜀) 곧 동(動)이요 동(動)은 패배의 바탕[基]이라는 사실을 모르는 탓이다.

양양(梁襄)이 맹자(孟子)에게 묻기를, 천하를 무엇으로 평정하겠느냐, 하니 대답하되 하나로 되게 하여[一] 평정한다. 다시 묻기를, 누가 그것을 하나로 되게 하겠는가? 대답하되, 사람 죽이기를 즐기지 않는 자가 능히 하나 되게 할 것이다.

과연 사람 죽이기를 즐기지 않는 자가 일을 맡으면 천하는 평정되고 어려움은 없어진다. 옛부터 오늘에 이르기까지 사람 죽이기를 즐기지 않는 자 반드시 흥하고 사람 죽이기를 즐기는 자 반드시 망했다. 사람 죽이기를 즐기는 자가 잠시 성공할 경우는 있지만, 그런 자가 오래 가는 법은 일찍이 없었다. 그러므로 군자(君子)는 전쟁에 이기고 상례(喪禮)로 처리한다. 道를 모시고 사는 사람은 좋지 못한 물건인 군대에 몸을 두지 않는다.

李息齋

■　평시(平時)에 왼쪽을 귀하게 여기는 까닭은 그쪽에서 해가 뜨기 때문이다. 서양 사람들한테는 오른쪽에서 해가 뜨지만 동양에는 왼쪽에서 해가 뜬다. 서양은 북(北, 붙박이별 북극성이 있는 쪽)을 바라보고 서서 방위(方位)를 잡고 동양은 북(北)에 서서 남(南)쪽을 바라보며 방위를 잡는다.

그런데 군대에서만큼은 왼쪽보다 오른쪽이 높다. 전쟁 자체가 이기건 지건 해 지는 쪽과 가까운 것이기 때문이다.

전쟁에 이겼다 하여 축배를 높이 들어 잔치를 즐긴다면, 그게 어찌 차마 인두겁을 쓰고 할 짓이란 말인가? 세상에 제 아우를 죽여놓고 좋아서 춤추는 그런 미친놈이 어디 있으랴 의심하겠지만, 둘레를 살펴보라, 맨 그런 자들로 득실거리며 오히려 그런 자들이 판을 치고 있지 않는가? 觀玉

32

道는 한결같아서 이름이 없다

道常無名. 樸雖小, 天下不敢臣. 侯王若能守, 萬物將自
賓. 天地相合, 以降甘露. 人莫之令而自均. 始制有名.
名亦旣有, 夫亦將知止. 知止所以不殆. 譬道之在天下,
猶川谷之於江海.

道는 한결같아서 이름이 없다. 통나무[樸]가 비록 작지만
아무도 감히 그를 부리지 못한다. 왕후(王侯)가 능히 그것
을 지킨다면 만물이 스스로 그의 그늘에 깃들 것이다. 하늘
땅이 서로 합하여 단 이슬[甘露]을 내리는데 사람이 시키지
않아도 스스로 고르다. 비로소 만들매 이름이 있다. 이름이
이미 있으면 또한 멈출 줄을 알아야 한다. 멈출 줄을 알면

위태롭지 않다. 비(譬)컨대, 道가 세상에 있음이 냇물과 골짜기가 강과 바다로 흘러드는 것과 같다.

■   통나무[樸]는 성(性)이다. 道는 한결같아서 이름이 없으니 성(性) 또한 무엇이라고 이름붙일 수 없다. 성(性)이란 물건은, 그것을 펼치면 없는 곳이 없고 거두어들이면 털끝도 채우지 못한다. 비록 작지만 누구도 그것을 제 맘대로 부릴 수 없는 까닭이 여기에 있다. 그러므로, 천박한 필부(匹夫)라도 그것을 지키면 티끌과 때[垢]와 쭉정이와 겨로 요순(堯舜)을 빚어 만들 수 있고 존귀한 왕후(王侯)라도 그것을 지키지 못하면 만물이 그의 그늘에 깃들지 않는다.

텅 빈 기(氣)가 오르내리면서 서로 합하여 하나[一]로 되어 단 이슬[甘露]을 내리거니와, 다문 입술 모양으로 만물을 덮는 데 기울거나 치우치는 곳이 없다. 성인(聖人)이 지극한 道를 몸 받아 모든 것에 응함이 또한 미치지 않는 데 없는 이슬과 같다. 만물이 그에게 와서 깃드는 까닭이 여기에 있다.

성인(聖人)이 통나무를 쪼개어 그릇을 만드니 그릇으로 말미암아 비로소 이름을 짓는 것인데, 어찌 이름을 좇느라 통나

무[樸]를 잊고 말(末)을 좇느라 본(本)을 잃을 것인가? 대개, 성
(性)으로 돌아갈 줄 알면 이로써 온갖 변화에 몸을 실어도 위태
롭지 않은 것이다.

강과 바다[江海]는 물의 모임[水之鍾]이요 개울과 골짜기[川
谷]는 물의 흩어짐[水之分]이다. 道는 만물의 근본[宗]이요 만물
은 道의 가지들[末]이다.

모두가 물[水]이다. 그런 까닭에 개울과 골짜기가 그 모여 있
는 데[鍾]로 돌아간다. 모두가 道다. 그런 까닭에 만물이 제 근
본[宗] 있는 곳에 깃들인다. 蘇子由

■   이는 道와 그릇[器]이 서로 더불어 돌고 돌면서 가벼
워지고 무거워짐을 말한 것이다.

道는 한결같아서 이름도 없고 눈으로 볼 수도 없지만, 필부
(匹夫)가 그것을 얻으면 그가 비록 보잘것없는 자라 하여도 세
상이 감히 그를 맘대로 부리지 못하며 그의 존귀함에 더 보탤
무엇이 없음을 알게 된다. 왕후(王侯)가 비록 큰 사람이라 해도
그것을 지키지 못하면 만물이 그의 그늘에 깃들지 않는다. 대
개, 만물을 깃들게 할 만한 자가 여기에 있고 저기에 있지 않다.

비(譬)컨대, 하늘과 땅에 비록 높고 낮음이 있지만 서로 합하
여 단 이슬[甘露]을 내리는데 사람이 무슨 수를 쓰지 않아도 고

르게 내리는 것처럼 천지(天地)는 처음부터 같은 것[同]이다. 이를 미루어 볼 때, 道가 비록 작아도 반드시 가벼운 것은 아니고 왕후(王侯)가 비록 커도 반드시 귀한 것은 아니다. 하늘과 땅이 비록 다르지만 나눌 수 없기에 道가 비록 흩어져 만물을 이루고 물(物)마다 제 이름을 지니지만 하늘이 또한 그 물(物)을 버리지 아니한다. 다만 道가 물(物)을 버리지 않아 물(物)마다 하늘과 땅 사이에 서서 사라지지 않음은 하늘이 그것들을 낳았기 때문이다. 그런 까닭에, 물(物)은 道로 말미암아, 깨어져서 이지러지지 않고 道는 물(物)로 말미암아, 생겨나서 흩어지지 않는다. 이는 비(譬)컨대, 냇물과 골짜기가 비구름 되고 강과 바다가 차츰 배어 들어감[浸潤]과 같다. 냇물과 골짜기의 기(氣)는 강과 바다에 통(通)하지 않을 수 없고 강과 바다의 기(氣)는 냇물과 골짜기에 통하지 않을 수 없다. 道로써 이를 살펴보면, 단 하루도 그것이 돌지 않는 때가 없음과 같고 그릇[器]으로 이를 취해보면, 물과 물이 나뉘어[分] 서로 같은 것이 아님과 같다. <u>李息齋</u>

■　　道는 꼴[形]이 없어서 어디에도 매이지 않는다. 한결같아서 이름을 붙일 수 없고 이름이 없어서 한결같다. 그래서 이르기를, 道는 한결같아 이름이 없다고 했다.

통나무[樸]의 물건됨은, 없음[無]으로 중심[心]을 삼으니 또한 이름이 없다. 그런 까닭에, 장차 道를 얻고자 함에는 통나무[樸]를 지킴만한 것이 없다.

지혜로운 자[智者]는 능히 신하로 부릴 수 있고 용감한 자[勇者]는 무기로 쓸 수 있고 꾀 많은 자[功者]는 일에 써먹을 수 있고 힘센 자[力者]는 무거운 것을 맡길 수 있다. 통나무[樸]의 물건됨은 그 애매하면서 어디에도 치우치지 않음이 아무것도 없음[無有]에 가깝다. 그래서 이르기를, 누구도 신하로 부리지 못한다고 했다. 통나무를 품고 따로 하는 일이 없는지라[抱樸無爲], 물(物)로 그 참됨[眞]을 얽매지 않고 욕(欲)으로 그 신(神)을 다치지 않으니 물(物)이 스스로 와서 깃들고 道를 저절로 얻는다.

"하늘과 땅이 서로 합한다…"는 말은, 천지가 서로 합하여 단이슬[甘露]을 구하지 않아도 절로 내린다는 말이다. 내가 나의 참 본성[眞性]을 지키고 따로 하는 일 없으면, 시키지 않아도 백성이 절로 고르게 산다.

'시제[始制]'는, 통나무를 쪼개어 처음 관장(官長)을 만드는 때를 말한다. 처음 관장을 만들자면 명분(名分)을 세워 높은 자리 낮은 자리[尊卑]를 정하지 않을 수 없다. 그런 까닭에, 처음 만듦에 이름이 있는 것이다. 이를 지나쳐 계속 나아가면 마침내 송곳 끝 같은 일로도 다투게 된다. 그런 까닭에, 이미 이름이 있거든 또한 멈출 줄을 알라고 했다. 제 이름만 믿고 남[物]을 함부로 부리는 것은 다스림이 근본[母]을 잃은 것이다. 그런 까닭에, 멈출 줄을 알면 위태롭지 않다고 했다.

냇물과 골짜기가 강과 바다를 찾아가는 것은 강과 바다가 그들을 불러서가 아니라 오라고 하지도 않고 구하지도 않는데 스스로 그리 돌아가는 것이다. 천하에 道를 행하는 자는 시키지 않아도 스스로 고르게 되고 구하지 않아도 절로 얻는다. 그래서 이르기를, 냇물과 골짜기가 강과 바다로 흐르는 것과 같다고 했다. 王弼

■　　길가에 나무 한 그루 서 있다. 해가 뜨니 절로 그늘이 생긴다. 지나가던 행인이 그늘에 들어와 땀을 식히고 여름철 매미는 가지에 붙어 사랑을 노래한다. 새들이 날아와 둥지를 틀고 나무에 열매가 맺히니 온갖 벌레가 모여 잔치를 연다. 그늘을 만들어 행인의 땀을 식혀주고 노래하는 매미에게 무대를 제공하고 새들에게 집터를 마련해주고 온갖 벌레들의 잔치마당이 되어주고자, 벌판에 선 나무는 무엇을 했는가? 없다. 아무 한 일이 없다. 참으로 한 일이 없는가? 있다. 그가 한 일은, 지금도 하고 있으며 앞으로도 계속 할 일은, 하늘이 그에게 내린 삶의 길을 따라, 그 법에 오로지 순종하며, 다만 그렇게 존재하는 것이다. 제 몸은 천도(天道)에 맡기고 자신을 그냥 가만히 버려둘 따름이다. 觀玉

33

만족할 줄 아는 자 넉넉하다

知人者智. 自知者明. 勝人者有力. 自勝者强. 知足者富.
强行者有志. 不失其所者久. 死而不亡者壽.

남을 아는 자 지혜롭다. 자기를 아는 자 밝다. 남을 이기는
자 힘이 있다. 자기를 이기는 자 강하다. 만족할 줄 아는 자
넉넉하다. 강행(强行)하는 자 뜻을 얻는다. 있을 곳을 잃지
않는 자 오래 간다. 죽어도 죽지 않는 자 수(壽)한다.

■   분별하면 지혜로워진다. 덮은 것을 모두 벗겨내면 밝

아진다. 분별하는 마음[分別之心]이 남아 있어서 남을 아는데 그치고 자기 자신을 끝내 모른다. 덮은 것이 모두 벗겨지면 두 번 다시 분별하지 않는다. 그래서 능히 자기를 알게 되고 그 앎이 남에게까지 미칠 수 있다.

힘[力]이란, 남에게는 미치지만 자신에게는 미치지를 못하는 것이다. 자기를 이겨 본성을 회복한다[克己復性]는 것은 힘을 써서 되는 일이 아니다. 그러기에 그것을 일컬어 강(强)하다고 말할 수 있는 것이다.

만족할 줄 아는 사람은 지금 있는 것으로 넉넉하다. 그러니 부(富)하지 않을 수 없다. 비록 천하를 가졌다 해도 언제나 모자란다는 마음으로 살아간다면 그런 자는 죽을 때까지 부(富)할 수 없다.

물(物)로 더불어 다투지를 않고[不與物爭] 스스로 강하여 쉬지 않으면[自强不息] 아무도 그 뜻을 빼앗지 못한다.

물(物)이 끝없이 변해도 마음을 잃지 않으면 오래 간다.

살고 죽는 일이 또한 큰 변화지만 본 마음[性]이 잠연(湛然, 고요하고 침착함)하여 죽지 않는다[不亡]. 이런 사람이 옛날의 지인(至人)이니, 곧 나지도 않고 죽지도 않는 사람이다. 蘇子由

■　　앎[知]이 밖에 있으면 지혜[智]가 되고 안에 있으면 밝

음[明]이 된다. 이김[勝]이 밖에 있으면 힘[力]이 되고 안에 있으면 강함[强]이 된다. 지혜와 힘이 만나면 거짓[妄]이 되고 밝음과 강함이 만나면 참[眞]이 된다.

道에 들어가는 문이 모두 이에서 말미암는다. 사람이 道에 들어가지 못하는 까닭은, 남은 알면서 자기를 보는 데는 밝지 못하기 때문이다. 안으로 밝으면 스스로 밖을 향해 치달리지 않게 되고 밖을 향해 치달리지 않으면 차츰 물(物)을 이기게 된다. 이것이 세월과 더불어 깊어지면 자연스레 道에 들어간다.

무릇 '부족(不足)'이란, 나에게 있음을 모르는 것이다. 만물이 나에게 갖추어져 있거늘, 돌이켜 안을 들여다보면 이 한 몸 이렇게 있는 것으로 만족할 줄을 알게 되니, 이 또한 부(富)함 아닌가? 만족할 줄 아는 마음이 생겨나면 차츰 제반 소유로부터 떠나게 된다.

힘[力]이 있으나 온전치 못하면 보이는 바를 채울 수 없어서 반드시 강한 뜻[强志]을 품고 나아가 힘을 써서 행하게[力行] 된다.

맑고 고요한 뿌리[淸靜根]를 보게 되면 차츰 道로 돌아가 허(虛)에서 실(實)을 깨닫고[虛中證實] 얻은 바를 옮기지 않고 낡지도 않고 새롭지도 않고 호연상주(浩然常住, 거침없이 성대하게 흐르는 모습으로 언제나 머물러 있음)하니 이를 일러서, 그 있을 곳을 잃지 않는다[不失其所] 했다.

아침과 저녁을 맞이하듯 삶과 죽음을 같은 것으로 보면, 낳
아도 소유하지 않고 죽어도 죽지 않는다. 이를 일러 수(壽)라 하
였다. 李息齋

■　　　남을 아는 자는 다만 지혜로울[智] 따름이다. 자기를
알아서 가장 지혜로운 자를 넘어서느니만 못하다.

남을 이기는 자는 다만 힘이 있을[有力] 따름이다. 자기를 이
겨서 그의 힘을 덜어낼 상대가 없느니만 못하다.

지혜[智]를 남에게 쓰는 것은 그것을 자기한테 쓰느니만 못
하다. 힘[力]을 남에게 쓰는 것은 그것을 자기한테 쓰느니만 못
하다.

밝음[明]을 자기에게 쓰면 물(物)이 그것을 피하지 못한다.
힘을 자기한테 쓰면 물(物)이 그것을 고치지 못한다.

만족할 줄 알면 스스로 잃지 않아서 부(富)하다. 힘쓰면 능히
행할 수 있고 그 뜻을 반드시 이룬다. 그래서 이르기를, 강행(强
行)하는 자 뜻을 얻는다고 했다.

자기를 밝게 성찰하여 자기한테 있는 힘을 헤아려서 행하면
그 있을 곳을 잃지 않고 반드시 오래 간다.

비록 육신은 죽어도 삶의 道는 죽지 않고 그리하여 수(壽)를
다하게 된다. 몸이 사라져도 道는 오히려 남아 있거늘, 하물며

몸이 살아 있으면서 道가 끝나지 않음에 있어서랴! 王弼

■　　너를 알면서 나를 모를 수는 있어도 나를 알면서 너를
모를 수는 없다. 너를 아는 것은 반쪽 앎이고 나를 아는 것은 옹
근 앎이기 때문이다. 보름달이 반달보다 밝은 것이야 다시 이를
말이랴? 觀玉

| 34 |

큰 道의 크고 넓음이여

大道汎兮, 其可左右. 萬物恃之以生而不辭, 功成不名
有, 愛養萬物而不爲主. 常無欲可名於小. 萬物歸焉而不
知主, 可名於大. 是以聖人終不爲大, 故能成其大.

큰 道의 크고 넓음이여, 좌(左)도 되고 우(右)도 되는구나.
만물이 그로 말미암아 생겨나되 내치지 않고 공(功)을 이루
되 이름을 내지 않으며 만물을 기르되 주인이 되지 않고, 언
제나 무엇을 하려는 욕심이 없으니 이름을 작음[小]이라 할
수 있고 만물이 그리로 돌아가면서도 주인을 모르니 이름
을 큼[大]이라 할 수 있다. 이로써 성인(聖人)은 끝내 큼[大]
을 이루고자 아니하니 그런 까닭에 능히 큼[大]을 이루는

것이다.

■　크고 넓어서 되지도 않고 안 되지도 않는다. 그러기에 좌·우·상·하로 두루 돌아 이르지 못하는 곳이 없다.

물(物)을 낳고 그것을 내치지 않는 자 있으니 장차 모든 물(物)이 그의 것이라는 이름을 얻게 될 것이다. 물(物)을 피(避)하여 가지지 않는 자 있으니 장차 물(物)을 내쳐 낳지 않게 될 것이다.

낳고 내치지 않으며 이루고 가지지 않는 것은 오직 道뿐이다.

큰 것이 크고자 하면 작은 것이다.　蘇子由

■　큰 道는 크고 넓어서 팔극(八極, 온 세상)을 채우고 있거니와 그것을 쓸작시면 좌·우에 있는 것 같다.

만물이 道 아니면 생겨나지 못하는데 道는 그 능(能)함을 말로 나타낸 적이 없다. 만물이 道 아니면 이루어지지 않는데 道는 그 이루어진 것에 자신의 공(功)이라는 딱지를 붙인 적이 없다. 만물이 道 아니면 자라지를 못하는데 道는 스스로 그것들의 주인이 되고자 하지 않는다.

작고 작아서 '나'를 드러내지 않고, 크고 커서 따로 만물의 주인 노릇을 하지 않는데도 만물이 그리로 돌아간다. 성인(聖人)이 이와 같다. 끝내 스스로 크고자 하지 않는데 끝내 만물이 그를 벗어나지 못한다. 다만 대(大)를 취하지 아니함으로써 그 까닭에 대(大)를 이룬다. 李息齋

■　　"큰 道의 크고 넓음이여," 이는 道가 흘러 넘쳐 이르지 않는 곳이 없고 좌·우·상·하로 두루 돌아 그것을 씀이 미치지 못할 데가 없음을 말한다.

만물이 모두 道로 말미암아 생겼는데 이미 생겨났으면서 무엇으로 말미암아 생겨났는지를 모른다. 그런 까닭에, 세상이 언제나 욕심을 품지 않을 때 만물이 각자 저 있을 자리를 얻었으나 道가 만물에 아무 베푼 바 없는 듯이 보인다. 그래서 '작음[小]'이라는 이름으로 부른다.

만물이 모두 道로 돌아가 생겨나는데 그것들이 어디로서 말미암았는지를 애써 모르게 하니, 이는 작은 것이 아니다. 그런 까닭에 다시 '큼[大]'이라는 이름으로 부를 수 있다.

큰 일을 작은 데서 착수하고 어려운 일을 쉬운 데서 꾀한다. 그런 까닭에 능히 큰 것을 이룬다. 王弼

■　　땅에서 하늘을 바라본다. 아득한 하늘, 끝이 없는 하

늘. 우주(宇宙)라고 하지만, 벽도 담도 지붕도 없는 집이다. 우주는 '바깥'이 없다. 무한대(無限大)다. 그래서 무한소(無限小)다. 수학기호로 달리 표시하면 0[零]이다. 어디에도 있지 않은 하늘을, 그 하늘 품에 안겨서, 바라본다. 더 없이 작은 제가 더 없이 큰 저를 보는 것이다.

영원과 시간을 별개(別個)로 보고, 인간을 다만 시·공간에 갇힌 존재로 설명하는 '관념'의 어리석음!

시간은 영원의 꽃이다. 여기가 바로 하늘나라다. 내가 하늘을 보는 눈으로 하늘이 나를 보고 있다.

"안과 밖을 합치고 너와 나를 고르게 하는 데서 道의 큰 실마리를 본다"[合內外平物我, 此見道之大端—莊子]. 안팎이 따로 없는 우주에 살면서 어디를 밖이라 어디를 안이라 할 것인가? 몸이 하나뿐인데 그 한 몸에 살면서 누구를 너[物]라 하고 누구를 나[我]라 하는가? 觀玉

35

큰 형상을 잡고
천하에 나아간다

執大象天下往, 往而不害, 安平泰. 樂與餌, 過客止. 道之
出口, 淡乎其無味. 視之不足見, 聽之不足聞, 用之不
可旣.

큰 형상[大象]을 잡고 천하에 나아간다. 나아감에 해(害)되
지 않으니 안(安)하고 평(平)하고 태(泰)하다. 음악과 음식
은 지나는 길손을 멈추게 한다. 道의 출구(出口)는 담담하여
맛이 없다. 그것을 보아도 보이지 않고 들어도 들리지 않아
서 아무리 써도 바닥나지 않는다.

■　道는 있음[有]도 아니요 없음[無]도 아니다. 그래서 큰 형상[大象]이라고 말한다. 다만 그 밝게 드러난 모습의 모양 있는 것[有象]으로 말하자면, 같은 것도 있고 다른 것도 있어서 같은 것은 좋아하고 다른 것은 싫어하여 좋아하는 자는 오고 싫어하는 자는 간다. 그래서 천하 모든 사람이 그리로 가게 하기에는 부족한 바가 있다. 좋아하고 싫어하는 것은 곧 이익을 얻기도 하고 손해를 보기도 하는 것이라, 좋아함과 싫어함을 모두 그만두면 만물에 해(害)가 되지 않는다. 그런 까닭에, 지자(至者, 통달한 사람)는 언제 어디서나 안(安)하고 평(平)하고 태(泰)하다.

음악을 짓고 음식을 차려 사람 오기를 기다린다. 지나가는 나그네가 어찌 머물지 않으랴? 그러나 음악이 끝나고 음식이 떨어지면 그들은 떠나간다. 큰 형상[大象]을 잡고 천하를 기다리면, 사람들이 그것을 좋아할 줄 모를진대 하물며 그것을 싫어하겠는가? 비록 맛으로 냄새로 모양으로 색깔로 소리로 사람들을 즐겁게는 못 해주지만, 아무리 써도 바닥이 나지 않는다. 蘇子由

■　道가 위로부터 내려와 형상(形象)이 있게 되었다. 형상[象]이 생겨나니 물(物)이 와서 그를 좇는다. 어리석은 자는 와

서 돌아갈 줄 모르고 슬기로운 자는 와서 해(害)가 되지 않는다. 와서 돌아가지 아니함은 道를 잃고 물(物)을 좇음[失道而從物]이요 와서 해(害)가 되지 아니함은 道로 더불어 함께 함[與道俱]이다. 道로 더불어 함께 왔으니 道를 떠나지 않은지라, 안(安)하고 평(平)하고 태(泰)하지 못할 곳이 없다. 道와 이미 하나 되었으매[與道爲一] 마음은 道를 모르고 道는 마음을 모른다[心不知道, 道不知心]. 만약에 道를 알고서 행한다면[若知道爲行] 안(安)하고 평(平)하고 태(泰)하지 못할 것이다.

성인(聖人)이 모양 갖춘 그릇[刑器]을 대함은 길손이 여관에 머무는 것과 같아서 잠시 멈추었다가 간다. 무슨 미련이 있을 게 없다. 구차스럽게 음악과 음식을 탐내면 지나가던 과객(過客)이 거기 머물러 떠나려 하지 않으니 탈[患]이 안 날 수 없다. 그런 까닭에 성인(聖人)은 큰 형상[大象]을 잡고 와서 비록 물(物)을 좇아 살지만 그 마음은 늘 道와 더불어 함께 있다.

맛 없는 맛을 보고 색(色) 없는 색(色)을 보고 소리 없는 소리를 듣고 쓸모 없는 쓸모를 쓴다. 이는 곧 모양 갖춘 그릇[刑器]들 틈에 있으면서 오로지 道를 쓰는 것이다. 안(安)하고 평(平)하고 태(泰)한 까닭이 이것이다. 李息齋

■ 큰 형상[大象]은 하늘 형상[天象]의 어미[母]다. 춥지도

않고 덥지도 않고 서늘하지도 않다. 그래서 능히 만물을 품에 안는데 범(犯)하여 상(傷)하는 바가 없다. 임금이 그것을 잡으면 천하에 나아갈 수 있다. 모양도 없고 표시[識]도 없고 치우치지도 않고 드러나지도 않아서, 그러므로 만물이 그것을 얻어 나아가는 데 막힘이 없다.

무릇 道란 깊고 큰지라, 사람이 道의 말씀을 듣는 것은, 노래와 음식으로 잠시 사람 마음을 즐겁게 하는 것과는 다르다. 음악과 음식을 차려놓으면 능히 나그네의 발걸음을 멈추게 할 수 있지만 道의 말씀은 담담하여 아무 맛도 없다. 보아도 보이지 않으니 눈을 즐겁게 못하고 들어도 들리지 않으니 귀를 기쁘게 못한다. 아무 데도 들어맞는 데가 없는 것 같아서[無所中然] 쓰고 또 써도 바닥나지 않는다. 王弼

■　　　서커스 곡예사들이 공중 그네 위에서 아슬아슬 재주를 부린다. 그러나 재주가 아무리 용해도 그네가 없다면 묘기는 없는 것이다. 그네와 곡예사만 있으면 곡예는 가능한가? 어림 없는 말씀!

그네를 달아놓을 허공(虛空)이 없다면, 없음[無]으로 있는 [有] 허공이 없다면, 그네도 곡예도 곡예사도 무엇도 없다.

인간이 제 아무리 재주가 용해도 그 앞에 텅 비어서[空] 존재하는 시간·공간이 없다면, 쥐뿔도 없는 것이다. 허공(虛空)이 모든 것을 있게 한다.

허공(虛空)으로 살아가는 허공(虛公)이 바로 큰 형상[大象]을 잡은 사람이다. 세상이 그를 알아보지 못해도, 아예 없는 것으로 계산해도 허공(虛公)은 말없이 다만 안(安)하고 평(平)하고 태(泰)할 뿐이다. 觀玉

36

거두어들이려 하면
반드시 펼치고

將欲卯之, 必固張之. 將欲弱之, 必固强之. 將欲廢之,
必固興之. 將欲奪之, 必固與之. 是謂微明. 柔勝剛, 弱
勝强. 魚不可脫於深淵. 邦之利器, 不可以示人.

거두어들이려 하면 반드시 펼치고 약하게 하려면 반드시
강하게 하고 무너뜨리려면 반드시 일으키고 빼앗으려면 반
드시 준다. 이를 일컬어 세미한 밝음[微明]이라고 한다. 부
드러움이 단단함을 이기고 약함이 강함을 이긴다. 물고기
가 깊은 못을 벗어나면 안 되고 나라에 이로운 그릇은 사람
들에게 드러내 보이는 게 아니다.

■　　주지 않고서 갑자기 빼앗으면 곧 세(勢)에 다하지 못
함[不極]이 있고 이(理)에 모자람[不足]이 있게 된다. 세(勢)가
다하지 못하니 그것을 취하기 어렵고 이(理)에 모자라는 바가
있으니 물(物)이 불복한다. 그러나 그것이 지혜[智]를 쓰는 데는
관중(管仲)과 손무(孫武)가 다르지 않고, 성인(聖人)과 세속(世
俗)의 발자취에 실로 비슷함이 있다. 성인은 이(理)를 타고[乘]
세속은 지혜를 쓰는데, 이(理)를 타는 것은 의약으로 병을 다스
림과 같고 지혜를 쓺은 장사꾼이 잇속을 챙기는 것과 같다.

　성인(聖人)은 단단하고 강한 것이 믿을 만한 게 아님을 안다.
그래서 스스로 부드럽고 약함에 처(處)한다. 세상의 단단함과
강함이 서로 기울고 삐걱거리는데 나 홀로 부드러움과 약함으
로 그것을 대한다. 마침내 큰 놈은 상(傷)하고 작은 놈은 죽을
때 나는 계산하지 않고서 그것들이 넘어지기를 기다리니 이를
일컬어 이김[勝]이라 하는 것이다. 그러나 성인(聖人)이 어찌 그
렇게 하겠다는 마음을 먹고서 그렇게 하여 물(物)을 이기겠는
가? 세(勢)의 절로 그러함[自然]을 알고 그 절로 그러함[自然]에
거할 따름이다.

　물고기라 하는 놈은 날카로운 발톱과 어금니가 없어도 족

(足)히 물(物)을 이긴다. 그러나 물고기가 깊은 물 속에 있으면 아무리 힘있는 자라도 놈을 잡지 못하지만, 물을 벗어나 뭍에 오르면 꿈틀거리는 한 물건에 지나지 못하니 제가 무엇을 할 수 있겠는가? 성인(聖人)은 부드러움과 약함에 거(居)하나 단단하고 강한 자가 그를 상(傷)치 못하고, 상(傷)치 못할 뿐만 아니라 장차 온전함으로써 그 뒤를 따르게 되니, 이 또한 천하의 이기(利器) 아니랴? 물고기는 연못을 벗어난 뒤에 비로소 사람이 잡아먹는다. 성인(聖人)은 다만 부드럽고 약함에 처(處)하되 싫증을 내지 않으니 그런 까닭에 능히 천하를 다스린다. 이 어찌 뭇 사람[衆人]과 더불어 함께 하는 것이 아니겠는가? 蘇子由

■　　이는 성인(聖人)이 마음을 다스리고 감정[情]을 쳐서 빼앗는 道[制心奪情之道]다. 마음이라 하는 것은 출입에 때가 없고 그 나온 곳이[鄕] 어디인 줄 모르니, 멈춤으로써 멈추고자 하나 멈춤이 돌이켜 움직임으로 된다[欲以止止之, 轉止轉動]. 성인(聖人)은 그것을 억지로 멈추게 할 수 없음을 안다. 그런 까닭에 그것을 거두려 하면 반대로 펼치고 약하게 하려면 반대로 강하게 하고 없애려 하면 반대로 일으켜 세우고 빼앗으려 하면 반대로 준다.

움직임을 멈추고자 하여 멈춤으로써 그것을 멈추려 하면 끝내 멈추지를 못하니[欲止動以止止之, 止不可得] 반드시 그와 반대로, 움직임으로써 멈춤을 구하여 절로 거짓됨[妄]을 드러내면 움직임이 끝장나면서 거짓[妄]이 폐(廢)하고 참[眞]이 돌아와 자연(自然) 멈추게 된다.

움직임에, 비록 움직이고자 하나[動雖欲動] 움직이는 마음은 일으키지 않는다[動心不起]. 마음이 이미 일어나지 않으니 멈춤 또한 생기지 않는다[心旣不起, 止然不生]. 이것이 성인(聖人)의 마음을 거두고 뜻을 약하게 하여 감정을 폐하고 욕심을 빼앗는[卯心弱志, 廢情奪欲] 道인데 가늘어서 보기 힘든지라 일컬어 세미한 밝음[微明]이라고 한 것이다. 그것의 세미한 밝음은 부드럽고 약하나 능히 세상 사람의 단단하고 강한 욕심[欲]을 이긴다. 이는 道 어머니[道母]를 떠나지 않기 때문이다. 道 어머니를 떠나면 곧 물고기가 연못을 벗어남과 같다. 물고기가 연못을 벗어나면 안 되듯이 나라의 이기(利器) 또한 사람들한테 드러내 보여서는 안 된다. 그것을 드러내 보이면 장차 믿지 못할 사람들이 또한 있을 것이다.

이 장(章)을 해석하는 이들 가운데 본(本)으로 돌아가지 못하여 손오(孫鳴)의 병설(兵說)로 뒤섞는 자들이 많은데, 시(詩)와

예(藝)가 무덤을 파헤치는 까닭이 여기 있다. 李息齋

■   억센 것과 난폭한 것을 없애고자 할진대 마땅히 이 네 가지로써 할 일이다. 이는 물(物)의 본성(本性)을 이용하여 스스로 사라지게 하는 것이지 형벌[刑] 쓰는 것을 대사(大事)로 여겨 억지로 그것들을 없애려는 것이 아니다. 그래서 '세미한 밝음[微明]'이라고 했다.

펼치는 것을 족(足)하게 여겨 그것을 충족시켰는데 다시 또 그것을 펼치고자 하면 사람들[衆]이 거두어들이는 바가 된다. 덜 펼쳐진 쪽을 펼쳐주면, 펴고자 하는 자는 더욱 유익(有益)하고 자신은 위태로워진다.

이기(利器)란, 나라를 이롭게 하는 그릇이다. 다만 물(物)의 본성을 이용할 뿐, 형벌을 써서 물(物)을 다스리지 않는다. 그릇이 보이지는 않으나 물(物)마다 저 있을 곳을 얻으니 곧 나라에 이로운 그릇이다. 사람들한테 보이는 것은 형벌에 맡기는 것이다. 형벌로 나라를 이롭게 하고자 하면 실패한다. 물고기가 못을 벗어나면 반드시 죽듯이, 나라에 이로운 그릇도 형벌을 세워서 사람들한테 보이면 또한 반드시 잃고 만다. 王弼

■   무엇을 없애기 위하여 그것을 치면 더욱 왕성해진다.

세상 이치가 그렇게 되어 있다. 채소는 갈수록 약해지고 잡초는 갈수록 강해지는 까닭이 여기 있다. 그러기에 이치를 아는 사람은, 어둠을 몰아내기 위하여 어둠과 씨름하지 않는다.

"인간은 스스로 똑똑한 체하지만 실상은 어리석습니다 … 하느님께서는 사람들이 자기 욕정대로 살면서 … 서로의 몸을 욕되게 하는 것을 그대로 버려두셨습니다"(로마 1:22, 24). 미명(微明)이다. 親玉

37

道는 언제나 하는 일이 없다

道常無爲而無不爲. 侯王若能守, 萬物將自化. 化而欲
作, 吾將鎭之以無名之樸. 無名之樸, 亦將不欲. 不欲以
靜, 天下將自正.

道는 언제나 하는 일이 없다. 그래서 하지 않는 일이 없다.
후왕(侯王)이 이를 지키면 만물이 스스로 변화될 것이다. 변
하면서 변하려는 마음을 품으면 내가 이름 없는 바탕[樸]으
로 이를 진정[鎭]시키리라. 이름 없는 바탕 또한 욕심내서
는 안 된다. 고요하려는 마음 없이 고요하면 천하가 스스로
바르게 된다.

■　　道가 한결같다는 말은, 하지 않는 바가 없으면서 아무것도 하지 않는다는 뜻이다. 성인(聖人)은 무위(無爲)로써 물(物)을 변화시킨다. 만물이 변화되는데 처음에는 무위(無爲)로 시작하다가 차츰 작위(作爲)에 이르는 것이, 비(譬)하면, 젖먹이가 자라나는 것과 같다. 사람의 거짓됨이 날마다 일어나는 까닭에 삼대(三代)가 쇠(衰)하고 사람의 정(情)이 갈수록 심하게 변한다. 바야흐로 작위(作爲)를 시도하면 윗사람과 세상 모든 사람이 함께 멸망한다. 그런 까닭에 마침내 이름 없는 바탕[無名之樸]으로 그것을 진정시켜[鎭] 겨우 멈추게 할 수 있다.

성인(聖人)은 중심에 바탕을 품고 있다는 생각[抱樸之念]이 없고 겉으로는 바탕을 품고 있는 티[抱樸之迹]를 내지 않는다. 그런 까닭에 바탕을 온전히 지켜 그것을 크게 쓴다. 바탕을 품겠다는 마음이 가슴속에 늘 있으면, 그는 아직 멀었다. 　蘇子由

■　　道는 없음[無]에서 있음[有]으로 들어간다. 희로애락의 작은 싹으로 시작하여 예악형정(禮樂刑政)을 갖추는 것에서 끝난다. 끝까지 갔는데도 돌아서지 않고 끝없이 바뀌고 또 바뀌면 道를 더욱 크게 잃는다. 그러기에 성인(聖人)은 계속 흘러가려는

상태에 이르면 돌아서서 바탕[樸]으로 그것을 진정[鎭]시킨다.

바탕으로 진정시키는데 그 바탕 역시 이름이 없다. 비록 이름 없는 바탕을 써도 또한 그것을 쓰고자 하는 마음이 없어야 한다. 실로, 이름 없는 바탕을 쓴다는 마음이 있으면 그 바탕은 바탕이 아니다. 고요하려는 마음 없이 고요하면 백성이 스스로 바르게 된다. 李息齋

■　　언제나 하는 일이 없다 함은 자연(自然)을 따름이다. 하지 않는 일이 없다 함은 만물이 그로 말미암아 작위(作爲)하고 그로써 다스려 이루어지지 않는 것이 없음이다.

변하면서 변하려는 마음을 품는 것은 이루려는 마음을 지음[作]이다.

내가 장차 이름 없는 바탕[無名之樸]으로 진정시킨다 함은 주인 노릇을 하지 않겠다는 것이요, 장차 욕심이 없으리라는 것은 다투려 하지 않겠다는 것이다. 王弼

■　　지구(地球)라는 행성(行星)이 얼마나 빠른 속도로 우주 공간을 달리고 있는지, 사람들이 이제는 알고 있다. 그러나 아무도 그 때문에 현기증을 느껴 멀미를 하지는 않는다. 초음속 제트기로도 따라잡을 수 없는 속도를 내면서 달려가는 지구가

이토록 한가롭고 고요할 수 있음은, 지구로 하여금 자전과 공전을 하게 하면서도 아무 하는 일 없는 저 허공(虛空) 때문이다.

'이름 없는 바탕[無名之樸]'인 허공은 그 무엇과도 나뉘지 않는다. 모든 것을 있게 하면서 스스로는 어디에도 있지 않는 道가 바로 그와 같다. 道를 모시고 道처럼 살아가는 사람이 성인(聖人)이다. 그는 아무 하는 일이 없는데 그가 없으면 도무지 되는 일이 없다. 親玉

38

높은 德은 덕스럽지 않다

上德不德, 是以有德. 下德不失德, 是以無德. 上德無爲
而無以爲. 下德爲之而有以爲. 上仁爲之而無以爲. 上義
爲之而有以爲. 上禮爲之而莫之應, 則攘臂而扔之. 故失
道而後德, 失德而後仁, 失仁而後義, 失義而後禮. 夫禮
者, 忠信之薄而亂之首也. 前識者, 道之華而愚之始也.
是以大丈夫處其厚, 不處其薄, 居其實, 不居其華. 故
去彼取此.

높은 德은 덕스럽지 않다. 그래서 德이 있다. 낮은 德은 德
을 잃지 않는다. 그래서 德이 없다. 높은 德은 함이 없고 없
음[無]으로써 베푼다. 낮은 德은 함이 있고 있음[有]으로

써 베푼다. 높은 인(仁)은 함이 있고 없음[無]으로써 한다. 높은 의(義)는 함이 있고 있음[有]으로써 한다. 높은 예(禮)는 함이 있고 응하지 않으면 팔뚝을 걷고 잡아당긴다. 그러므로 道를 잃은 뒤에 德이요 德을 잃은 뒤에 인(仁)이요 인(仁)을 잃은 뒤에 의(義)요 의(義)를 잃은 뒤에 예(禮)다. 무릇 예(禮)란 충(忠)과 신(信)의 얕음이요 어지러움의 머리다. 미리 아는 것은 道의 꽃이요 어리석음의 시작이다. 이로써, 대장부는 그 두터움에 처하고 얕음에 처하지 않으며 그 열매에 거하고 꽃에 거하지 않는다. 그런 까닭에 저를 버리고 이를 취한다.

■   성인(聖人)은 하고 싶은 대로 하는데 법도를 어기지 않는다[從心所欲不踰矩]. 德을 이루고자 마음 쓰지 않는데 德이 스스로 넉넉하다. 낮은 德은 德이 귀한 것인 줄 알고 그것을 잃지 않으려고 애를 쓴다. 가까스로 자기를 지키고자 하나 그에게 무슨 德이 있겠는가? 무위(無爲)라 하나 그것을 하려고 해서 하는 것이라면 유위(有爲)와 다를 바 없다. 다만 아무 하는 바 없이 하는 무위(無爲)라야 일컬어 무위(無爲)라 할 수 있는 것이다. 낮은

덕(德)은, 해서 이루는 바가 없지 않으나 하려고 해서 하는 것과 같아, 아무것도 만들지 않아서 이룬 바가 없는 것은 아니다.

인(仁)과 의(義)는 모두 일삼아 하는 것이다. 둘의 다른 점이라면, 인(仁)은 하려고 해서 하는 것은 아니나 그래도 하는 것이요 의(義)는 하려고 해서 하는 것이면서 그 함에 공(功)이 있는 것이다.

德에는 높은 德 낮은 德이 있는데 인(仁)과 의(義)에는 높은 인의(仁義)만 있고 낮은 인의(仁義)는 없다. 어째서 그러한가? 낮은 德은 인(仁)과 의(義) 사이에 있고 인의(仁義) 아래에 있는 것은 되풀이하여 말할 내용이 없기 때문이다. 德에서 내려와 예(禮)에 이르기까지, 성인(聖人)의 백성 구제함은 거기서 끝난다. 그런 까닭에, 예(禮)를 갖추었다가 응(應)해주지 않으면 팔뚝을 걷어붙이고 강제한다. 강제해도 응하지 않으면 형벌을 내리고 군대를 일으키니 헛되이 일을 만들지만 아무 이루는 바가 없다.

충(忠)하고 신(信)하되 무례(無禮)면 그 충(忠)과 신(信)이 드러나 보이지 않는다. 예(禮)를 갖추면 충신(忠信)의 그럴듯함이 밖으로 나타난다. 군신부자(君臣父子) 사이에서, 부부붕우(夫婦朋友) 사이에서, 겉으로는 눈부시지만 속은 여유가 없다. 그런 까닭에, 그것을 좇으면 다스려지고 거스르면 어지러워지거니와 다스려짐과 어지러움 사이가 머리카락만큼도 되지 않는다. 그래서 이르기를, 어지러움의 머리[亂之首]라 했다.

성인(聖人)은 만물을 그윽하게 내려다보는데 시(是)와 비(非), 득(得)과 실(失)을 모두 앞에 나란히 두어 거울에 비치듯 드러내지 않는 것이 없으니 무엇이 앞이고 무엇이 뒤겠는가? 세상 사람들은 그 봄[視]이 눈에 그치고 들음[聽]이 귀에 그치고 생각[思]이 마음에 그친다.

만물 사이를 어둡게 돌아다니면서 머리를 써서 무엇을 알고자 하다가 우연히 그것을 보게 된다. 비록 스스로 밝다 하지만 지극한 어리석음이 거기서 비롯됨을 알지 못한다. 세상의 어리석은 사람들이 낮은 德을 얻는 것을 좋아하여 높은 德을 잊으니 그런 까닭에 얕은 것을 기뻐하여 두터운 것을 버리고, 꽃을 보느라고 열매를 버리니 이는 대장부가 아니다. 누가 능히 저를 버리고 이를 취할 것인가? 蘇子由

■ 　　높은 德은 德을 베풀지 않는다. 그래서 인(仁)에 있으면 인(仁)이요 의(義)에 있으면 의(義)다. 다만 그 자리에 집착하지 않는다. 낮은 德은 德을 잃지 않는다. 그래서 인(仁)이면 의(義)가 되지 못하고 의(義)면 예(禮)가 되지 못한다. 이미 된 뒤로는 바뀔 줄을 모른다. 그런 까닭에 높은 德은 道를 잃지 않는다. 道와 德을 무위(無爲)로 하는데 그것을 하려는 마음이 없다.

낮은 德은 德을 잃지 않는다. 德을 유위(有爲)로 베푸니 그것을 베푼 자취가 남는다.

높은 德은 무위(無爲)다. 인(仁)이 곧 그것이다. 인(仁)은 道에 가깝다. 그래서 인(仁) 곧 인(人)이라고 했다. 그것을 합해서 말하면 道다. 인(仁)은 道에 가깝다. 그런 까닭에 또한 무위(無爲)요, 하지 않음으로써 한다.

아래로 내려와 의(義)가 되니 의(義)는 의(宜)다. 의(義)로써 물(物)을 마땅하게 하니[宜] 곧 함으로써 하는 것이요 그 함이 마땅함을 잃지 않아서 함을 잃지 않는다.

더 아래로 내려와 예(禮)가 되니 예(禮)는 이치[理]다. 예(禮)로써 물(物)을 이치에 맞도록 하니 거기에 응하지 않으면 반드시 그것을 이치에 맞추려고 한다. 그래서 팔뚝을 걷고 잡아당기는 것을, 일컬어, 道라고 말할 수는 없고 德이라고는 말할 수 있다.

德이 사람[人]에게 있으면 일컬어 인(仁)이라 한다. 인(仁)이 그 마땅함[宜]을 잃지 않으면 일컬어 의(義)라 한다. 의(義)로써 물(物)을 바르게 하면 일컬어 예(禮)라 한다. 그런 까닭에 道를 잃어 德이고 德을 잃어 인(仁)이고 인(仁)을 잃어 의(義)고 의(義)를 잃어 예(禮)니 이는 자연스런 순서다. 道에서 시작하여 다섯 번 아래로 내려가 예(禮)에 이른다. 다섯 번 아래로 내려간 뒤의 일은 따로 볼 것 없다. 무릇 예(禮)란 어지러운 바가 있어서 일삼아 만든 것인데 어른과 아이 사이에 예(禮)가 없으면 어지러워진다. 그러므로 예(禮)를 세워 그것을 구하고자 하나 팔뚝을 걷고 잡아당기는 지경에 이르면 예(禮) 또한 따라서 없어진다. 그래서 예(禮)가 어지러움의 머리[亂之首]인 것이다.

많이 아는 것이 道로 될 수는 없으니 많이 알아서 오히려 헷갈리게 하고 어지럽게 하는 것이다. 그 앎이 참[眞]을 좇지 아니하고 헛되이 떠돌아다니는데 아무 열매[實]가 없다. 그래서 많이 아는 것이 어리석음의 시초[始]인 것이다. 그런 까닭에 예(禮)는 충(忠)과 신(信)의 얇음[薄]이 되고 지식[識]은 道의 꽃[華, 실속 없이 화려하기만 하다는 뜻]을 아는 것이 된다.

성인(聖人)은 두터움[厚]에 처하고 얇음[薄]에 처하지 않으며 열매[實]를 귀하게 여기고 꽃[華]을 귀하게 여기지 않는다. 그런 까닭에 언제나 道의 근본[本]을 잃지 않는다. 李息齋

■　　德이란 얻는 것[得]이다. 언제나 얻되 잃지 않고 이롭되 해롭지 않으니 그래서 德이란 이름을 얻었다. 어떻게 德을 얻는가? 道로 말미암아 얻는다. 어떻게 德을 베푸는가? 없음[無]으로써 쓸모[用]를 삼는다. 없음으로 쓸모를 삼으면 그 위에 신지 못할 것이 없다. 그러므로 물(物)이 저를 없게 하면 통과하지 못할 물(物)이 없고 저를 있게 하면 그것이 생겨남[生]을 면

하기 어렵다(이는 죽어 없어짐을 면할 수 없다는 말이기도 함). 이에 하늘과 땅이 비록 넓지만 '없음[無]'으로써 중심[心]을 삼고 성왕(聖王)이 비록 크지만 '비움[虛]'으로써 주인[主]을 삼는다. 그래서 말하기를, 복괘(復卦)로 보면 천지의 중심이 드러나 보이고 지일(至日, 冬至와 夏至, 음양이 근본으로 돌아간 날)에 생각하면 선왕(先王)의 뜻이 보인다고 했다. 그런 까닭에 사사로움[私]을 멸하고 제 몸을 없애면 곧 온 세상이 그를 우러러보고 원근(遠近)에서 사람들이 찾아오게 된다. 자기를 세우고 사심(私心)을 품으면 제 한 몸도 스스로 온전할 수 없으니 살과 뼈가 서로를 받아들이지 못한다. 이로써 높은 德을 지닌 사람은 오직 道로만 쓸모를 삼고 德을 德으로 베풀지 않는다. 잡지도 않고 쓰지도 않는 까닭에 능히 德이 있으면서 하지 않음이 없고 구하지 않아도 얻고 하지 않아도 이룬다. 그래서 비록 德이 있지만 德이 없는 사람이라는 이름을 얻는다.

낮은 德은 그것을 구하여 얻고 일삼아 해서 이루니 곧 선(善)을 세워 물(物)을 다스리는 까닭에 德 있는 사람이라는 이름을 얻는다. 구해서 얻은 것은 반드시 잃게 마련이고 해서 이룬 것은 반드시 무너지게 마련이고 선(善)한 이름이 생기면 반드시 불선(不善)한 반응이 있게 마련이다. 그런 까닭에 낮은 德은 德을 베푸는데 '있음[有]'으로써 베푼다. '없음[無]'으로써 하는 것은 어디에도 치우치지 않고 하는 것이다. 무위(無爲)로써 하지 못함은 모두 낮은 德이니 인의예절(仁義禮節)이 바로 그것이다. 德의 높고 낮음을 밝히고자 낮은 德을 들어 높은 德에 대조(對照)하였다. '없음'으로써 함이 마침내 바닥에 이르면 낮은 德의 가장 낮은 분량[量]이니, 높은 인(仁)이 그것이다. '없음'으로써 하는 데는 넉넉히 미치지만 그래도 하는 것이라, '없음'으로 해도 하는 것이기에 해서 하는 탈[患]이 있다. 뿌리[本]는 무위(無爲)에 있고 어미[母]는 무명(無名)에 있거니와 뿌리를 버리고 어미를 등지고 그 자식[子]에게로 나아가면 비록 공(功)이 크다 하나 반드시 이루지 못하고 이름이 아름답다 하나 반드시 가짜가 또한 생겨난다. 하지 않고 이루는 일을 능히 못하고 떨쳐 일어나지 않고 다스리는 일을 능히 못하니 그것을 일삼아 하게 되고, 그런 까닭에 널리 인애(仁愛)를 펴고 베푸는 일이 있게 된다. 사랑하되 사사로움에 치우치는 일이 없으므로 높은 인[上仁]은 인(仁)을 베풀 때 '없음'으로써 베푼다.

사랑하는데 두루 사랑하지 못하면 정직(正直)과 의리(義理)를 추켜세우는 일이 있게 된다. 굽은 것에는 성을 내고 곧은 것은 도와주고 저것은 붙들어주고 이것은 치고 사물(事物)에 대하여 유심(有心)으로 작위(作爲)하는 까닭에 높은 의(義)는 일삼아서 '있음'으로써 의(義)를 실천한다. 곧음[直]에 착실하지 못하면 격식을 갖추고 예(禮)로 경(敬)을 꾸미는 일이 있게 된다. 경(敬)을 꾸미기 좋아하고 주고받는 것을 따지면 서로 맞지 않을 때 분노가 발생한다. 그런 까닭에 높은 예(禮)는 예(禮)를 갖추어 행하다가 상대가 응하지 않으면 팔뚝을 걷고 잡아당기는 것이다.

지극히 큰 것은 오직 德뿐이다! 여기에서 일단 떠나면 어찌 높임을 받을 만하겠는가? 그러므로 비록 德이 성(盛)하고 업(業)이 크며 온갖 것을 다 넉넉히 가지고 있어도 오히려 각기 그 德을 얻었을 뿐 스스로 두루 미치지를 못한다. 그런 까닭에 하늘은 싣지 못하고 땅은 덮지 못하며 사람은 넉넉하지 못하다. 만물이 비록 귀하지만 '없음'으로써 쓸모를 삼는 것이니, '없음'을 버리고는 물체(物體)로 될 수가 없다. '없음'을 버리고는 물체가 될 수 없으니 곧 크게 됨[爲大]을 잃는다. 이른바 道를 잃은 뒤에 德이 있다는 말이 그 말이다. '없음'으로 쓸모를 삼으면 德이 그 어미인 까닭에 능히 자신은 애쓰지 않아도 다스려지지 않는 물(物)이 없다. 그 아래로 내려갈수록 쓸모의 어미[用之母]를 잃게 되어 무위(無爲)를 못하므로 널리 베푸는 것을 귀하게 여기고, 널리 베풀지 못하므로 정직(正直)을 귀하게 여기고, 정직하지 못하므로 경(敬)을 꾸미게 되니 이른바 德을 잃은 뒤에 인(仁)이 있고 인(仁)을 잃은 뒤에 의(義)가 있고 의(義)를 잃은 뒤에 예(禮)가 있다는 말이 그 말이다.

무릇 예(禮)란 충신(忠信)이 착실치 못한 데서 비롯되는 것이니 겉모양을 꾸미고 자잘한 것을 다투어 만들어낸다. 인의(仁義)가 속에서 나와도 일삼아서 하면 오히려 거짓이 되거늘 하물며 겉모양을 꾸미는 일이 어찌 오래 가겠는가? 그래서 예(禮)란 충신(忠信)의 얇음이요 어지러움의 머리[亂之首]인 것이다.

미리 안다는 것은 남들보다 먼저 아는 것으로서 낮은 德에 속한다. 총명(聰明)을 다하여 남보다 먼저 알고 지력(智力)을 부려서 잡다한 일을 경영하는데 비록 뜻을 이루었다 해도 간교(姦巧)함은 더욱 치밀해지고 비록 명성을 얻었다 해도 독실(篤實)함은 더욱 잃게 되니 애를 써도 일은 어지럽기만 하고 힘을 쏟아도 다스려지지 않고 비록 성지(聖智)를 다해본다 한들 백성은 더욱 해만 입게 된다.

'나'를 버리고 물(物)에 맡기면 곧 아무 하는 일 없이 태연하고, 바탕[樸]을 지키면 사람의 법제(法制) 따위를 지키지 않아도 그만이다. 저쪽 얻는 것에 마음을 쏟고 이쪽 지킬 바를 버리니까 아는 것[識]이 道의 꽃[華]이요 어리석음의 머리다. 그런 까닭에 참으로 위공(爲功)의 어미를 얻으면 만물을 지어내되 내치지 않고 만사(萬事)를 있게 하나 수고롭지 않다. 겉모양을 가지고 쓰지 않으며 이름을 가지고 부리지 않으니 그래서 인의(仁

義)가 드러나고 예경(禮敬)이 빛나게 된다.

대도(大道)로 싣고 무명(無名)으로 다스리면 떠받들 물(物)이 따로 없고 경영할 뜻이 따로 없다. 저마다 맡은 일을 꿋꿋이 하고 일에 정성을 쏟으매 인덕(仁德)이 두터워지고 행의(行義)가 바르게 되고 예경(禮敬)이 맑아진다. 저를 실어주는 바탕을 버리고 자기를 낳아준 어미를 등지고, 겉모습을 쓰며 총명(聰明)을 부리면 인(仁)은 그것을 정성껏 해야 하고 의(義)는 그것을 겨루게 되고 예(禮)는 그것을 다투게 된다. 그런 까닭에, 인덕(仁德)의 두터움은 인(仁)을 써서 이룰 수 있는 것이 아니고 행의(行義)의 바름은 의(義)를 써서 이룰 수 있는 것이 아니며 예경(禮敬)의 맑음은 예(禮)를 써서 갖출 수 있는 것이 아니다. 그것을 道로써 싣고 어미로써 거느리는 까닭에 드러나되 떠받들리는 바가 없고 빛나되 겨루어지는 바가 없다. 무명(無名)을 쓰는 까닭에 이름이 그로써 돈독해지고 무형(無形)을 쓰는 까닭에 모양[形]이 그로써 이루어진다.

어미를 지킴으로써 자식을 있게 하고 뿌리를 높임으로써 그 가지를 들면 형(形)과 명(名)을 함께 갖추고 삿됨[邪]이 생겨나지 않으니 큰 아름다움[大美]이 하늘에 짝하여 겉꾸밈[華]이 만들어지지 않는다. 그런 까닭에 어미는 멀리할 수 없고 뿌리는 잃어버릴 수 없는 것이다. 인(仁)과 의(義)는 어미가 낳는 것이

니 어미가 될 수 없고 형(形)과 기(器)는 장인(匠人)이 이루는 것
이니 장인이 될 수 없다. 어미를 등지고 자식을 쓰며 뿌리를 버
리고 가지로 나아가면 명(名)은 나뉘어지고 형(形)은 머물러 고
착된다. 아무리 크고자 해도 두루 미치지 못하고 아무리 아름답
고자 해도 걱정 근심이 반드시 있게 된다. 공(功)이 작위(作爲)에
있거늘 어찌 머물 만하겠는가? 王弼

■　　근본(根本)을 잡아 지엽(枝葉)을 다스리라는 얘기다.
먼저 죽어가는 사람을 살려놓아야 그놈이 인(仁)이든 예(禮)든
할 것 아닌가? 觀玉

39

하늘은 하나를 얻어서 맑고

昔之得一者. 天得一以清, 地得一以寧, 神得一以靈, 谷
得一以盈, 萬物得一以生, 侯王得一以爲天下貞. 其致之
一也. 天無以清將恐裂, 地無以寧將恐發, 神無以靈將
恐歇, 谷無以盈將恐竭, 萬物無以生將恐滅, 侯王無以
貞而貴高將恐蹶. 故貴以賤爲本, 高以下爲基. 是以侯
王自謂孤寡不穀. 此其以賤爲本邪, 非乎. 故致數輿無
輿. 不欲琭琭如玉, 落落如石.

옛날에 '하나[一]'를 얻은 것들이 있으니, 하늘은 하나를 얻
어서 맑고 땅은 하나를 얻어서 든든하고 신(神)은 하나를
얻어서 영(靈)하고 골짜기는 하나를 얻어서 가득 차고 만물

은 하나를 얻어서 생겨나고 후왕(侯王)은 하나를 얻어서 세
상을 바르게 하거니와 그것들을 그렇게끔 하는 것은 '하나'
다. 하늘이 맑지 않으면 쪼개질까 두렵고 땅이 든든하지 못
하면 깨어질까 두렵고 신이 신령하지 못하면 쉬게 될까 두
렵고 골짜기가 가득 차지 못하면 마를까 두렵고 만물이 생
겨나지 못하면 죽어 없어질까 두렵고 후왕(侯王)이 세상을
바르게 못 하여 귀하고 높지 않으면 거꾸러질까 두렵다. 그
런 까닭에 귀(貴)는 천(賤)을 본(本)으로 삼고 높음[高]은 낮
음[下]을 바탕으로 삼는다. 이로써 후왕(侯王)이 자기를 가
리켜 외로운 자, 모자라는 자, 착하지 못한 자라고 부르거니
와 이야말로 천함을 본(本)으로 삼는 것 아닌가? 아니 그러
한가? 그러므로 수레를 헤아리면 수레가 없어지니 옥(玉)처
럼 아름답고자 할 것도 없고 돌처럼 거칠고자 할 것도 없다.

■   '하나[一]'는 道를 가리킨다. 모든 물(物)을 물(物)되게
하는 것이 道다. 세상 사람들은 물(物)을 보면서 道를 잊는다.
하늘을 보고는 그것이 맑음을 알 뿐이다. 땅을 보고는 그것이
든든함을 알 뿐이다. 신(神)을 보고는 그것이 영(靈)함을 알 뿐

이다. 골짜기를 보고는 그것이 가득 차 있음을 알 뿐이다. 만물을 보고는 그것이 생겨남을 알 뿐이다. 후왕(侯王)을 보고는 그들이 천하를 바르게 함을 알 뿐이다. 그것들이 모두 道가 있어서 그러한 것인 줄을 모른다.

하늘이 '하나'를 얻지 못해서 갑자기 쪼개지지는 않는다. 땅이 '하나'를 얻지 못해서 갑자기 깨어지지는 않는다. 신(神)이 '하나'를 얻지 못해서 갑자기 사라지지는 않는다. 만물이 '하나'를 얻지 못해서 갑자기 죽어 없어지지는 않는다. 후왕(侯王)이 '하나'를 얻지 못해서 갑자기 거꾸러지지는 않는다. 그러나 끝에 가서는 반드시 그리 되고 말 것이다.

하늘과 땅이 크고 후왕(侯王)이 존귀하나 모두가 '하나'의 작용한 바이다. 그 '하나'란 과연 어떤 물건인가? 보아도 보이지 않고 잡아도 잡히지 않으니 또한 천지간에 지극히 작은 것이다. 그래서 말하기를, 천(賤)함과 낮음[下]이 본(本)이라 했다. 옛날 임금이 자기를 가리켜 외로운 자[孤], 모자란 자[寡], 착하지 못한 자[不穀]라고 한 것 또한 그 본(本)을 잡고 말(末)을 버린 것일 따름이다.

수레뒤턱나무, 바퀴, 바큇살, 덮개, 가로대나무, 멍에, 굴대, 바퀴구멍이 모두 합하여 수레를 이룬다. 그것들을 낱낱이 헤아릴 수 있지만 수레는 헤아릴 수 없다(개체를 헤아리는 것으로 전체를 알 수는 없다는 뜻—옮긴이). 그래서 없음[無]과 있음[有]이 수레를 이룬다는 사실을 알게 되거니와, 이른바 '없음'이 쓸모를 만든다는 말이 그 말이다. 그런즉, 하늘과 땅이 큼으로써 하늘과 땅으로 되겠는가? 후왕(侯王)이 존귀함으로써 후왕이 되겠는가? 큼과 귀함 속에 다만 '하나'가 있을 뿐이요 그로 말미암아서 하늘이 있고 땅이 있음을 사람들이 모르고 있는 것이다.

그런 까닭에 '하나'는 귀한 것에 있으면서 귀하지 않고 천한 것에 있으면서 천하지 않다. 이는, 옥(玉)의 아름다움이 귀하여 천할 수 없고 돌의 거칠함이 천하여 귀할 수 없음과는 같지 않다. 蘇子由

■　　　공자(孔子)께서 이르시기를, 나의 道는 '하나'로써 꿰뚫는다고 하셨다. '하나'란 무엇인가? 하늘의 맑음, 땅의 든든함, 신(神)의 영(靈)함, 골짜기의 가득함, 물(物)의 생겨남, 후왕(侯王)의 바르게 함이 그 끝에 이르면 같지 않은 바가 없다. 하늘이 맑은 까닭을 알면 땅이 든든한 까닭을 알고 신(神)이 영(靈)한 까닭을 알면 골짜기가 가득 찬 까닭을 알고 물(物)이 생겨나는 까닭을 알면 후왕(侯王)이 바르게 하는 까닭을 안다.

『역(易)』에 이르기를, 천하(天下)가 서로 길이 다르나 같은 곳으로 돌아오고 생각이 백 가지로 다르나 하나로 모이니 천하에 무엇을 걱정하고 무엇을 근심하겠는가 하였거니와, 이는 어쩔수 없이 처음부터 '하나'임을 말한 것이다. 만일 그 '하나'를 모르면 반드시 스스로 달라지게 되고 물(物)을 끊어버리게 된다. 후왕(侯王)이 물(物)을 끊으면 물(物) 또한 그를 끊는다. 그런 까닭에 귀(貴)는 천(賤)으로 본(本)을 삼고 높음[高]은 낮음[下]을 바탕으로 삼는다. 후왕(侯王)이 자기를 가리켜 외로운 자, 모자란 자, 착하지 못한 자라고 부르거늘, 이야말로 귀(貴)가 천(賤)을 본(本)으로 삼은 것 아니겠는가?

바퀴와 바큇살과 덮개와 굴대 따위가 함께 모여 수레를 이룬다. 물물(物物)이 저마다 이름을 가지고 있지만 수레는 이름지어 부를 수 없다. 인(仁)과 의(義)와 예(禮)와 지(智)가 합하여 道를 이룬다. 인의(仁義)는 이름지어 부를 수 있지만 道는 이름지어 부를 수 없다. 상(賞)과 벌(罰)과 형(刑)과 정(政)이 합하여 다스림[治]을 이룬다. 상벌(賞罰)은 이름지어 부를 수 있지만 다스림[治]은 이름지어 부를 수 없다. 다만 있는 것[有]을 잡을 수 있고 그 흔적을 밖으로 내보일 수 있을 따름이다.

귀한 것은 옥(玉) 같고 천한 것은 돌 같다고들 하는데, 둘을 그렇게 부를 수 있지만 그것들을 사람이 손에 넣기 시작하면서 하나는 귀하게 여기고 하나는 천하게 여기는 것일 뿐이다. 李息齋

■　　옛날[昔]은 처음[始]이다. '하나'는 수(數)의 처음[始]이
요 물(物)의 끝[極]이다. 저마다 이 '하나'에서 생겨났고 그래서
(하나를) 주(主)로 삼는다.

만물이 저마다 이 '하나'를 얻어서 이루어지는데 이미 이루
어진 뒤에는 (하나를) 버리고 그 이루어진 것에 거(居)한다. 이
루어진 것에 거하면 어미[母]를 잃는지라 그런 까닭에 쪼개지
고 깨어지고 사라지고 마르고 거꾸러지는 것이다. 하늘, 땅, 신
(神) 따위가 저마다 그 '하나'로 말미암아서 맑아지고 든든해지
고 영(靈)하고 가득 차고 생겨나고 바르게 된다. 다만 '하나'를
써서 맑아지는 것이지 맑음을 써서 맑아지는 것은 아니다. '하
나'를 지키면 맑음을 잃지 않고 맑음을 쓰면 쪼개질 수 있다. 그
러므로 공(功)을 이루는 어미를 버려서는 안 되는 것이다. 이래
서 모두가 공(功)을 쓰지 않고 다만 그 본(本)을 잃을까 두려워
한다.

맑음으로 맑게 할 수 없고 가득 함으로 채울 수 없으니, 모두
들 어미가 있어서 그런 모양으로 있는 것이다. 그런 까닭에, 맑음
자체가 귀한 것이 아니며 가득함 자체가 많은 것이 아니라, 귀함
은 그 어미[母]에 있다. 어미는 모양을 귀하게 여기지 않는다.

귀(貴)는 천(賤)으로 본(本)을 삼고 높음은 낮음으로 바탕을
삼는다. 그러므로 수레를 헤아리고자 하나 문득 수레는 없는 것

이다. 옥(玉)과 돌[石]은 아름답고 거칠하거니와 겉모양이 그러할 따름이니, 그래서 욕심낼 것 없다. 王弼

■   하나에서 모두가 나왔으니 모두가 하나로 돌아간다. 그래서 『신심명(信心銘)』에, 하나가 모두요 모두가 하나니 이를 제대로 알면 무엇을 마치지 못할까 근심할 게 없다고 했다. 천상천하에 있는 것은 오직 하나, 존귀한 '나[我]'가 있을 뿐이다. 존재하는 모든 것이 그 '나'의 분신(分身)이요 그래서 영원히 있다. 이 세상에 '없어지는 것'은 없다. 다만 그 모양이 바뀔 따름이다. 그 '나'를 '사랑'이라고 부른 사람이 있었다. 觀玉

40

돌아감이 道의 움직임이요

反者, 道之動. 弱子, 道之用. 天下萬物生於有, 有生於無.

돌아감이 道의 움직임이요 약함이 道의 쓸모다. 천하 만물
이 있음[有]에서 생기고 있음[有]은 없음[無]에서 생긴다.

■　　본성[性]으로 돌아가면 고요하다. 그런데, 그 고요해서
움직이지 않음이 스스로 감응(感應)하여 천하 만사에 통(通)하
니 이것이 움직임[動]의 스스로 일어나는 바다.

　道는 꼴[形]도 없고 소리[聲]도 없다. 세상에 아무리 약한 것

이라도 道만큼은 약하지 않다. 또한, 아무리 단단하고 강한 것이라도 道만큼 강하지는 않다. 道가 능히 만물을 부리는 까닭이 여기 있다.

세상 사람들은 고요함이 움직임으로 되고 약함이 강함으로 되는 줄을 모른다. 그래서 만물이 스스로 생겨난다고들 말한다. 세상 그 어떤 물(物)도, 어미가 자식을 낳는다는 말은 들었지만 자식이 어미를 낳는다는 말은 듣지 못했다. 蘇子由

■   천하 만물이 생겨나 '있음[有]'이 되고 '있음'에서 '없음[無]'으로 돌아가고 그 뒤에 道로 된다. 그래서 말하기를, 돌아감이 道의 움직임이라고 했다.

세상에 있는 것[有]이 모두 '없음[無]'에서 생겨난다. 있으면 반드시 강해지고 강해지면 돌이켜 약해진다. 그러면 차츰 道에서 구(求)할 수 있게 된다. 그래서 말하기를, 약함이 道의 쓸모[用]라고 했다.

'돌아감[反]'은 있음[有]에서 없음[無]을 구(求)하는 것이요, '약함[弱]'은 없음[無]에 이르러 道를 구(求)하는 것이다. 李息齋

■   높음[高]은 낮음[下]을 바탕으로 삼는다. 귀함[貴]은 천함[賤]을 본(本)으로 삼는다. 있음[有]은 없음[無]을 쓸모[用]로

삼는다. 이것이 돌아감[反]이다. 움직이는 것들이 저마다 그 없는 바[所無]를 알면 모든 물(物)에 통하게 된다. 그래서 이르기를, 돌아감이 道의 움직임이라고 했다.

약함이 道의 쓸모[用]라고 한 것은, 부드럽고 약한 것은 모든 것에 통하므로 막히거나 끝장나지 않는다는 말이다.

천하만물이 모두 있음[有]에서 생겨나고 있음[有]은 없음[無]을 본(本)으로 삼아 비롯된다. 온전히 있고자 한다면 반드시 없음[無]으로 돌아가야 한다. 王弼

■　　　예수님의 유명한 '둘째 아들 이야기'가 보여주듯이, 돌아가는 것이 곧 인생(人生)이요 인생은 약해질 때 돌아간다. 그러나 떠나지 않고 어찌 돌아갈 것이며 강해지지 않고 어찌 약해질 것인가? 그러니, 세상 천지에 좋지 않은 것이 없고 道 아닌 것이 없다. 다만, 사람이 그것을 그렇게 보지 않을 따름이다. 觀玉

41

밝은 道는 어두운 것 같고

上士聞道, 勤而行之. 中士聞道, 若存若亡. 下士聞道,
大笑之. 不笑, 不足以爲道. 故建言有之, 明道若昧, 進
道若退, 夷道若纇, 上德若谷, 太白若辱, 廣德若不足,
建德若偸, 質眞若渝, 大方無隅, 大器晚成, 大音希聲,
大象無形. 道隱無名. 夫唯道善貸且成.

윗 선비는 道를 듣고서 부지런히 그대로 한다. 중간 선비는
道를 듣고 과연 그럴까 의심한다. 아랫 선비는 道를 듣고
크게 웃는다. 웃지 않으면 道가 되기에 부족하다. 그러므로
옛부터 전해온 말에, 밝은 道는 어두운 것 같고 나아가는 道
는 물러서는 것 같고 평탄한 道는 울퉁불퉁한 것 같고 높은

德은 골짜기 같고 큰 결백은 욕됨 같고 너른 德은 모자라는
것 같고 德을 세움은 게으른 것 같고 질(質)의 참됨은 변덕
스러운 것 같고 크게 반듯함은 모서리가 없고 큰 그릇은 더
디게 이루어지고 큰 소리는 잘 들리지 않고 큰 모양은 모양
이 없다고 했다. 道는 숨어 있어서 이름이 없으니 오직 道
만이 잘 빌려주어서 또한 잘 이룬다.

■　　　道는 꼴[形]을 갖춘 것이 아니라서 눈으로 볼 수 없고
소리가 아니므로 들을 수 없다. 먼저 만물이 헛것[妄]임을 모르
면, 탁 트여 가릴 것이 없거나 우뚝 솟아 드러나 보이는 것이 모
두 믿기지 않게 된다. 그런 까닭에 아랫 선비는 道를 듣고서 황
당하게 웃어버리고 중간 선비는 道를 듣고서 과연 그럴까 의심
하고 오직 분명히 보는 자만이 道를 듣고서 부지런히 행하여
잠시도 잊지 않고 지키되 게으름을 피우지 않는다. 공자께서 이
르시기를, 말한 대로 게으르지 않은 사람은 회(回)로구나, 하셨
거니와 이는 윗 선비를 두고 말씀하신 것이다.

　건언(建言)은 옛날 사람들의 말을 모은 것인데 노자(老子)가
이를 인용하였다. 다음에 열거하는 것이 그것이다.

빛을 비추지 않는 곳이 없는데 따로 살피는 일이 없다.

멈추어서 가지 않는 것 같은데 천하의 **빠른** 자가 앞지르지 못한다.

혹은 평탄하고 혹은 울퉁불퉁하나 마침내 이르러 닿는 곳은 평지[平]인데 아무 데도 칼로 깎아내지 않았다.

높은 德은 德을 베푸는 바 없어서 마치 골짜기가 텅 비어 있는 것과 같다.

큰 결백[大白]이 욕됨 같다는 말은, 스스로 결백하여 때를 묻히지 않는 사람은 더러운 것을 달갑게 여기지 않는 선비라, 성인(聖人)이 못 된다는 말이다.

너른 德이 모자라는 것 같다는 말은, 넓고 커서 다시 보탤 수 없으면 그것으로 바를[正] 따름이라, 넓은 게 아니라는 말이다.

德을 세움이 게으른 것 같다는 말은, 물(物)의 자연(自然)을 말미암되 아무것도 세우지 않는 사람이 겉으로는 게으른 것 같이 보이지만 실(實)은 속으로 세운다는 말이다.

질(質)의 참됨이 변덕스러운 것 같다는 말은, 성스러움을 몸으로 받고 신령함을 안에 모시어 물(物)을 따라 변하되 그 곧음[貞]을 잃지 않는 사람이 겉으로는 이랬다 저랬다 하는 것 같다는 말이다.

크게 반듯한 것[大方]은 모서리가 없다. 크게 반듯함을 온전히 하면 작은 모서리가 세워지지 않는다.

큰 그릇은 더디게 이루어진다. 그릇이 크면 가까이 두고 쓸수가 없다.

큰 소리는 잘 들리지 않는다. 귀로 들을 수 있는 소리가 아니다.

큰 모양은 모양이 없다. 눈으로 볼 수 있는 모양이 아니다. 그러나 道가 머물러 있는 곳은 보이지 않는 곳이 없다.

이 열두 가지는, 道가 사물에서 그렇게 모양을 드러내 보인 것이고, 道의 큼[大]과 온전함[全]은 무명(無名) 속에 숨어 있다. 다만 그 머물러 있는 곳에서 그 남은 것으로 모자람을 채워주거니와, 물(物)이 그것을 의지하여 이루어짐이 이와 같다. 蘇子由

■　윗 선비가 道를 들으면 비록 뭇 사람[衆人]이 꾸짖고 흉을 보아도 그래서 주저하는 일이 없다. 중간 선비가 道를 들으면 아주 안 믿지도 않지만 또한 의심을 떨쳐버리지도 못한다. 아랫 선비가 道를 들으면 성인(聖人)이 와도 그로 하여금 웃지 않게 할 수 없다.

대개 '있음[有]'에 집착하는 자들은, 세상 사람들이 모두 그러하거니와, 있음[有]으로 실(實)을 삼는데, 이제 새삼스레 있음[有]이 실(實)이 아니요 없음[無]이 참[眞]이라고 하니 어찌 의심하여 웃지 않겠는가? 그런 까닭에 웃지 않으면 道라고 하기에 부족한 것이다. 이치[理]가 당연하다면 괴이[怪]하게 여길 까닭이 없다.

윗 선비가 부지런한 것은 부지런하려고 해서 부지런한 것이 아니라 무엇을 본 바가 있어서 부지런한 것이다. 아랫 선비가 웃는 것은 우스워서 웃는 것이 아니라 아무 본 바가 없어서 웃는 것이다. 선비의 자질이 높아서 부지런함에 이르지도 못하고 낮아서 웃어버림에 이르지도 못하면, 아예 아무 본 것이 없는 것도 아니고 그렇다고 해서 본 바를 믿지도 못하니 비록 의심을 품지는 않아도 얻는 바가 없다.

옛사람들 말에 모두 있는 말이다.

道에 밝은 사람은 스스로 밝은 것이지 겉 모양새가 밝은 것이 아니므로 밖에서는 그 밝음이 보이지 않는다. 그래서 이르기를, 그 밝음이 어둠 같다고 했다.

道에 나아가는 사람은 스스로 나아가는 것이지 힘을 써서 나아가는 것이 아니므로 밖에서는 그 나아감이 보이지 않는다. 그래서 이르기를, 그 나아감이 물러섬 같다고 했다.

평탄한 道는 평평하지 않은 곳이 없으니 저 사람은 저 사람대로 평평하고 나는 내 나름으로 평평하다. 그래서 이르기를, 울퉁불퉁한 듯하다고 했다.

높은 德은 받아들이지 않는 바가 없으니 저 사람이 비록 크고 기이[奇]해도 나는 하나[一]로써 그를 본다. 그래서 이르기를, 골짜기 같다고 했다.

큰 결백[大白]은 그 성(性)을 더럽히지 않으니 실로 성(性)은 더럽히지 않아도 티끌과 어울릴 수 있다. 그래서 이르기를, 욕됨과 같다고 했다.

너른 德은 반드시 크게 보인다. 실로 크게 보여도 그치게 하고자 하나 그치지 못한다. 그래서 이르기를, 모자란 듯하다고 했다.

德을 세우는 사람은 안으로 자성(自性)을 세운다. 자성(自性)이 바로 서면 물(物)을 접(接)하매 반드시 간소(簡素)하다. 그래서 이르기를, 게으른 것 같다고 했다.

질(質)이 참된 사람은 바깥 경계를 좇아서 살지 않는다. 바깥 경계를 좇지 않으면 오직 내가 걸어갈 뿐이다. 그래서 이르기를, 변덕스러운 것 같다고 했다.

크게 반듯함[大方]은 구석이 없어서 모서리가 보이지 않는다.

큰 그릇은 늦게 이루어져서 그 이루어짐과 이루어지지 않음이 끝나지를 않는다.

큰 소리는 잘 들리지를 않아서 그 들리는 소리와 내는 소리를 알 수가 없다.

큰 모양은 꼴이 없어서 모양 갖춘 그릇을 잡을 수 없다.

중간 선비와 아랫 선비는 보이는 바에 부림을 당하여 내 발자취를 두고 말하기를, 실(實)로 어둡고 실(實)로 물러서고 실(實)로 변덕스럽다 하거니와, 이렇게 비웃지 않는 자 참으로 드물다.

대컨, 큰 道는 이름이 없는지라, 숨어 있어서 보이지 않는다. 윗 선비는 그 이름 없음[無名]을 알아서 道가 무엇에 실려 있는 것을 보지 않고도 그 큼[大]을 안다. 그래서 또한 그 이름을 가지고 이러쿵저러쿵 말하지 않을 수 있다. 중간 선비와 아랫 선비는 道를 빌려서 이루어진 것들에 집착하여 말들이 많다. 그들이 말이 많을수록 더욱 많이 잘못되는 까닭이 여기 있다. 李息齋

■　　부지런히 행하는 사람은 뜻이 있는 사람이다. 건(建)은 입(立)과 같다.

밝은 道가 어두운 것 같음은 빛이 있으나 번쩍거리지 아니함이다.

道에 나아감이 물러섬과 같음은 제 몸을 뒤에 두어 앞으로 나아가고 제 몸을 변두리에 두어 중심에 있음을 말한다. 뢰[了][王弼本에는 '類'가 '了'로 되어 있음]는 웅덩이[坎]다. 크게 평탄한 道는 물(物)의 성(性)을 좇는데 물(物)을 깎아서 억지로 평평하게 만들고자 하지 않는다. 그래서 그 평평함이 드러나 보이지 않고 오히려 반대로 울퉁불퉁해 보인다.

높은 德이 골짜기 같다 함은 德을 德으로 베풀지 않고 마음에 담아두는 바가 없음을 말한다.

흰 것을 알고 검은 것을 지키기[知其白守其黑]는 크게 밝은 뒤에야 얻는 경지다.

너른 德은 가득 차지 않으니 확 트여 아무 꼴이 없고 채울 수 없다.

투(偸)는 외짝[匹]이다. 德을 세우는 사람은 물(物)의 자연(自然)을 좇아서 세우되 일삼아 세우지도 않고 베풀지도 않는다. 그래서 혼자 서 있는 외짝[偸匹]과 같다.

질(質)이 참된 사람은 그 참됨을 자랑삼지 않으니 그래서 오히려 변덕스러워 보인다.

반듯하되 잘라버린 데가 없다. 그래서 모서리가 없다.

큰 그릇은 천하를 이루되 옹근 것과 나뉜 것을 고집하지 않으니 그래서 반드시 더디 이루어진다.

들어도 들리지 않는 것을 이름하여 희(希)라 하니, 들을 수 없는 소리다. 들리는 소리가 있을진대, 분별을 하게 되고 분별을 하게 되면 궁(宮) 아니면 상(商)이다. 나누어놓으면 무리[衆]를 통(統)할 수 없다. 그런 까닭에 들리는 소리는 큰 소리가 아니다.

꼴이 있으면 분별이 있고 분별하니까 따스하지 않으면 뜨겁고, 뜨겁지 않으면 차갑다. 그런 까닭에 모양이 있는 모양은 큰 모양이 아니다.

무릇 이와 같은 여러 선(善)은 모두 道가 이루어놓은 것들이다. 모양으로는 큰 모양이 되는데 큰 모양은 따로 모양이 없고 소리로는 큰 소리가 되는데 큰 소리는 들리지 않는다. 물(物)이 그로써 이루어지는데 그 이루는 것은 보이지 않는다. 그런 까닭에 숨어 있어서 이름이 없다.

빌려주되 모자라는 부분을 채워주는 데 그치지 않고 한번 빌려줌으로써 德을 영원토록 계속되게 하니 그래서 이르기를, 잘 빌려준다[善貸]고 했다. 이루어주되 장인[匠]의 마름질 솜씨를 보태지 않아도 그 꼴이 제대로 갖추어지지 않은 물(物)이 없으니, 그래서 이르기를, 잘 이룬다[善成]고 했다. 王弼

■ 황당하게 들리는 소리에 귀를 열어놓기. 터무니없어 보이는 것을 지워버리지 않기. 이것이 우리가 신(神)이라고 부르는 그분께로 나아가는 기본 자세다.

지금까지 너희는 이렇게 듣고 배웠지만 나는 이렇게 가르친다는 예수님의 말씀에, 비웃는 자들도 있었고 그대로 살고자 애쓴 자들도 있었다. 그가 상사(上士)인지 하사(下士)인지는 이른바 학식(學識)이 얼마나 있느냐와 아무 상관없는 일이다. 觀玉

42

道는 하나[一]를 낳고

道生一, 一生二, 二生三, 三生萬物. 萬物負陰而抱陽,
沖氣以爲和. 人之所惡, 惟孤寡不穀, 而王公以爲稱. 故
物或損之而益, 或益之而損. 人之所敎, 我亦敎之. 强梁
者不得其死, 吾將以爲敎父.

道는 하나[一]를 낳고 하나는 둘을 낳고 둘은 셋을 낳고 셋
은 만물을 낳는다. 만물은 음(陰)을 지고 양(陽)을 품으며
텅 빈 기(氣)로 조화[和]를 이룬다. 사람들이 싫어하는 것
이 외로움, 모자람, 착하지 못함인데 왕공(王公)은 그것들로
칭호를 삼는다. 그러므로 물(物)은 덜어서 보태지기도 하고
보태서 덜어지기도 한다. 사람들이 가르치는 것을 나 또한

가르치니, 억센 사람이 제 명대로 죽지 못함을 들어 내가 장
차 가르침의 아비로 삼을 것이다.

■   무릇 道란 하나도 아니고 둘도 아니나 물(物)로 더불
어 짝[偶]을 이룬다. 道는 하나인데 물(物)은 하나가 아니다. 그
런 까닭에 하나를 이름하여 道라고 했다. 그러나 道는 또한 '하
나'도 아니다. 하나가 하나로 더불어 둘이 되고 둘이 하나로 더
불어 셋이 된다. 이로부터 나아가 만물이 생겨난다. 물(物)이 비
록 만 가지로 같지 아니하나 음(陰)을 등에 지고 양(陽)을 가슴
에 품어 천지간의 기(氣)로써 조화를 이루지 않은 것이 없다.

대개 물(物)은 셋에서 생겨나고 셋은 하나에서 생겨남이 이
치[理]의 절로 그러함[自然]이다. 세상 사람들이 만물의 스스로
생겨남을 모르고서 작고 적은 것을 천하게 여기고 무겁고 큰
것을 귀하게 여기거니와, 왕공(王公)이 존귀한 신분이면서 스
스로 자신을 외로운 자, 모자란 자, 착하지 못한 자로 불렀으니,
옛적의 달자(達者)들은 이미 그것을 알았던 것이다.　蘇子由

■   道가 하나를 낳는다. 바야흐로 그것이 道로 있으면 하

나는 아직 생겨나지 않은 것이다. 하나가 생겨나지 않았거늘 어찌 둘을 얻겠는가? 둘이 없음은 하나가 흩어지지 않은 것이다. 그래서 일컬어 둘이 아니라[不二] 함은 아직 하나가 없음을 말한 것이다.

하나가 있기에 이르면 곧 둘이 있음이요 양(陽)이 있음은 곧 음(陰)이 있음이다. 음이 있고 양이 있으니 또한 음양(陰陽)의 섞임[交]이 있다. 그러므로 둘이 있음은 곧 셋이 있음이요, 셋에 이르러서는 있지 않은 것이 없다.

만물이 양(陽)을 가슴에 품어서 하나요 음(陰)을 등에 져서 둘이요 음양(陰陽)이 섞여서 천지간의 기(氣)로 조화를 이루어 셋이다. 만물 가운데 어느 것이 이 셋을 갖추지 않았으랴? 그러나 그 본(本)은 반드시 道로 돌아간다. 道라는 것은 하나가 아직 없음을 일컫는 말이다. 그 본(本)으로 말미암아 道에서 생겨나니 그런 까닭에 끝에 가서도 道를 잃지 않는다.

이로써 천하의 물(物)이 혹은 덜어서 보태어지고 혹은 보태서 덜어진다. 왕공(王公)이 자신을 외로운 자, 모자란 자, 착하지 못한 자로 칭함은 덜어서 보탬이요 억센 자가 제 명대로 죽지 못함은 보태서 덜어짐이다. 다만 덜고 보탬이 한 근원이니 그러므로 스스로 덜면 반드시 보태어지고 스스로 보태면 반드시 덜어진다. 성인(聖人)이 스스로 보태지 아니하고 자기를 가리켜 외로

운 자, 모자란 자, 착하지 못한 자로 부름은 사람들로 하여금 억
센 자가 제 명에 죽지 못한다는 사실을 알게 하려는 것이다. 이
를 일러서 사람들의 가르치는 바를 나 또한 가르친다고 했으니,
세상에 응하는 발자취가 또한 그러하지 않겠는가? 李息齋

■　　온갖 사물[萬物]과 온갖 형체[萬形]가 하나로 돌아간
다. 무엇으로 말미암아 하나에 이르는가? '없음[無]'으로 말미암
아서다. 없음[無]으로 말미암아 하나에 이르니 하나를 일컬어
없다고 할 수 있는가? 이미 하나라고 했는데 어찌 없다고 할 수
있는가?

말[言]이 있고 하나가 있으니 둘이 아니고 무엇인가? 하나가
있고 둘이 있으니 따라서 셋을 낳는다. 없음[無]을 좇아서 있음
[有]으로 나아가니 수(數)는 여기에서 끝나고 이를 거쳐서 오는
것은 道의 무리[流]가 아니다. 그러므로 만물이 생겨남에 나는
그 주인[主]을 안다. 비록 그 모양이 만 가지나 충기(沖氣, 텅 빈
氣의 조화)는 하나요 백성이 저마다 마음이 다르고 나라마다 풍
속이 다르나 왕후(王侯)는 하나를 얻어서 주인[主]이 된다. 하나
로써 주인[主]이 되니 어찌 하나를 버릴 수 있겠는가?

많을수록 (道에서) 멀어지고 덜면 가까워진다. 다 덜고 나면
궁극[極]을 얻는다. 그것을 일컬어 하나라고 하는데도 오히려

셋에 이르거늘 하물며 근본이 하나가 아닌데 道에 가까울 수 있겠는가? 덜어내어 보탠다는 말이 어찌 헛말이랴?

사람들이 가르치는 것을 나 또한 가르친다는 말은, 내가 억지로 사람들을 그에 따르도록 하지 않고 절로 그러함[自然]을 이용[用]한다는 말이다. 지극한 이치[至理]를 들어올리매 이를 좇으면 반드시 길(吉)하고 어기면 반드시 흉(凶)하다. 그러므로 사람들이 서로 가르칠 때 저를 어기면 스스로 흉함을 취하게 된다. 나 또한 사람들을 그와 같이 가르치니 어기지 말라는 것이다.

억세면 반드시 제 명대로 죽지 못한다. 사람들이 서로 억세기를 가르치는 것은 내가 사람들에게 억세지 말라고 가르치는 것과 결과는 같다. 억센 사람이 제 명대로 죽지 못함을 들어서 가르치는 것은, 나의 가르침을 따르면 반드시 길(吉)하다고 말하는 것과 같다. 그런 까닭에 가르침을 어기는 무리로서 가르침의 아비를 삼을 수 있는 것이다.　王弼

■　　　세상에 하늘만 있다면 하늘은 없는 것이다. 하늘이 혹 스스로 자기의 '있음[有]'을 안다 해도, 하늘 아닌 무엇이 없다면 그 '있음'은 실현되지 않는다. 실현되지 않은 존재는 비존재다. 세상에 저밖에 없는 존재는 없는 것과 마찬가지다. 하늘은

땅이 있어서 하늘이요 땅은 하늘이 있어서 땅이다.

그런데 '우주(宇宙)'라는 거대한 이름 안에는 하늘도 땅도 함께 들어간다. 하늘 땅뿐만 아니라 그 사이에 존재하는 모든 것이 들어간다. 내 뱃속에 있는 것들이 모두 나이듯이 우주에 있는 것은 모두 우주다. 별도 우주요 저 뒤란에 피어난 들꽃도 물론 우주다. 우주에는 우주 아닌 것이 없다. 그래서 우주는 '바깥'이 없다. 바깥이 없으니 따라서 안(속)도 없다. 그러니 우주는 안팎이 없고 안팎이 없는 우주는 없는 물건이다.

없음으로 있는 그를 가리켜 하늘(님)이라고 불러도 좋고 하나(님)라고 불러도 좋다.

나, 이 아무개는, 없으면서 있는 전체(全體)의 있으면서 없는 부분(部分)이다. 만일 내가 없다면 '하느님'도 없다. 그리고, 이것이 바로 존재의 신비라는 건데, 나는 자신을 존재하지 못하게 할 수 없는 존재다. 죽음은 나를 없게 못 한다. 다만 모양을 바꿀 뿐이다. 觀玉

43

부드러운 것이
단단한 것을 부린다

天下之至柔, 馳騁天下之至堅. 無有入無間. 吾是以知無
爲之有益. 不言之教, 無爲之益, 天下希及之.

천하에 가장 부드러운 것이 천하에 가장 단단한 것을 부린
다. 있지 아니함[無有]으로 틈 없음[無間]에 들어간다. 이로
써 나는 하지 아니함[無爲]의 유익됨을 알겠다. 말없는 가
르침, 하지 아니함[無爲]의 유익함, 이에 미치는 자 세상에
드물다.

■　　단단함으로 단단함을 누르면 부러지거나 부서진다. 부
드러움으로 단단함을 누르면 부드러움은 없어지지 않고 단단
함 또한 병들지 않는다. 그것을 물(物)에서 구한즉 물[水]이 그
와 같다.

있음[有]으로 있음[有]에 들어가면 막혀서 서로 받아들이지
않는다. 없음[無]으로 있음[有]에 들어가면 없음[無]도 힘들지
않고 있음[有] 또한 깨닫지 못한다. 그것을 물(物)에서 구한즉
귀신(鬼神)이 그와 같다.

이로써 성인(聖人)만이 능히, 함이 없을[無爲] 수 있어서 뭇
사람[衆]을 강하게 부릴 수 있으며 모든 있는 것들[群有] 속에
드나들 수 있다. 蘇子由

■　　물(物)은 본디 물(物)이 아니다. 단단한 것은 거짓 몸
[僞體]이다. 비록 천하에 단단하고 굳은 것이라 해도 끝에 가서
는 반드시 없음[無]으로 돌아간다. 이제 세상에서 가장 부드러
운 것으로 세상에서 가장 단단한 것을 부릴 수 있을진대, 하물
며 '없음의 참[無之眞]'으로 '있음의 거짓[有之僞]'을 깨뜨릴 수
없겠는가?

그러므로 있지 아니함[無有]으로 능히 틈 없음[無間]에 들어 가거니와 틈 없는 것으로 물과 불을 밟고 쇠와 돌에 들어갈 수 있다. 그 정(精)함을 일컬어 죽지 않는다고 했다.

함 없는 함[無爲之爲]은 道로써 하는 것이요 말없는 가르침 [不言之敎]은 하늘로써 가르치는 것이다. 그러므로 있지 아니함 [無有]이라야 능히 거기에 이를 수 있다. 李息齋

■   기(氣)는 들어가지 못하는 곳이 없고 물[水]은 지나가 지 못하는 곳이 없다. 텅 비고 부드럽고 약한 것은 통하지 않는 곳이 없다. 있지 아니함[無有]은 바닥낼 수 없고 지극한 부드러 움은 꺾을 수 없다. 이로 미루어 볼진대, 무위(無爲)의 유익함을 알겠다. 王弼

■   남녀간의 성합(性合)을 겪어본 사람은 안다. 부드러움 이 어떻게 단단함을 이겨내는지. 그리고 단단함이 부드러움 안 에서 얼마나 무력(無力)해지는지. 觀玉

44

이름과 몸,
어느 것이 가까운가?

名與身孰親. 身與貨孰多. 得與亡孰病. 是故甚愛必大
費, 多藏必厚亡. 知足不辱, 知止不殆. 可以長久.

이름과 몸, 어느 것이 가까운가? 몸과 재물, 어느 것이 많은
가? 얻음과 잃음, 어느 것이 병인가? 이런 까닭에 지나치게
아끼면 반드시 크게 버리고 많이 쌓아두면 반드시 많이 잃
는다. 만족할 줄 알면 욕됨이 없고 멈출 줄 알면 위태롭지
않으니 이로써 오래 갈 수 있다.

■　　먼저 몸이 있은 뒤에 이름이 있다. 몸을 귀하게 여기고 재물을 천하게 여기는데, 이는 아직 자기를 잊은 것[忘我]이 아니다. 자기를 잊은 자에게는 몸 또한 이미 없거늘 하물며 이름이나 재물 따위가 어디 있으랴? 그러나 몸을 귀하게 여기듯이 천하를 위하는 일은, 자기를 잊지 않고서는 할 수 없는 일이다. 그런 까닭에 세상 사람들로 하여금, 이름은 가까이 할 것이 못 되고 재물은 쌓아둘 것이 못 된다는 사실을 안 뒤에 몸을 귀하게 여길 줄 알게 하고 몸을 귀하게 여길 줄 안 뒤에 몸을 잊을 줄 알게 한다. 이것이 노자(老子)의 뜻이다.

얻지 못한 것은 얻지 못해서 병(病)이 되고 이미 얻은 것은 잃을까 걱정하니 병이 또한 얻지 못한 것 위에 더욱 깊어진다. 다만, 있음[有]과 없음[無]을 가지런히 하고 얻음[得]과 잃음[喪]을 고르게 한 뒤에야 병이 없는 것이다.

지나치게 아끼면, 그것을 구하는 자들이 하지 못할 일이 없을 터인즉, 헛되이 버리게 되지 않을 수 있겠는가? 쌓아둔 것이 많으면, 그것을 빼앗으려는 자 또한 반드시 많을 터인즉, 잃지 않을 수 있겠는가? 蘇子由

■　　　이름은 몸보다 가깝지 않고 재물은 몸보다 무겁지 않고 얻음은 잃음을 갚아주지 못한다. 그런데 세상 사람들은 언제나 이름을 탐하고 재물에 빠지고 얻음에 휘둘리니 이는 보는 바가 없어서 그런 것이다.

내가 물(物)을 아끼는데 많이 아끼면 그만큼 많이 버리게 된다. 물(物)을 나에게 쌓아두는데 많이 쌓아두면 그만큼 힘들게 된다. 적으면 부끄러워하고 많으면 잃을까봐 두려워하여 이러나 저러나 후회하지 않을 수 없거니와, 군자(君子)는 그러지 않는다. 물(物)이 나에게 이미 갖추어져 있음을 알아서 돌이켜 스스로 만족한다. 그러므로 아무것도 밖에서 구하지 않는다. 비록 무엇을 바란다 해도 그것을 얻지 못해서 부끄러워하지 않는다. 스스로 멈출 데를 알아 지극한 道에 멈추니 그러므로 道 아니면 하지 않는다. 비록 무엇을 바란다 해도 그것을 잃을까 두려워하지 않는다. 이로써 한결같으니 한결같은 까닭에 능히 오래 간다. 李息齋

■　　　이름을 떠받들고 높은 자리를 좋아하면 그 몸이 반드시 거칠어진다[疏]. 재물을 탐하여 싫어할 줄 모르면 그 몸이 반드시 작아진다. 많은 이익을 얻고 제 몸을 잃으니 어느 것이 병(病)인가?

지나치게 아끼면 물(物)로 더불어 통하지 않고 너무 많이 쌓아두면 물(物)로 더불어 흩어진다. 그것을 구하는 자 많고 그것을 빼앗는 자 또한 많아서, 물(物)로 하여 병을 얻으니 그러므로 크게 버리고 많이 잃는 것이다. 王弼

■   이름과 몸, 둘 가운데 어느 것이 더 가까우냐고 묻는 게 아니다. 굳이 둘을 견주어서 말한다면야 몸이 이름보다 가깝다 하겠지만, 가까워봤자 오십보백보다. 얻음과 잃음, 둘 가운데 어느 것이 병이냐는 물음이 아니다. 병이 되려면, 얻어도 병이요 잃어도 병이다.

이름이나 몸이나, 몸이나 재물이나, 얻음이나 잃음이나, 가깝다 하면 가깝고 멀다 하면 먼 것들이다.

멀고 가깝고 많고 적고 얻고 잃고, 그런 것은 잠깐 그렇게 보일 뿐이고, 문제의 핵심은 적절한 데서 멈출 줄 아느냐에 있다. 觀玉

45

큰 이룸은 흠이 있는 듯하여

大成若缺, 其用不候. 大盈若沖, 其用不窮. 大直若屈,
大巧若拙, 大辯若訥. 躁勝寒, 靜勝熱. 淸靜爲天下正.

큰 이룸은 흠이 있는 듯하여 그 쓰임이 해지지 않는다. 크게 가득 참은 비어 있는 듯하여 그 쓰임이 바닥나지 않는다. 크게 곧음은 굽은 듯하고 큰 솜씨는 서투른 듯하고 잘하는 말은 어눌한 듯하다. 떠들썩함이 추위를 이기고 고요함이 더위를 이긴다. 맑고 고요함이 천하를 바르게 한다.

■   세상 사람들은 '흠이 없음[不缺]'을 '이룸[成]'으로 삼는다. 그래서 그 이룬 것[成]이 반드시 해진다[敝]. '비어 있지 않음[不虛]'으로 '가득 참[盈]'을 삼는다. 그래서 그 가득 찬 것이 반드시 바닥난다[窮]. 성인(聖人)은 크게 이루고자 할 때 '흠[缺]'을 떨어버리지[屰] 않고 크게 채우고자 할 때 '비어 있음[沖]'을 꺼려하지 않는다. 이로써 그 이룸이 깨지지 않고 가득함이 다하지 않는다.

곧아서 굽을 줄 모르면 그 곧음이 반드시 꺾인다. 이치[理]를 좇아서 행하면 굽어도 곧다.

솜씨[巧]를 부림에 서투르지[拙] 않으면 그 솜씨는 반드시 고단해진다[勞]. 물(物)에 맡겨 자연스러우면 서툴러도 훌륭한 솜씨다.

말을 함에 어눌하지 않으면 그 말은 반드시 막힌다. 이치를 따라서 말하면 어눌해도 훌륭한 말이다.

이룸[成]에 흠이 없고 가득 차서 비어 있지 않고 곧아서 굽지 않고 솜씨를 부림에 서투르지 않고 말을 함에 어눌하지 않은 것을 비(譬)하면, 떠들썩함이 고요할 수 없고 고요함이 떠들썩할 수 없는 것과 같다. 떠들썩함은 능히 추위를 이기지만 더위를 이기지는 못한다. 고요함은 능히 더위를 이기지만 추위를 이기지는 못한다. 대컨, 어느 한쪽에 치우치면 바름[正]을 얻을 수 없다. 오직, 담백하여 깨끗하고 어느 한쪽에 물들지 않고 이룸[成]도 아니고 흠[缺]도 아니고 차 있지도 않고 비어 있지도 않고 곧지도 않고 굽지도 않고 솜씨가 있는 것도 아니고 서투른 것도 아니고 말을 잘하는 것도 아니고 어눌한 것도 아니고, 그렇게 된 뒤에야 이기지 못할 바가 없어서 능히 천하를 바르게 할 수 있는 것이다. 蘇子由

■ 　이룸[成]과 흠[缺], 차 있음[盈]과 비어 있음[沖], 곧음과 굽음, 솜씨와 서투름, 말 잘함과 어눌함. 대개 물(物)의 모양이 이와 같다. 다만 道는 이름이 없는지라, 모양으로 道를 구하고자 하면 얻을 수 없다. 그런 까닭에 이루었는데 흠이 있는 듯하고 차 있는데 비어 있는 듯하고 곧은데 굽은 듯하고 솜씨가 있는데 서투른 듯하고 말을 잘하는데 어눌한 듯하다.

대개 이룸[成]이 모양[形]에 있지 않고 가득 참이 그릇에 있지 않고 곧음이 단단함[壯]에 있지 않고 솜씨가 마음에 있지 않고 말[辯]이 입[口]에 있지 않는지라, 그런 까닭에 세상 사람들이 모양으로 그것을 구하고자 하면 얻을 수 없는 것이다.

세상에서 말하는 도술(道術)이라고 하는 것이 대개 어느 한쪽에 치우치지 않은 것이 없어서, 떠들썩함이 추위는 이기지만 더위를 이기지는 못하고 고요함이 더위는 이기지만 추위를 이기지는 못하여 저마다 한계가 있는 것과 같다. 오직 청정무위 (淸靜無爲)한 사람만이 비록 남[物]을 이기고자 하지 않아도 천하에 그를 이길 수 있는 물(物)이 없는 것이다. 그래서 말하기를, 맑고 고요함[淸靜]이 천하를 바르게 한다고 했다. 李息齋

■　　물(物)을 좇아서 이루는데 단일한 모양[象]을 갖추지 않는다. 그래서 흠이 있는 듯하다.

크게 가득 차서 넉넉한데 물(物)을 좇아서 나누어주되 아까워하거나 뽐내지 않는다. 그래서 비어 있는 듯하다.

물(物)을 좇아서 곧되 그 곧음이 하나[一]에 있지 않다. 그래서 굽은 듯하다.

큰 솜씨는 자연을 말미암아 그릇[器]을 이루는데 기이(奇異)한 것들을 만들지 않는다. 그래서 서투른 듯하다.

잘하는 말[大辯]은 물(物)을 좇아서 말하는데 한 마디도 스스로 지어내지 않는다. 그래서 어눌한 듯하다.

떠들썩하게 움직인 뒤에야 추위를 이기고 고요하여 아무것도 하지 않아야 더위를 이긴다. 이로써 미루어 보건대, 맑고 고요함이 천하를 바르게 한다. 고요하면 물(物)의 참됨[眞]을 온전

케 하고 시끄러우면 물(物)의 성(性)을 범(犯)한다. 그러므로, 오
직 맑고 고요해야 위에서 말한 여러 가지 큼[大]을 얻는다. 王弼

■   첫 눈에 슬기로워 보이는 자는 크게 슬기로운 자가 못
된다. 어수룩해 보이는 슬기로움이 참된 슬기로움이다. 그것을
알아보는 자에게는 큰 슬기지만 알아보지 못하는 자에게는 어
리석음이다.

 "하느님께서 하시는 일이 사람의 눈에는 어리석어 보이지만
사람들이 하는 일보다 지혜롭고, 하느님의 힘이 사람 눈에는 약
하게 보이지만 사람의 힘보다 강합니다"(고전 1:25).

 "멸망할 사람들에게는 십자가의 이치가 한낱 어리석은 생각
에 불과하지만 구원받을 우리에게는 곧 하느님의 힘입니다"(고
전 1:18).

 그래서 바울로 성인은 우리에게 권한다.

 "정말 지혜로운 사람이 되려면 바보가 되어야 합니다"(고전
3:18). 觀玉

46

천하에 道가 있으면

天下有道, 汤走馬以糞. 天下無道, 戎馬生于郊. 罪莫大于可
欲. 禍莫大于不知足. 咎莫大于欲得. 故知足之足, 常足矣.

천하에 道가 있으면 달리던 말을 끌어다가 밭을 일군다. 천
하에 道가 없으면 군마(軍馬)가 가까운 들판에 자란다. 욕심
을 내는 것보다 큰 죄가 없고 만족을 모르는 것보다 큰 화
(禍)가 없고 욕심을 내어 얻는 것보다 큰 허물이 없다. 그런
까닭에 만족을 만족으로 알면 늘 만족스럽다.

■　　　세상 사람들이 저마다 자기 분수를 지키면 서로 다투지 않게 되고 저절로 다스려진다. 그래서 전장(戰場)의 말을 끌어다가 밭을 일군다.

욕심낼 만한 것을 사람들한테 보여주면 반드시 죄를 짓는다. 넉넉한데도 얻겠다는 사람은 그 허물이 더 없이 크다. 보통 사람은 자기 한 몸밖에 모르는데 그 몸에 반드시 탈[患]이 미치고 왕후(王侯)가 그렇게 하면 군마(軍馬)가 절로 일어난다. 오직 만족할 줄 아는 사람만이 자기에게 맡겨진 바로써 만족한다. 그래서 부족함이 없다. 蘇子由

■　　　천하에 道가 있으면 능히 군대를 부려 백성을 위할 수 있고 천하에 道가 없으면 능히 백성을 부려 군대를 위할 수 있다.

사람이 道를 알면 능히 색(色)을 부려 공(空)을 위할 수 있고 사람이 道를 모르면 능히 공(空)을 부려 색(色)을 위할 수 있다.

욕심낼 만한 것은 사랑하게 되고 만족할 줄 모르면 취(取)하게 되고 얻고 싶은 것은 소유하게 된다. 사랑하는 데서 취(取)함이 나고 취함에서 소유가 난다. 모든 것을 소유하면서 멋대로 살고자 하면 이윽고 끝도 없는 허물만 남는다. 만약, 밖에서 취할 것이 따로 없음을 안다면 이를 일컬어 만족할 줄 안다[知足]고 하는데, 만족할 줄 알면 부족함이 없다. 李息齋

■   천하에 道가 있으면 만족할 줄 알고 멈출 줄 알아 밖에서 구하지 않고 저마다 자기 안을 닦을 뿐이다. 그래서 달리던 말을 끌어다가 밭을 일군다.

탐욕에 빠져 싫증을 내지 않으면 자기 안을 닦지 않고 저마다 밖에서 구한다. 그래서 군마(軍馬)가 가까운 들판에 자란다. 王弼

■   "우주 안에 있는 모든 것이 네 안에 있다. 너한테서 구하여라"(Everything in the universe is within you. Ask all from yourself)—Rumi.

천하에 道가 있다(없다)는 말은 사람들이 道를 좇아서(거슬러서) 살아간다는 말이다. 道를 좇아서 살아가는 사람은 자신이 '道를 모신 사람'이 아니라 '사람의 몸을 하고 있는 道'임을 안다. 그러니 늘 넉넉할 수밖에 없다. 道에는 없는 것이 없으니까. 觀玉

47

문 밖을 나서지 않고
세상을 안다

不出戶, 知天下. 不窺牖, 見天道. 其出彌遠, 其知彌
少. 是以聖人不行而知, 不見而名, 不爲而成.

문 밖을 나서지 않고 세상을 안다. 창 밖을 엿보지 않고 하
늘길을 본다. 멀리 나갈수록 아는 바는 적어진다. 이로써
성인(聖人)은 가지 않고 알며 보지 않고 이름지으며 하지 않
고 이룬다.

■   성(性)의 체(體)는 우주에 가득 차 있어서 멀고 가깝고 오래 되고 새롭고가 따로 없다. 옛적의 성인(聖人)이 집 밖을 나가지 않고서도 모르는 것이 없었음은 그 성(性)이 온전했기 때문이다. 세상 사람들은 성(性)이 눈과 귀에 나뉘어져 안으로는 몸과 마음이 어지럽고 밖으로는 산하(山河)가 눈과 귀를 가로막는다. 눈에 보이는 것만 보고 귀에 들리는 것만 들으니 문짝이 비록 작다 해도 그것들을 가릴 수 있다.

성인(聖人)은 성(性)을 회복하여 스스로 넉넉할 줄 아는데, 그 법을 모르고 밖으로 나가서 구하고자 한다. 이로써 멀리 갈수록 아는 것이 적어진다. 성(性)이 이르러 미치는 바는 능히 알고 능히 이름짓는 것에서 끝나지 않으니, 물(物)의 절로 그러함[自然]을 말미암아서 애쓰지 않고 그것을 이룬다. 蘇子由

■   밖으로 나가서 천지(天地)를 구하는 자는 그 모양[形]을 구하는 것인데, 천지(天地)는 모양을 가지고는 모두 알 수가 없고 이치[理]로 알 수 있는 것이다. 그런 까닭에 멀리 갈수록 아는 바가 적어진다. 만약에 이치[理]가 여기에 있음을 안다면 문을 닫아도 천지(天地)를 알 수 있다.

성인(聖人)의 앎은 모양에 있지 않다. 그래서 반드시 밖으로 나갈 이유가 없다. 이름[名]은 색(色)에 있지 않다. 그래서 반드시 볼 이유가 없다. 이룸[成]은 일[事]에 있지 않다. 그래서 반드시 할 이유가 없다. 李息齋

■   물(物)에는 머리[宗]가 있고 일[事]에는 뼈대[主]가 있으니, 비록 길이 다르지만 돌아가는 곳은 같고 생각은 갖가지지만 이르는 곳은 하나다. 道에는 크게 한결같음[大常]이 있고 이치[理]에는 크게 도달함[大致]이 있어서 옛적의 道를 가지고 오늘을 다스릴 수 있고 오늘에 살면서 태고(太古)의 시작을 알 수 있다. 그런 까닭에 문 밖을 나서거나 창 밖을 엿보지 않고서도 알 수 있는 것이다. 없음[無]은 하나[一]에 있는데 그것을 여럿[衆]에서 구한다.

道는 보아도 볼 수 없고 들어도 들을 수 없고 잡아도 잡을 수 없으니 그것이 그런 줄을 안다면 반드시 문 밖을 나설 이유가 없다. 그런 줄을 모르면 나가서 더욱 어둡게 된다.

물(物)의 이치[理]를 얻었으므로 나가지 않고도 생각으로 알 수 있고, 물(物)의 머리[宗]를 앞으로 보지 않고도 옳고 그름의 이치를 얻어서 이름지을 수 있다.

다만 물(物)의 성(性)을 밝히고 그것을 좇을 따름이니 그런

까닭에 아무것도 하지 않으면서 이루어지게 한다. 王弼

■　　문 밖을 나서지 않고도 천하를 아는 게 아니라 문 밖을 나서지 않고서(또는 않아야) 천하를 안다. 밖으로 나가면 천하를 모른다. 우리가 마땅히 알아야 할 천하는 '밖'이 아니라 '안'에 있기 때문이다. 아버지 안에 내가 있고 내 안에 아버지가 있다. 나에게도 아버지에게도 '밖'은 없다. 나와 천하 사이도 마찬가지다. 觀玉

48

배우는 일은 날마다 보태고

爲學日益, 益道日損. 損之又損之, 以至于無爲. 無爲而
無不爲矣. 故取天下, 常以無事. 及其有事, 不足以取
天下.

배우는 일은 날마다 보태고 道 닦는 일은 날마다 덜어낸다.
덜고 또 덜어 하지 아니함에 이른다. 하는 일이 없으면 되
지 않는 일이 없다. 그런 까닭에 언제나 따로 하는 일이 없
음으로써 천하를 손에 넣는다. 따로 일을 만들어서 하면 천
하를 손에 넣기에 모자란다.

■   道를 모르면서 배우기에 힘쓰면 보고 듣는 것이 날마다 많아지되 그것을 하나로 꿰뚫지 못하여 단지 쌓아두는 것[累]을 면치 못한다. 공자께서 이르시기를, 많이 듣고 그 좋은 것을 택하여서 따르며 많이 보고 그것을 아는 게 앎[知]의 순서라 하셨다.

참으로 하루 아침에 道를 알게 되면 만물을 돌아보아 한 오라기 그릇됨과 거짓됨이 없을 것이다. 거짓을 버리고 그렇게 함으로써 성(性)을 회복하는 것을 일컬어 덜어냄[損]이라고 하거니와 그래도 거짓을 버린다는 마음은 오히려 남아 있다. 마침내 그 마음까지 버려야 순수한 성(性)밖에 아무것도 없게 되고 그런 뒤에 비로소 하지 않는 일이 없으면서 아무것도 하지 않게 되는 것이다.

사람들은 대개 천하를 손에 넣고자 하는 욕심이 있는지라 그래서 일을 꾸미고 그것을 구(求)한다. 그의 마음이 밖을 향하는데 상대방[物]이 그를 싫어한다. 그래서 끝내 천하를 얻지 못한다.

성인(聖人)은 아무것도 하지 않고 일을 꾸미지 않는다. 그의 마음이 밖을 향하는데 상대방[物]이 안심한다. 그래서 비록 천하를 손에 넣지 않아도 천하가 그에게 돌아간다.   蘇子由

■　　배우는 것은 그로써 알고자 하는 것이다. 그래서 이르기를, 날마다 보탠다고 했다. 道를 닦는 것은 그로써 거짓됨[妄]을 버리는 것이다. 그래서 이르기를, 날마다 덜어낸다고 했다. 앎이 극진하지 못하면 덜어냄이 온전치 못하다. 그래서 날마다 보태는 것이 날마다 덜어내는 것이다.

덜고 또 덜어내어 모든 거짓을 버리고 온전히 참되면 곧 무위(無爲)다. 무위에 이르면 모든 유위(有爲)가 없어지지 않을 수 없다. 이는 손익(損益)을 논(論)한다 해서 바뀌지 않는다.

마침내 무위(無爲)가 극진함에 이르면 비록 천하를 손에 넣어도 오히려 일을 꾸미거나 드러내지 않는다. 만약에 일을 만들어서 그것을 잡으려 한다면 한 물건[一物]도 얻지 못할 터인즉, 하물며 천하를 얻겠는가?　李息齋

■　　배우는 일은 날마다 보탠다는 말은 그 능(能)한 바에 힘써 나아가고자 하여 익힌 바가 보태어진다는 뜻이다. 道 닦는 일은 날마다 덜어낸다는 말은 허(虛)와 무(無)로 힘써 돌아가고자 함을 뜻한다.

하는 일이 있으면 잃는 바가 있다. 그런 까닭에 하는 일이 없으면 곧 이루지 않는 바가 없다. 언제나 따로 일을 만들지 않는다는 것은 언제나 인(因)에 따라 움직이는 것이다. 일을 만드는 자는 스스로 그것을 조작한다.

천하를 손에 넣기에 모자라는 것은 모든 것을 다스리는 근본을 잃었기 때문이다. 王弼

■　　　날마다 보태는 일과 날마다 덜어내는 일이 상반(相反)되는 일 같지만 사실은 서로 지탱시켜주고 있다. 일주문(一柱門) 기둥이 둘인데 그 중 하나를 버리면 다른 하나도 잃는다.

책을 많이 읽는 것과 읽은 책을 버리는 것은 서로 다른 일 같지만 사실은 하나다. 읽기만 하고 그것을 비우지 못하는 자는 비우려고 해도 아예 비울 것이 없는 자와 함께 道에서 거리가 멀다.

먹는 일과 싸는 일은 거리가 먼 것 같지만 사실은 가장 가까운 사이다. 먹지 않으면 쌀 수 없고 싸지 않으면 먹지 못한다. 먹고 싸고 먹고 싸고 그러는 사이에 아이는 어른 되고 어른은 사람 된다. 覩玉

49

성인(聖人)은 고정된
마음이 없으니

聖人無常心, 以百姓心爲心. 善者吾善之, 不善者吾亦善
之, 德善矣. 信者吾信之, 不信者吾亦信之, 德信矣. 聖
人在天下, 爲天下渾其心, 百姓皆注其耳目, 聖人皆孩之.

성인(聖人)은 고정된 마음이 없으니 백성의 마음을 자기 마
음으로 삼는다. 선(善)한 자를 내가 선하게 대하고 선하지
못한 자를 내가 또한 선하게 대하니, 德은 선한 것이다. 미
쁜 자를 내가 믿고 미쁘지 못한 자를 내가 또한 믿으니, 德
은 미쁜 것이다. 성인(聖人)이 세상에 나아가 두려운 마음으
로 사람들과 그 마음을 섞는데 백성이 저마다 귀와 눈을 모

아 바라보되 성인(聖人)은 모두 어린아이로 여긴다.

■　　허공(虛空)은 꼴[形]이 없으나, 만물의 꼴을 말미암아 꼴을 이룬다. 모난 것을 만나면 모난 꼴이 되고 둥근 것을 만나면 둥근꼴이 된다. 허공이 만일 제 꼴을 따로 갖추고 있다면 만물이 어찌 꼴을 가질 수 있겠는가? 이로써 성인(聖人)은 자기 마음을 따로 가지지 않고 백성의 마음을 자기 마음으로 삼는다.

선(善)한 사람과 선하지 않은 사람이 따로 없다. 모두를 선하게 대한다. 미쁜 사람과 미쁘지 못한 사람이 따로 없다. 모두를 믿는다. 선하고 선하지 않고가 나에게 있다. 내가 저를 선하게 대하는 바에 변동이 없어야 과연 德은 선하다고 말할 수 있는 것이다. 내가 저를 믿는 바에 변동이 없어야 과연 德은 미쁘다고 말할 수 있는 것이다. 그렇지 아니하고, 선한 자는 선하게 대하고 선하지 않는 자는 버리며 미쁜 자는 믿고 미쁘지 않는 자는 버린다면, 어찌 "언제나 사람을 선하게 구하여 그런 까닭에 사람을 버리지 않는다"고 말할 수 있겠는가?

세상의 선악(善惡)과 신위(信僞)가 바야흐로 나한테서 나오는 것인데, 상(相)으로 상 아닌 것[非相]을 대적하고 어디에 정

(定)할 바를 모르면 성인(聖人)이 이를 근심하여 두려운 마음으로 세상 사람들과 마음을 섞어서 선악(善惡)과 신위(信僞)를 헤아리지 않고 모두를 '하나[一]'로써 맞는다. 저들은 눈과 귀를 모아 성인(聖人)이 상(賞)을 주는지 벌(罰)을 주는지 지켜보고 있거니와 나 홀로 젖먹이 되어 그들을 만나니 선한 자 만나서 기쁠 것 없고 악한 자 만나서 미워할 것 없다.

　이로써 선한 자를 아끼지 않고 악한 자에게 성내지 아니하면, 모든 것이 탁 트여 저마다 교화(敎化)되니, 비로소 천하가 제자리를 잡게 되는 것이다.　蘇子由

■　　심하구나, 마음[心]이 천하에 해(害)가 됨이여! 장자(莊子) 이르기를, 베푼다는 마음을 품고 베푸는 德보다 큰 적(賊)이 없다고 했거니와, 마음에는 눈이 있어서 그 마음이라고 하는 것이 하늘이면 하늘 땅이면 땅 멀리 가서 이르지 않는 곳이 없는데 사람들이 분별하는 것으로 마음을 삼아 분별심(分別心)이 생기면 거짓된 견해에 빠져 그 옹근 전체[全]을 잃고 만다. 그래서 장주(莊周)가 일컬어 적(賊)이라고 한 것이다.

　성인(聖人)의 마음은 언제나 道와 함께 있다. 道가 없는 곳이 없으니 성인(聖人)의 마음 또한 없는 곳이 없어서 그런 까닭에 고정된 마음[常心]이 없는 것이다. 밖으로 나가 세상에 응(應)할

적에는 그것들이 서로 좇아서 거짓됨을 알기에 이것은 잡고 저
것은 버리는 마음이 아예 일어나지 않는다.

선(善)한 자를 내가 좇아서 선하게 대하고 선하지 못한 자 또
한 내가 좇아서 선하게 대하니 세상에 선하지 않음이 없다. 이
를 일컬어 德은 선한 것이라고 한다. 미쁜 자를 내가 좇아서 믿
고 미쁘지 않는 자 또한 내가 좇아서 믿으니 세상에 미쁘지 않
음이 없다. 이를 일컬어 德은 미쁘다고 한다.

삼가 언제나 베푼다는 마음을 품고 베푸는 사람들의 德을 두
려워하니 이는 마음에 눈이 있어서 이모저모 따지고 잡았다가 버
렸다가 하느라고 크게 옹근 전체[大全]를 보지 못하기 때문이다.
이런 까닭에 성인(聖人)은 늘 세상 사람들과 그 마음을 섞는다.

백성은 눈과 귀를 써서 가까이 있는 것에 밝은 줄 알지만 그
것이 밝지 못함인 줄 모른다. 성인(聖人)은 모두 아이로 여겨 저
들을 기르되 밝지 못함이 어지럽히지 못하게 하거니와, 이 밝지
못함[非明]이 곧 석씨(釋氏)가 말한 어리석음[無明] 아니겠는가?

李息齋

■　　성인(聖人)은 고정된 마음이 없다, 운운(云云)은 늘 (무
엇을) 말미암아서 움직인다는 말이다.

선(善)한 자를 내가 선하게 대한다, 운운(云云)은 쓸모를 말

미덥으니 곧 선함을 잃지 않는다는 말이다. 德은 선하여 사람을 버리지 않는다.

미쁜 자를 내가 믿는다, 운운(云云)은 그 총명함을 쓴다는 말이다. 모두 아이로 대한다는 것은 젖먹이처럼 어울려주되 욕심 부리지 않는다는 말이다.

무릇 천지(天地)가 자리를 베풂에 성인(聖人)이 그 능(能)을 이루고 사람과 귀신이 일을 꾀하는데 백성은 능한 자와 함께한다고 했거니와, 능한 자는 그것을 주고 자질(資質)이 있는 자는 그것을 취(取)한다. 능(能)이 크면 크게 되고 자질(資質)이 귀하면 귀하게 되는데 사물(事物)마다 종주(宗主)가 있으니, 이와 같이 한즉 면류관이 눈을 가려도 속을까 겁내지 않고 솜마개가 귀를 막아도 넘어갈까 걱정하지 않는다. 그러할진대 어찌 제 한 몸의 총명을 힘들게 부려 백성의 감정(感情)을 살필 것인가?

무릇 밝음[明]으로써 상대방[物]을 살피면 상대방 또한 다투어 밝음으로써 응하고 불신(不信)으로써 상대방을 살피면 상대방 또한 불신으로써 다투어 응한다. 세상 사람 마음이란 반드시 서로 달라서 감히 다르게 대해주지 않으면 즐겨 그 감정을 나타내지 않을 터인즉, 심하다, 밝음[明]을 쓰는 것보다 더 해로운 것이 없구나!

꾀로 임하면 사람들이 그것으로 재판을 걸고 힘으로 임하면 사람들이 그것으로 다투게 되거니와, 꾀가 남보다 못하면서 송사(訟事)에 뛰어들면 막다른 골목에 몰리고 힘이 남보다 못하면서 싸움터에 서면 위태로울 것이다. 남으로 하여금 꾀와 힘을 자기한테 부리지 못하게끔 하는 사람은 일찍이 없었으니, 그렇게만 한다면 혼자서 모든 사람을 대적하겠거니와 천만인(千萬人)이 그를 대적해도 이기지 못할 것이다.

법망을 많이 만들고 형벌을 까다롭게 하고 지름길을 막고 안방을 두드려 부수면, 만물은 절로 그러함[自然]을 잃고 백성은 손발을 잃고 새들은 위에서 시끄럽고 물고기는 아래에서 어지러울 것이다. 그래서 성인(聖人)이 세상에 나갈 때 욕심을 부리지 않는다 함은 어디에도 마음을 묶어두지 않는다는 말이고 세상 사람들과 마음을 섞는다 함은 어디에도 뜻을 세우지 않는다는 말이다. 눈 부라려 살피지 않는데 백성이 어찌 피할 것이며 구(求)하는 바가 없는데 백성이 어찌 응할 것인가? 피하지도 응하지도 않게 되면 자기 감정[情]을 그대로 드러내게 되니, 사람들이 제가 할 수 있는 일을 버리고 할 수 없는 일을 꾀하거나 장점(長點)을 버리고 단점(短點)을 취하려고 하지 않게 된다. 이와 같이만 하면, 말하는 자는 그 아는 바를 말하고 행하는 자는 할 수 있는 일을 할 것이다. 백성이 저마다 눈과 귀를 모아 바라보지만 모두 어린아이로 대할 따름이다. 王弼

■   내 몸의 창자가 나라면 그 속에 꿈틀거리는 회충(蛔蟲)
도 나다. 창자가 원하는 것을 나도 원한다. 마찬가지로 회충이
원하는 것도 나는 원한다. 회충의 뜻이 무시되면 내 뜻도 무시
되고 창자의 희망이 무시되면 내 희망도 무시된다.

신(神)의 뜻이 어디 따로 있다고 생각하는 어리석은 착각이
여! 내가 바라는 것을 그도 바란다. 내가 없으면 신(神)도 없기
때문이다.

내 뜻이 곧 신(神)의 뜻이라고 생각하는 건방진 착각이여! 나
는 그의 뜻이 무엇인지 영원히 알 수 없다. 그가 없듯이 나 또한
없기 때문이다. 觀玉

50

나오면 삶이요
들어가면 죽음이다

出生入死. 生之徒十有三, 死之徒十有三, 人之生動之
死地者亦十有三. 夫何故, 以其生生之厚. 蓋聞善攝生
者, 陸行不遇兕虎, 入軍不避甲兵. 兕無所投其角, 虎無
所措其爪. 兵無所容其刃. 夫何故, 以其無死地.

나오면 삶이요 들어가면 죽음이다. 살아 있는 무리가 열에
셋이요 죽어 있는 무리가 열에 셋이요 살아 움직여 죽는 자
리로 가는 무리 또한 열에 셋이다. 어째서 그러한가? 어떻
게든지 살고자 하는 마음이 두텁기 때문이다. 듣자니, 삶을
잘 다스리는 자는 뭍을 걸어도 외뿔소와 호랑이를 만나지

않고 군대에 들어가도 갑옷과 무기를 꺼리지 않으니 외뿔
소가 뿔로 받을 곳이 없고 호랑이가 발톱으로 할퀼 곳이 없
고 병사가 칼로 찌를 곳이 없다고 했다. 어째서 그러한가?
죽는 자리가 없기 때문이다.

■　　성(性)은 살고 죽는 게 없다. 나오면 삶이고 들어가면
죽음이다. 물(物)을 쓰고 정(精)을 취하여 그로써 스스로 자기
를 먹여 기르는 자들이 살아 있는 무리다. 소리, 색깔, 냄새, 맛
에 스스로 죽어버린 자들이 죽어 있는 무리다. 이 둘을 나누어
생사(生死)의 道라 한다. 우리가 또한 만들 줄은 알면서 그만둘
줄 모르고 말할 줄은 알면서 침묵을 모르고 생각할 줄은 알면
서 잊을 줄 몰라 그렇게 끝까지 간다면, 그것을 일컬어, 살아 움
직여 죽는 자리로 가는 무리라 한다.

생사(生死)의 道를 '10'이라는 수(數)로 말하여, 이 세 무리가
저마다 셋을 차지하니, 이는 살고 죽는 무리가 아홉이요 살지도
죽지도 않는 무리가 하나라는 말 아니겠는가? 살지도 죽지도
않는다는 것은 역(易)에서 말하는 이른바 적연부동(寂然不動)을
가리킨다. 노자(老子)가 아홉을 말하고 하나를 말하지 않는 것

은 사람들로 하여금 스스로 그것을 얻게 하려 함이니, 이는 무사(無思)와 무위(無爲)에 의존하는 묘(妙)라 하겠다.

삶이 있으면 곧 죽음이 있다. 그러므로 살아 있는 무리가 곧 죽은 무리다. 사람이 살아 있음에 의지하는 바가 두터우면 죽음의 道가 언제나 열에 아홉인 것이다. 성인(聖人)은 살지도 죽지도 않는 가운데 늘 있으니, 사는 자리가 따로 없는데 죽는 자리가 어찌 있겠는가? 蘇子由

■　　　살아 있는 무리가 열에 셋이라 함은, 모양을 갖추고 세상에 머물러 있는 자들을 가리킨다. 죽어 있는 무리가 열에 셋이라 함은, 욕심을 좇아 삶을 저버린 자들을 가리킨다. 사람이 살아 움직이면서 죽는 자리로 가는 무리가 열에 셋이라 함은 씨알과 성(性)을 자르고 없애는 자들을 가리킨다. 이렇게 열 가운데 아홉을 차지한 무리가 모두 어떻게 해서든지 살려는 마음이 두터운 자들이다.

무릇 삶이 있으면 반드시 죽음이 있으니 이런 삶은 곧 죽는 자리[死地]가 아닐 수 없다. 호랑이와 무기(武器)가 어찌 그를 피해주겠는가? 삶을 잘 다스림은 지켜낼 삶이 따로 없는 것이니 그런 까닭에, 외뿔소의 뿔이 받을 곳이 없고 호랑이 발톱이 할퀼 데가 없으며 병사의 칼이 찌를 곳이 없다. 저, 땅 없이 땅을 받는 자, 누군가? 살려고 애쓰는 자가 아홉이요 지켜낼 삶이 따로 없는 자가 하나다.

노자(老子)가 열에서 하나를 뺀 것은, 헤아려 보건대, 그 뜻이 미묘하다. 그러나 성인(聖人)에게 삶이 따로 없다 함은 그것을 우습게 여겨서가 아니라 우습게 여길 삶이 본디 없기 때문이다.

옛사람이 말하기를, 삶을 사랑하는 자는 죽일 수 있고 깨끗함을 사랑하는 자는 더럽힐 수 있고 영화(榮華)를 사랑하는 자는 욕(辱)보일 수 있고 옹근 것을 사랑하는 자는 깨뜨릴 수 있다고 했다. 본디 삶이 없는데 누가 그를 죽일 것이며 본디 깨끗함이 없는데 누가 그를 더럽힐 것이며 본디 영화(榮華)가 없는데 누가 그를 욕보일 것이며 본디 옹글지 않는데 누가 그를 깨뜨릴 것인가?

이를 아는 자, 출입(出入)에 조화(造化)를 부리고 삶과 죽음을 즐길 수 있는 것이다. 焦氏筆乘

■   나오는 것이 삶이요 들어가는 것이 죽음이라는 말은, 사는 자리에 나오고 죽는 자리에 들어감을 말한다. 열에 셋이라 함은, 열 가운데 셋을 차지한다는 말이다.

삶의 道를 취하여 온전하게 살아가는 무리가 열에 셋이요 죽음의 道를 취하여 온전하게 죽는 무리가 또한 열에 셋이다. 그런데 사람들이 어떻게든지 살려고 하다가 도리어 살지 못하는 자리로 가고 만다.

삶을 잘 다스리는 자는 살아 있는 것[生]으로 살아 있는 것[生]을 삼지 않는 까닭에 죽는 자리[死地]가 없다. 도구[器]의 해로움으로 치면 창칼만 한 게 없고 짐승의 해로움으로 치면 외뿔소나 호랑이만 한 게 없다. 그런데 창칼로 찌를 곳이 없게 하고 호랑이와 외뿔소가 발톱과 뿔로 다칠 곳이 없게 함은, 자신의 욕심으로 하여금 그 몸을 얽어매지 못하게 한 것이다. 어떻게 죽는 자리가 있겠는가?

저 도마뱀 따위는 연못이 얕다고 거기에 구멍을 파고 송골매는 산이 낮다고 그 위에 둥지를 얹는다. 주살이 닿지 못하고 그물이 덮지 못하니 과연 죽는 자리[死地]가 없는 데서 산다고 하겠다. 그러나 갑자기 달콤한 음식에 끌려 삶이 없는 곳으로 들어가니(미끼에 걸려 죽게 되니) 어찌 살고자 함이 두터워서 그렇게 되는 것이 아니겠는가? 그런 까닭에 물(物)이 참으로 그 구하는 것 때문에 근본을 떠나지 않고 욕심 때문에 진실을 더럽히지 않으면 비록 군(軍)에 들어가도 해(害)를 입지 않으며 뭍을 돌아다녀도 다치지 않는다. 젖먹이야말로 본(本)을 받고 귀하게 여길 만하다. 王弼

■ 　살아 있는데 '삶'에 묶이지 않고 죽었으나 '죽음'에 갇히지 않는다. 살아 있는 동안 '삶'에 집착하지 않는 자만이 죽어도 '죽음'에 갇히지 않는다. 그래서 뭐 어쨌다는 말이냐? 그게, 그렇다는 말이다. 살아 있는 동안, 살아 있으려고 아등바등 노심초사하려면 하라. 아무도 말리지 않는다. 그러나, 그런다고 해서 언제까지 살 수 있는 것도 아니고 맛있고 멋있게 살아지는 것도 아니라면, 좀 우습지 않은가? 觀玉

51

道는 낳고 德은 기르고

道生之, 德畜之, 物形之, 勢成之. 是以萬物莫不尊道而
貴德. 道之尊, 德之貴, 夫莫之爵而常自然. 故道生之,
畜之, 長之, 育之, 亭之, 毒之, 養之, 覆之. 生而不有,
爲而不恃, 長而不宰. 是謂玄德.

道는 낳고 德은 기르고 물(物)은 꼴을 빚고 세(勢)는 그것을
이룬다. 이로써 만물이 道를 높이고 德을 귀하게 아니 여기
지 못한다. 道의 높음과 德의 귀함은 벼슬을 내린 것도 아
닌데 늘 그러하다. 그런 까닭에 道가 낳고 자라게 하고 키
우고 기르고 익히고 여물게 하고 보살피고 덮어준다. 낳되
가지지 않고 하되 믿지 않고 기르되 주인 행세를 하지 않는

다. 이를 일컬어 그윽한 德이라 한다.

■　道는 만물의 어미다. 그러므로 만물을 낳는 것은 道다. 그것이 움직이면 德이 되는데 온갖 것들을 먹이고 기르면서 물리치지 않는다. 그러므로 만물을 기르는 것은 德이다. 그런데 道와 德은 스스로 제 모양을 가질 수 없고 물(物)을 인(因)하여 비로소 모양을 드러낸다.

물(物)은 스스로 이루어질 수 없다. 멀고 가까운 것이 서로 취(取)하고, 단단하고 부드러운 것이 서로 섞이고 그것이 쌓여서 세(勢)를 이룬 뒤에 흥하기도 하고 망하기도 하고 다스려지기도 하고 어지러워지기도 한다. 비록 물(物)로 말미암아 꼴[形]이 잡히고 세(勢)로 말미암아 이루어진다[成]. 하지만 道 아니면 생겨나지 못하고 德 아니면 자라지 못한다. 그래서 道를 받들고 德을 귀하게 여기는 것이다.

부형(父兄)처럼 받들고 후왕(侯王)처럼 귀하게 여김은 道에 지위[位]가 없고 德에 이름이 있기 때문이다. 벼슬을 믿고서야 귀하게 떠받드는 것은 진짜로 귀하게 받드는 것이 아니다. 蘇子由

■　　　물(物)은 道 아니면 생기지 않고 德 아니면 자라지 않는다. 스스로 제 모양을 지니고 세(勢)를 얻어 자라는 것들 가운데 道와 德을 주인으로 삼지 않는 것이 없다. 道의 높음[尊]과 德의 귀함[貴]이 여기에 이르러 극(極)에 닿는다.

그러나, 그 높음을 스스로 높이지 않고 그 귀함을 스스로 귀하게 여기지 않는다. 물(物)에 베풀면서 물(物)에 마음을 두지 않고 명(命)이 없어도 늘 스스로 그러하다[自然]. 스스로 그러하여 낳고 스스로 그러하여 기른다. 모든 것을 키우고 기르고 익히고 나아가서 보살피고 덮어주는데, 스스로 그러하지 않은 것이 없다. 스스로 그러함을 말미암은 까닭에, 물(物)의 보답[報]을 바라지 않는다.

낳을 때 수고로움을 사양하지 않고 베풀 때 보답을 바라지 않으니 이를 일컬어 그윽한 德[玄德]이라고 한다. 李息齋

■　　　물(物)이 생긴 뒤에 기르고 기른 뒤에 꼴을 갖추고 꼴을 갖춘 뒤에 이루어진다. 무엇을 말미암아 생기는가? 道다. 무엇을 얻어서 기르는가? 德이다. 무엇을 말미암아 꼴을 갖추는가? 물(物)이다. 무엇을 부려서 이루는가? 세(勢)다.

오직 말미암는다[因]. 그래서 능히 물(物)로서 꼴을 갖추지 않는 것이 없다. 오직 세(勢)다. 그래서 능히 물(物)로서 이루지 않는 것이 없다.

무릇 물(物)이 생겨나는 까닭과 공(功)이 이루어지는 까닭은 모두 말미암는 바가 있어서다. 말미암는 바가 있다 함은 道에서 말미암지 않는 것이 없다는 말이다. 그런 까닭에 끝까지 미루어 보면 역시 道에 이른다. 그 말미암는 바를 따르기 때문에 각각 제 이름을 지닌다.

道는 그것으로 물(物)이 말미암는 바요 德은 그것으로 물(物)이 얻는 바다. 그것[道]을 말미암아 (德을) 얻게 되니 그런 까닭에 그것[道]을 높이지 않을 수 없고 잃으면 손해를 보게 되니 (德을) 귀하게 여기지 않을 수 없다. 명(命)은 아울러 벼슬을 만든다.

道가 그것을 낳는다 운운(云云)은, 그 실(實)을 이루매 각기 도움을 얻어서 몸을 상하지 않는다는 말이다.

하되 믿지 않는다 운운(云云)은, 하되 가지지 않는다는 뜻이다.

기르되 주인 행세하지 않는다 운운(云云)은, 德이 베풀어졌으나 누가 했는지 모른다는 뜻이다.

그윽이 어두운 데서 나오므로 일컬어 그윽한 덕[玄德]이라 한다. 王弼

■   하늘이 무엇을 따로 하는가? 아무 일도 하지 않는다.

그래서 하늘 아래 모든 것이 태어나고 자라고 익고 완성되는 것이다. 만일 하늘이 무엇을 따로 한다면? 세상은 그 순간 뒤죽박죽 엉망진창이 되겠지.

아무것도 따로 하지 않으니 내세워 자랑삼을 것도 없고 누구를 탓할 것도 없다. 그래서 하늘은 늘 저렇게 푸르고 맑다. 결국, 사람이 하늘에서 왔으니 하늘을 닮으라는 얘기다.

왼손이 하는 착한 일을 오른손이 모른다면, 그 사람은 과연 하늘을 닮은 사람이라 하겠다. 觀玉

52

자식을 알고서 어미를 지키면

天下有始, 以爲天下母. 旣得其母, 以知其子, 旣知其
子, 復守其母, 歿身不殆. 塞其兌, 閉其門, 終身不勤.
開其兌, 濟其事, 終身不救. 見小曰明, 守柔曰强. 用其
光復歸其明, 無遺身殃, 是謂襲常.

천하에 시작이 있으니 천하의 어미가 된다. 이미 어미를 얻
음으로써 자식을 알고 이미 자식을 알고서 다시 어미를 지
키면 몸은 죽어도 위태롭지 않다. 쾌락을 막고 그 문을 닫
으면 종신토록 고달프지 않다. 쾌락을 열고 일을 만들어 하
면 종신토록 구제받지 못한다. 작은 것 드러냄을 일컬어 밝
음이라 하고 부드러운 것 지킴을 일컬어 강함이라 한다. 빛

을 써서 다시 밝음으로 돌아가면 몸에 재앙을 남기기 않으
니, 이를 일컬어 습상(襲常)이라 한다.

■　이름 없음[無名]이 천지(天地)의 시작이요 이름 있음
[有名]이 만물의 어미다. 道는 본디 이름이 없으니 그래서 물
(物)이 그것으로 말미암아 비롯되는 바요 이름을 지니게 됨에
이르러 물(物)이 그것으로 말미암아 생겨나는 바다. 그런 까닭
에 그것을 일컬어 처음[始]이라 하고 또 어미[母]라 한다. 그 자
식이 곧 만물이다.

　성인(聖人)이 道를 몸받아 물(物)에 두루 미침은 어미가 자식
을 아는 것에 견줄 만하여 그 눈길이 아니 닿는 데가 없다. 그 지
혜가 두루 사방에 닿는다 해도 물(物)로 말미암아 道를 잊어버리
는 일은 처음부터 없으니 그래서 끝내 어미를 지킨다고 했다.

　세상 사람들이 모두 이 道를 몸에 지니고 살면서도 늘 道를
잊고 물(物)을 좇아갈 위험이 있는지라, 눈은 색(色)을 즐기고
귀는 소리를 즐기게 되매 그것들을 즐겁게 하려는 마음을 열고
일을 만들어서 하니 이로써 종신토록 거기 빠져들어 헤어날 수
없게 된다. 무릇 성인(聖人)이 종신토록 고달프지 않은 까닭은

다만 그것들(눈·귀)을 닫고 막아서 밖으로 나와 물(物)을 좇지 못하게 한 때문이다.

쾌락의 해로움이란 처음에는 작지만 차츰 커지게 마련이다. 작은 것이 커지는 이치를 알아서 그것을 미리 닫으면 과연 일컬어 밝다[明]고 할 수 있겠다. 쾌락을 좇아서 자기를 돌아보지 않으면 스스로 강해지는 것 같지만 강한 것이 아니다. 다만 쾌락을 보되 그것을 꺼릴 줄 아는 것을 일컬어 강하다 할 수 있다.

세상 사람들은 쾌락에 문을 열고 몸으로 물(物)을 좇아, 가서는 돌아오지 않는다. 성인(聖人)은 쾌락에 문을 닫고 막으면서도 물(物)을 잘라버리지 않고 신(神)으로 물(物)에 응하니 그 빛[光]을 쓸 따름이요 몸으로 거기에 빠지지 않는다. 무릇 귀가 들을 수 있고 눈이 볼 수 있고 코가 냄새 맡을 수 있고 입이 맛볼 수 있고 몸이 감촉할 수 있고 마음이 생각할 수 있는 것을 모두 일컬어 빛[光]이라 한다. 대개 빛[光]과 물(物)은 사라지지만(없어지지만) 밝음[明]은 덜어지지 않는다. 이로써 온갖 변화에 응하되 막힘이 없고 재앙이 그 몸에 미치지 않는다. 그런 까닭에 한결같은 성(性)이 잠연(湛然)하고(물이 깊고 조용한 모습 같고) 서로 꼬리를 이어 단절되지 않는다. 蘇子由

■　　道는 물(物)의 어미가 되고 물(物)은 道의 자식이 된다.

옛날의 道를 얻은 사람은 능히 자식과 어미로 헤어지지 않게 하여 道와 물(物)이 하나[一]되게 하였다. 대개 물(物)이 道를 좇아서 나왔으므로 물(物)과 道가 서로 다르지 않고[不異] 자식이 어미를 좇아서 나왔으므로 자식과 어미가 서로 다르지 않다. 물(物)이 道와 다르지 않는데 스스로 그것을 다르게 여기니 이로써 끝내 하나[一]를 얻지 못한다.

사람들로 하여금 물(物)이 곧 道요 자식이 곧 어미임을 알게 하여 그것을 알고 지키게 하면 좌우로 근원[原]을 만나게 되어 어려울 것이 없게 된다.

모든 물(物)이 곧 스스로 道는 아니요 물(物)을 써서 道를 남기는[遺] 것이라, 그래서 사람들은 쾌락에[兌] 몸을 열어놓는다. 쾌락[兌]은 뚫음[突]이다. 쾌락에 구멍을 뚫고 욕심을 자꾸만 내면 마음은 어지러워지고 정신은 쇠락해져서 물(物)이 따라서 없어진다. 반드시 쾌락에 몸을 닫고 그 문을 틀어막아 정신[神]이 바깥으로 나가지 않게 하면 근원[元]으로 돌이켜 스스로 돌아가고 저절로 그러하게[自然] 된다. 자식과 어미는 떨어질 수 없고 道와 물(物)은 하나다.

옛날의 지인(至人)이 몸을 지켜서[守] 몸을 있게 한 것은 바로 이 道를 쓴 것이다. 사람들이 작은 일에 착실하지 않고 미세한 것[微]을 기르지 않는데 탈[患]이 있거니와 스스로 작은 일에 착실하고 미세한 것을 기르면 비록 작아도 반드시 밝고 비록 미약해도 반드시 강하다. 그러므로 이르기를, 작은 것을 드러냄을 일컬어 밝음이라 하고 부드러운 것을 앎을 일컬어 강함이라고 했다.

밝음[明]이 본(本)이고 빛[光]은 거기서 밝음이 나오는 곳이다. 본디 밝음이 본(本)인데 말(末)로 나뉘어서 보이고 들리고 느껴지고 만져지는 바 이 모두가 빛[光]이다. 道는 본(本)에서 말(末)로 흐르고 배움[學]은 말(末)에서 본(本)을 구한다. 그러므로 이르기를, 빛을 써서 밝음으로 돌아가니 이를 일컬어 습상[襲常, 자연(自然)의 道를 속에 감추고 일체의 집착과 잔꾀를 끊어 오직 자연(自然) 그대로 행동하여 화복(禍福)의 밖에 초연(超然)함]이라 한다고 했다. 한결같으니 곧 스스로 밝음이요 빛은 스스로 밝아서 빛인데 이제 그 빛으로써 밝음에 돌아간다. 그래서 이르기를 습상(襲常)이라고 했다. 李息齋

■　잘 시작하면 잘 기른다. 그런 까닭에, 천하에 시작이 있으니 곧 천하의 어미가 될 수 있는 것이다.

어미가 본(本)이요 자식은 말(末)이다. 본(本)을 얻음으로써 말(末)을 알되, 본(本)을 버리고 말(末)을 좇는 일을 하지 않는다.

쾌락[兌]은 욕심거리가 생겨나는 곳이요 문(門)은 욕심이 좇아서 나오는 곳이다. 일이 없고 언제나 안일[逸]하니 그런 까닭에 종신토록 고달프지 않다. 근원[原]을 막지 않고 일을 만들어서 하니 그런 까닭에 종신토록 헤어나지 못한다.

다스림의 공(功)은 큰 데 있지 않으니, 큰 것을 드러냄은 밝음이 아니요 작은 것을 드러냄이 곧 밝음이다. 강함을 지키는 게 강한 것이 아니요 부드러움을 지키는 게 곧 강한 것이다.

道를 드러내어 백성의 어두움을 제거하는데 빛[光]을 쓰는 자는 밝게 살피지 못한다.

습상(襲常, 王弼本에는 襲常이 習常으로 되어 있음)이란 道의 한결같음[道之常]이다. 王弼

■   다만 본(本)을 얻고자 애쓰되 말(末)을 걱정하지 말라(但得本莫愁末)는 말이 있다. 옳은 말이다. 그러나 이 말을, 본(本)만 잡고 말(末)을 버리라는 말로 읽어서는 곤란하다. 말(末)을 버리면 본(本)이 따라서 버려지기 때문이다.

이웃 사랑보다 하느님 사랑이 먼저[本]인 것은 사실이나, 하느님 사랑한다면서 이웃을 버리면 버림받은 것은 이웃만이 아니다. 하느님도 함께 버림받는다. 道를 공부한답시고 사람을 멀리한다면 그것은 道를 공부하는 것이 아니라고(人之爲道而遠人, 不可以爲道—『중용(中庸)』, 13장) 했다.

빛을 써서 밝음으로 돌아간다는 말은, 비(譬)컨대, 이웃을 사랑함으로써 하느님을 사랑한다는 말이다. 말(末)을 말(末)에 얽매이지 않고 얻는 것이 곧 본(本)을 얻는 것이다. 사람을 사람에 얽매이지 않고 사랑하는 것이 곧 하느님을 사랑하는 것이다.

觀玉

53

가령 내가 무엇을
확고하게 알아서

使我介然有知, 行于大道, 惟施是畏. 大道甚夷而民好
徑. 朝甚除, 田甚蕪, 倉甚虛. 服文采, 帶利劍, 厭飮食,
資貨有餘. 是謂盜伐. 非道哉.

가령 내가 무엇을 확고하게 알아서 큰 길[大道]을 행한다면
다만 베풀 것이고 이를 나는 두려워한다. 큰 길은 매우 평
탄한데 사람들이 지름길을 좋아한다. 조정[朝]이 지나치게
깔끔하여 밭은 심하게 황무하고 헛간은 심하게 비어 있다.
야단스런 옷을 입고 날카로운 칼을 차고 음식에 구역질을
내고 재화가 남아 돌아가니 이를 일컬어 도적의 호사(豪奢)

라 한다. 道가 아니다.

■　　道를 몸받아 사는 자는 아는 바 없고 하는 바 없어서 따로 베풀지 않으나 물(物)이 절로 교화(敎化)된다. 이제 무엇을 확고하게 알아서 큰 길[大道]을 가면 곧 베풀고 세우는 바가 있으니 절로 그러한 것[自然]이 아니라, 그런 까닭에 족히 그를 두려워하는 자 있게 마련이다.

큰 길은 평탄하고 쉬워서 험하지 않으니 누구나 쉽게 갈 수 있는데 그것을 모르는 세상 사람들이 멀리 빙 돌아가면서도 오히려 지름길을 좋아하여 빨리 가고자 한다. 그런 까닭에 절로 그러함[自然]을 버리고 따로 베풀어 세우는 바가 있거니와 모두 속히 가려는 욕심인 것이다.

세속 사람들은 저마다 밝은데 나 홀로 어수룩하며 세속 사람들은 저마다 똑똑한데 나 홀로 멍청하다. 저는 모두 말(末)을 꾸미고 본(本)을 폐(廢)하여 베풀고 세우고 일을 만드는 것이다. 그래서야 어찌 도적을 가르친단 말인가?　蘇子由

■　　道는 앎[知]에 있지 않다. 앎이란 삿된[邪] 생각이다.

老子翼・329

참 道는 반드시 밝은데, 밝지만 아는 바가 없다. 앎으로는 거기에 미칠 수가 없는지라 그런 까닭에 그것을 베푸는데 다함이 없고 그것을 쓰는데 바닥이 나지 않는다.

가령 내가 그것을 확고하게 안다는 마음을 지니고 큰 길을 간다면 아는 것에 한계가 있고 道에는 끝이 없으니 그것을 베푸는 일에 모자람이 있을까 두려워하게 된다. 이를 일컬어, 다만 베풀 따름이고 이를 두려워한다고 했다.

대컨, 큰 길은 매우 평탄한데 백성들이 지름길을 좋아한다. 지름길을 좋아하는 자는 그 길을 알고 그래서 도적이 된다. 만일 아는 바 없음으로 행하면 듣고 보는 것이 모두 道 아닌 게 없으니 어찌 탁 트여 넓고 크며 마음이 안일(安逸)하여 날마다 한가롭지 않겠는가?

후세 사람들이 그와 같지 않아서 조정(朝廷)이 지나치게 깔끔하다. 깔끔함[除]은 다스려짐[治]이다. 조정이 깔끔하니까 겉을 꾸미는 자들이 설친다. 밭이 심히 황무하여 사람들 마음이 단정치 못하고 헛간이 심하게 비어 있어서 사람들이 행실을 닦지 않는다. 바야흐로 겉 꾸미는 것 가지고 사람들을 어지럽게 하며 날카로운 칼로 겁주고 음식과 재물을 쌓아두었으나 그것을 쓸 곳이 없으니, 일컬어 도적의 호사[當]라 했다. 이렇게 되면 道와 거리가 먼 것이다. 李息齋

■　　가령 내가 확고하게 아는 바가 있어서 운운(云云)은, 가령 내가 확고하게 무엇을 알아서 큰 길[大道]을 세상에 행한다면 그것을 따로 베푸는 것이라 이를 두려워한다는 말이다.

큰 길은 매우 평탄한데 백성이 지름길을 좋아한다는 말은, 큰 길은 탁 트여서 바르고 곧은데 백성이 오히려 그 길을 버리고 가려 하지 않으며 삿된[邪] 지름길을 좋아한다는 말이다. 하물며 무엇을 따로 베풂으로써 큰 길을 중간에 막을 것인가? 그래서 말하기를, 큰 길은 매우 평탄한데 백성이 지름길을 좋아한다고 했다.

조(朝)는 궁궐이다. 제(除)는 깔끔하고 좋다는 말이다. 궁궐이 지나치게 깔끔하니 밭은 황무하고 헛간은 비었다. 하나를 세워서 여러 해로움이 생겨난다.

道로써 얻지 않은 물(物)은 모두 삿된[邪] 것이요 삿된 것은 도적질한 것이다. 호사스러움[當]도 그것을 道로써 얻지 않았으면 훔친 것이다. 그런 까닭에 道 아닌 것을 들어서 道 아닌 것을 빛나게 하였으니 모두 도적의 호사스러움이다. 　王弼

■　　세상에 아무것도 하지 않는 일보다 쉬운 일이 있을까? 세상에 유명해지려고 하지 않기보다 마음 편한 일이 있을까? 세상에 낮은 곳으로 내려가는 것보다 힘 안 드는 일이 있을까?

그런데, 아무 일 안 하기가 이렇게 어렵고 무명(無名)으로 살아가기가 이렇게 억울하고 낮은 곳으로 내려가기가 이렇게 힘든 것은 어째서일까? 道를 몸받아 살지 않기 때문이다. 하느님과 등을 지고 있기 때문이다. 다르게 말하면, 너무 똑똑하기 때문이다. 觀玉

54

잘 세운 것은 뽑히지 않고

善建者不拔, 善抱者不脱, 子孫祭祀不輟. 修之于身,
其德乃眞. 修之于家, 其德乃餘. 修之于鄕, 其德乃長.
修之于邦, 其德乃豊. 修之于天下, 其德乃普. 故以身觀
身, 以家觀家, 以鄕觀鄕, 以邦觀邦, 以天下觀天下. 吾
何以知天下之然哉, 以此.

잘 세운 것은 뽑히지 않고 잘 끌어안은 것은 벗어나지 않으
니 자손의 제사가 그치지 않는다. 그것을 몸에 닦으면 德이
참되고 그것을 집에 닦으면 德이 남고 그것을 마을에 닦으
면 德이 오래 가고 그것을 나라에 닦으면 德이 두텁고 그것
을 천하에 닦으면 德이 넓다. 그런 까닭에 몸으로 몸을 보

고 집으로 집을 보고 마을로 마을을 보고 나라로 나라를 보고 천하로 천하를 본다. 천하가 그러함을 내가 어찌 알겠는가? 이로써 안다.

■　세상 사람들이 세운 것치고 뽑히지 않는 게 있고 끌어 안은 것치고 벗어나지 않는 게 있겠는가? 오직 성인(聖人)은 성(性)의 참됨[眞]을 알고 물(物)의 허망됨[妄]을 살펴서 물(物)을 버려[捐] 몸을 닦으니, 그 德이 충적(充積)하여, 실제로 아무 세운 바 없지만 그 세운 것이 뽑히지를 않고 실제로 아무 잡은 바 없지만 그 끌어안은 것이 벗어나지를 않는다. 그런 까닭에 그 자손에 이르러 제사(祭祀)가 그치지 않는다.

자기 몸을 닦고 다만 그 나머지로써 밖에 미치니, 천하를 다스리는 일도 능히 할 수 있다. 하늘과 땅 밖에 있는 것을 세상 속인(俗人)은 볼 수 없지만 그래도 그 이치[理]는 미루어 알 수 있다. 수신(修身)이 지극하면 몸으로 몸을 보고 집으로 집을 보고 마을로 마을을 보고 나라로 나라를 보는데 이 모두 내가 미루어서 아는 바다.

그러나, 성인(聖人)이 천하로 천하를 보는 것이 내가 몸으로 몸을 보는 것과 어찌 같지 않겠는가? 몸으로 몸을 아는데 어찌 천하만 천하로 볼 수 없겠는가? 그래서 이르기를, "천하가 그러한 줄을 내가 어찌 알겠는가? 이로써 안다"고 했거니와 이는 몸으로써 그것을 안다는 말이다. 蘇子由

■　　물(物)을 가지고 세웠다가 뽑히지 않은 것이 없다. 오직 道를 행하는 사람만이 언제나 없는 것으로써 세우니, 그것이 곧 잘 세워서 뽑히지 않는 것이다.

물(物)을 가지고 끌어안았다가 벗어나지 않은 것이 없다. 오직 道를 행하는 사람만이 고요함[靜]으로써 신령함[神]을 끌어안으니 그것이 곧 잘 끌어안아서 벗어나지 않는 것이다. 세우고 끌어안는 바가 다만 이와 같은데 어찌 그것을 전하는 일에 끝이 있으랴? 그래서 자손의 제사가 그치지 않는 것이다.

세상의 이른바 德을 닦는 사람 가운데 누구는 그것을 천하국가에 닦으면서 그 뿌리가 자기 몸에 있음을 모른다. 그래서 말하기를, 그것을 몸에 닦으면 德이 참되다고 했다. 또 누구는 자기 몸을 닦되 그것을 천하국가에 미루어 펼치지 못한다. 그래서 말하기를, 그것을 집안에 닦으면 德이 남고 마을에 닦으면 德이 오래 가고 그것을 나라에 닦으면 德이 두텁고 천하에 닦으면 德이 넓다고 했다.

장주(莊周)가 道의 참됨으로 몸을 다스리고 그 나머지로 국가를 다스리고 그 쓰레기로 천하를 다스린다고 했는데, 여기서 나온 말이다. 그런즉, 어떻게 보아서 德을 자기 몸에 닦을 것인가? 몸으로 몸을 볼 따름이다. 어째서 몸으로 몸을 본다 하는가? 이제 내가 내 몸이 어디서 왔는지를 보면 내 몸이 어디서 왔는지를 알게 되고 또 내 몸이 무엇을 말미암아 보는지를 보면 내 몸이 무엇을 말미암아 보는지를 알게 된다. 이렇게 자기 몸이 어디서 왔는지를 알고 또 무엇을 말미암아 보는지를 알아서 그로써 자기 몸에 德을 닦을 뿐, 밖에 있는 것을 의지하지 않는다. 집으로 집을 보고 나라로 나라를 보고 천하로 천하를 보는 것이 모두 이와 같은 것이다. 옛적에 천하를 천하에 감춘다 [藏天下於天下]는 말이 바로 이 道를 쓴[用] 것이다. 呂吉甫

■   뿌리를 굳게 한 뒤에 가지를 다스린다. 그래서 뽑히지 않는다.

많은 것을 탐내지 않고 자기 능력에 맞는 일을 한다. 그래서 벗어나지 않는다. 자손이 이 道를 전(傳)하여 제사를 지내니 그것이 그치지 않는다.

또한, 자기 몸으로 미루어 남에게 미친다. 그것을 자기 몸에 닦으면 참되고 집에 닦으면 남는다. 계속 닦아서 그만두지 않으면 베푸는 바가 갈수록 커진다. 그것을 마을에 닦으면 德이 오래 간다. 뒤에 이어지는 말은 모두 같은 말이다.

천하로 천하를 본다는 것은 천하 백성의 마음으로 천하를 본다는 말이다. 천하의 道는 그 역순(逆順)과 길흉(吉凶)이 또한 사람의 道와 같다.

'이것[此]'이란, 위에서 말한 것들이다. 내가 천하를 어찌 알겠는가? 나를 살펴서 아는 것이지 바깥에서 구하는 것이 아니니 이른바 문 밖을 나서지 않고 천하를 안다는, 그런 말이다. 王弼

■　내가 나를 보는 길이 여러 가지 있는데 그 가운데 하나가 나로 나를 보는 것이라는 얘기가 아니다. 내가 꿈속에서 길을 헤매고 있음은 길 헤매는 꿈을 꾸고 있는 내가 있다는 말이다. 꿈속의 나를 말미암지 않고서 어찌 꿈꾸는 나를 볼 수 있겠는가?

내가 여기 있음은 나를 여기 있게 한 내가 있다는 말이다. 여기 있는 나를 말미암지 않고서 어찌 나를 여기 있게 한 나를 볼 수 있겠는가?

'나'라는 뗏목을 타지 않고서는 '나'를 만나러 강(江)을 건널 수 없는데 그 강의 이름 또한 '나'다. 집이니 마을이니 나라니 천하니 말은 여럿이지만 모두 '나'의 다른 이름이다. 觀玉

55

道가 아니면 일찍 끝난다

含德之厚, 比于赤子, 毒蟲不螫, 猛獸不據, 攫鳥不搏.
骨弱筋柔而握固, 未知牝牡之合而作, 精之至也. 終日
號而不嗄, 和之至也. 知和曰常, 知常曰明, 益生曰祥,
心使氣曰强. 物壯則老, 謂之不道. 不道早已.

머금은 德의 두터움이 젖먹이와 견줄 만하면 독벌레가 쏘
지 않고 사나운 짐승이 덮치지 않고 독수리가 채지 않는다.
뼈는 약하고 근육은 부드러우나 단단히 움켜잡고 남녀의
관계를 모르나 고추가 일어서니 이는 정(精)의 지극함이다.
종일 울어도 목이 쉬지 않으니 이는 부드러움[和]의 지극함
이다. 부드러움을 아는 것을 일컬어 한결같음[常]이라 하고

한결같음을 아는 것을 일컬어 밝음[明]이라 하고 삶을 보태
는 것을 일컬어 재앙[祥]이라 하고 마음이 기(氣)를 부리는
것을 일컬어 강(强)이라 한다. 물(物)이 장(壯)하면 늙으니
이를 가리켜 道가 아니라 한다. 道가 아니면 일찍 끝난다.

■ 노자(老子)는 道와 德을 말하면서 매번 젖먹이에 견주
는데 모두가 그 체(體)를 말하는 것이지 용(用)을 말하는 것은
아니다. 젖먹이는 마음이 고요하여 욕심이 없으니 그 체(體)는
매우 지극하나 물(物)이 와도 응할 줄을 모르니 그런 까닭에 용
(用)은 말할 게 없다.

道는 꼴이 없어서 눈으로 볼 수가 없는데 하물며 그것에 상
처를 입힐 수 있겠는가? 사람이 마침내 꼴[形]을 지니게 된 것
은 먼저 마음[心]이 있었기에 그리 된 것이다. 그러므로, 마음
이 있은 뒤에 꼴이 있고 꼴이 있은 뒤에 적(敵)이 있고 적이 있
어서 상처를 입는 것이다. 마음이 없는 사람[無心之人]은 물(物)
이 그로 더불어 적(敵)으로 되지 않으니 어찌 그를 상처입힐 수
있겠는가? 젖먹이가 이에 이르는 것은 오직 그 무심(無心) 때문
이다. 집착하지 않고 스스로 움켜잡으니 이로써 그 정(精)이 남

아돌고 마음을 따로 쓰지 않는 줄 알겠다. 마음이 움직이면 기(氣)가 상(傷)하고 기(氣)가 상하면 울어서 목이 쉰다. 종일 울어도 목이 쉬지 않으니 이로써 그 마음이 움직이지 않고 기가 부드러운[和] 줄 알겠다. 부드러움[和]은 바깥에 있는 것으로 안을 상처입히지 않는다는 뜻이다.

명(命)으로 돌아감을 일컬어 한결같음이라[復命曰常] 하였는데 이는 물(物)을 만나 그것이 제 근본으로 돌아감을 아는 것이요, 부드러움 아는 것을 한결같음이라[知和曰常] 하였는데 이는 근본을 얻어 그로써 만물에 응하는 것이니, 그 실(實)은 하나인 道다. 그래서 둘 다 한결같음[常]이라고 말했다.

삶은 보태고 싶다 해서 보탤 수 없는 것인데도 보태려고 욕심을 내면 이는 바른 태도가 아니다. 기(氣)는 함부로 조작되는 것을 싫어하는데 마음이 그것을 부리게 되면 이는 억지[强]가 매우 심한 것이다. 삶을 보태고자 하여 기(氣)를 부려서 그 자연스러움을 듣지 못하게 되면 날마다 강강(剛强)에 깊이 들어가 늙어서도 그것을 따르게 되니, 이는 젖먹이의 성(性)을 잃은 것이다. 蘇子由

■　　사람이 처음 태어날 때에는 덕성(德性)이 매우 두텁다. 이에 견주어 어른은 눈과 귀가 밖으로 쏠리고 마음은 그것들을

안으로 끌어들여 삶에 보태고 가진 것이 갈수록 많아지니, 그 두텁던 것이 엷어진다.

道를 따라 사는 사람은 보태어진 삶을 덜어내고 성(性)을 닦아 德으로 돌아가는데 그 德이 처음 태어났을 때의 德과 같아진다. 그래서 말하기를, 머금은 德의 두터움이 젖먹이에 견줄 만하다고 했다.

무릇 젖먹이들은 텅 빈 기(氣)의 부드러움[沖氣之和]을 지니고 있어서 그것들을 모아 흩어버리지 않았으므로 독벌레가 쏘지 않고 사나운 짐승이 덮치지 않고 독수리가 채지 않는다. 하물며 순(純)한 기(氣)를 지니고 있으며 조물주와 통하고 그 부드러움[和]이 모든 물(物)로 더불어 하나로 되는 사람을 누가 능히 해롭게 하겠는가?

오직 정(精)만이 부드러움[和]에 이를 수 있으니 어째서 그렇다고 말하는가? 무릇 젖먹이는 취(取)할 줄을 모르나 손아귀에 움켜잡는 힘이 있고 남녀의 관계를 모르나 고추가 일어서니 이는 정(精)이 그렇게 하는 것이다. 젖먹이가 조금이라도 취(取)할 줄을 알거나 남녀의 관계를 안다면 온전히 하나로 되지 못하고 거칠어질 터인즉 어찌 이와 같을 수 있겠는가? 그래서 이르기를, 뼈가 약하고 근육이 부드러운데 단단히 움켜잡고 남녀의 관계를 모르는데 고추가 서니 이는 정(精)의 지극함[至]이라고 했다. 젖먹이에게 걱정거리나 성낼 일이 있다면 기(氣)가 어그러져서 부드럽지 못하게 될 터인즉 어찌 이와 같을 수 있겠는가? 그래서 이르기를, 종일 울어도 목이 쉬지 않으니 이는 부드러움[和]의 지극함이라고 했다.

꼴[形]은 온전하고 정(精)은 하늘과 하나 되어 정(精)하고 다시 정(精)하여 돌이켜 하늘에 짝이 된다[相天]. 정(精)이 마침내 하늘에 짝하면 텅 빈 기(氣)의 부드러움으로 가득 차서 모든 물(物)과 더불어 같아진다. 그런 까닭에 道의 지극함에 이르면 다시 명(命)으로 돌아가고 명(命)으로 돌아감을 일컬어 한결같음[常]이라 한다. 머금은 德이 두터우면 부드러움을 알게 되고 부드러움을 아는 것 또한 한결같음[常]이라고 한다. 道와 德 사이에 비록 거리가 있지만 한결같음에서 만나면 같은 것이다. 한결같음을 알면 언제나 자연을 말미암게 되고 그래서 삶을 보태지 않는다. 움직여도 움직이는 바를 모르고 가도 가는 바를 모른다. 몸은 마른나무 가지 같고 마음은 식은 재와 같다. 어찌 그 마음이 기(氣)를 부리겠는가? 그래서 삶을 보태는 것을 일컬어 재앙[祥]이라고 했다. 마음이 기(氣)를 부리면 일컬어 강(强)이라 했다. 억지를 부리는 자들[强梁者]은 죽음의 무리다. 텅 비어 있고 약함을 지키는 것이 곧 道다. 道는 오래 가고 몸이 죽어도 죽지 않는다. 알이 차서[實] 강해지면 물(物)은 존재를 그치고

만다. 물(物)이 장(壯)하면 늙는다. 어찌 그것이 道겠는가? 그래
서 이르기를, 물(物)이 장(壯)하면 늙으니 이를 일러서 道가 아
니라 했다. 道가 아니면 일찍 끝난다. 呂吉甫

■   젖먹이는 구(求)하는 것도 없고 욕심도 없다. 어떤 물
(物)도 범하지 않으니 그런 까닭에 독벌레 따위가 그를 범하지
않는다. 어른이 되어서도 머금은 道가 두터운 사람은 물(物)을
범하지 않으니 그런 까닭에 물(物)이 그의 온전함을 무너뜨리
지 않는다. 부드럽고 약한 까닭에 단단히 움켜잡을 수 있다.
  작(作)은 자람[長]이다. 물(物)이 그의 몸을 허물어뜨리지 않
으니 그런 까닭에 온전히 자랄 수 있다.
  머금은 德이 두텁다는 말은 어떤 물(物)도 그 德을 허물어뜨
리거나 그 참됨을 바꿀 수 없다는 말이다. 부드럽고 약한 것은
다투지를 않아서 꺾이지를 않음이 모두 이와 같다. 다투고 욕심
내는 마음이 없으니 그런 까닭에 종일 소리를 질러도 목이 안
쉰다.
  물(物)은 부드러움[和]을 한결같음[常]으로 삼는다. 그러므로
부드러움을 알면 곧 한결같음을 얻는다. 밝지도 않고 어둡지도
않고 따뜻하지도 않고 춥지도 않는, 이것이 한결같음이다.
  꼴[形]이 없어서 눈에 보이지 않는다. 그래서 한결같음[常]을

아는 것을 일컬어 밝음[明]이라 했다.

　삶이란 보탤 수 없는 것, 보태면 일찍 죽는다. 마음은 마땅히
없어야 한다. 마음이 기(氣)를 부리면 강해진다. 王弼

■　　어린아이처럼 되면 천국에 산다고 했다. 옳으신 말씀
이다. 내 뜻이 따로 없고, 반드시 한다는 마음이 없고, 고집이
없고, 마침내 '나'가 없는 사람이었던 공자님은 지금 천국에 사
실 것이다. 觀玉

56

아는 자 말하지 않고

知者不言, 言者不知. 塞其兌, 閉其門. 挫其銳, 解其
紛. 和其光, 同其塵. 是謂玄同. 不可得而親, 不可得而
疏, 不可得而利, 不可得而害. 不可得而貴, 不可得而
賤. 故爲天下貴.

아는 자 말하지 않고 말하는 자 모른다. 구멍을 막아 문을 닫
고 날카로움을 무디게 하여 얽힌 실마리를 풀고 빛을 부드
럽게 하여 티끌과 하나로 된다. 이를 일컬어 그윽이 같아짐
이라 한다. 가까이 할 수도 없고 멀리 할 수도 없고 이롭게
할 수도 없고 해롭게 할 수도 없고 귀하게 여길 수도 없고 천
하게 여길 수도 없다. 그런 까닭에 세상의 귀한 것이 된다.

■　道는 언설(言說)이 아니지만 언설(言說)을 떠나 있는
것도 아니다. 그러하되, 능히 아는 자라 해서 반드시 말로 표현
하지는 않고 능히 말하는 자라 해서 반드시 아는 것도 아니다.
다만, 구멍과 문(門)을 닫아서 밖으로 흐르는 것을 막고, 날카로
움을 무디게 하여 얽힌 실마리를 풀고, 빛을 부드럽게 하여 티
끌과 같아져서, 안을 다스리는 자는 소리 없는 모양이 서로 같
지는 아니하나 道로 더불어 하나 된 사람이다.

가까이 할 수 없으니 또한 멀리 할 수 없으며 이롭게 할 수
없으니 또한 해롭게 할 수 없고 귀하게 여길 수 없으니 또한 천
히 여길 수 없다. 道를 몸받은 자가 고르게 만물을 덮어주는데
누가 그를 가까이 하거나 멀리 하겠는가? 역(逆)과 순(順)을 하
나로 보는데 누가 그를 이롭게 하거나 해롭게 하겠는가? 영욕
(榮辱)을 모르는데 누가 그를 귀히 받들어 높이거나 천히 깔보
겠는가? 정(情)과 계산[計]이 그에게 미치지를 못해서, 그래서
세상의 귀한 것이 된다. 　蘇子由

■　세상에 있는 것들이 모두 꿈의 경계[夢境]다. 그런 까닭
에, 아는 자 말하지 않으니 말로는 도달할 수 없음을 알기 때문

이다. 세상의 어리석은 자들은 꿈을 현실[實]로 알아 시끄럽게 떠들어대지만 끝내 꿈에서 벗어나지 못한다. 그런 까닭에 저가 모른다 했거니와, 이는 그 보는 바가 지극하지 못한 때문이다.

구멍을 막음은 나감[出]을 삼가는 것이다. 문을 닫음은 들어옴[入]을 삼가는 것이다. 날카로움을 무디게 함은 안을 다스리는 것이다. 얽힌 실마리를 푸는 것은 밖을 다스리는 것이다. 빛을 부드럽게 함은 자기한테 있는 것을 누르는 것이요 티끌과 같아짐은 남[物]한테 있는 것을 따르는 것이다.

들어감도 없고 나아감도 없고 안도 없고 밖도 없고 나도 없고 남도 없다. 이를 일컬어 그윽이 같아짐[玄同]이라 한다. 이미 같아졌기에 일컬어 가까우면서 멀고 멀면서 가깝다 하였다. 이롭게 해도 기뻐하지 않고 해롭게 해도 꺼리지 않는다 하였다. 귀하지만 높지 않고 천하지만 낮지 않다고 하였다. 아무도 저를 이름지어 부를 수 없는지라, 그런 까닭에 능히 세상의 귀한 것이 된다. 李息齋

■　　아는 자 말하지 아니함은 절로 그러함[自然]을 말미암아서다. 말하는 자 모름은 그래서 일을 불러일으킨다.

구멍을 막는다, 운운(云云)은 질(質)을 머금어 지키는 것을 말함이요 얽힌 실마리를 푸는 것은 다툼의 근원을 없애는 것이다. 빛을 부드럽게 하는 것은 특별히 내세우는 바가 없어서 아무와도 치우쳐 다투지 않는 것이다. 티끌과 같아짐은 특별히 천대하는 바가 없어서 아무도 치우쳐 부끄러워하지 않는 것이다.

가까이 할 수 있어서 멀리 할 수 있음은 가까이 할 수 없어서 멀리 할 수 없음만 같지 못하고, 이롭게 할 수 있어서 해롭게 할 수 있음은 이롭게 할 수 없어서 해롭게 할 수 없음만 같지 못하고, 귀하게 여길 수 있어서 천하게 여길 수 있음은 귀하게 여길 수 없어서 천하게 여길 수 없음만 같지 못하다.

세상의 귀한 것이 됨은 어떤 물(物)로도 거기에 보탤 수 없음이다. 王弼

■   아는 자 말하지 않는다고, 노자(老子)는 지금 말하고 있다. 그렇다면 그는 모르는 자인가? (아무쪼록 말을 새겨들을 일이다.)

사람이 무슨 횃불로 태양을 더욱 밝게 하며, 사람이 어떤 어둠으로 밤을 더욱 캄캄하게 하랴? 사자는 이리를 겁줄 수 있으나 이리는 사자를 겁줄 수 없다. 道를 몸에 모시고 살아가는 사람을 누가 무슨 욕설로 더럽힐 수 있으며 어떤 칭찬으로 빛나게 할 것인가? 觀玉

57

바름으로써 나라를 다스리고

以正治國, 以奇用兵, 以無事取天下. 吾何以知天下之然
哉. 天下多忌諱, 而民彌貧. 民多利器, 國家滋昏. 人多
技巧, 奇物滋起. 法令滋章, 盜賊多有. 故聖人云, 我無
爲而民自化, 我好靜而民自正, 我無事而民自富, 我無欲
而民自樸.

바름으로써 나라를 다스리고 속임수로 군대를 부리고 일
아니함으로써 천하를 취한다. 천하가 그러함을 내 어찌 아
는가? 천하에 막고 꺼리는 바가 많으면 백성은 더욱 가난해
지고, 백성이 이로운 그릇을 많이 쓰면 나라가 더욱 어두워
지고, 사람들이 잔꾀를 많이 부리면 괴상한 물건이 많이 생

겨나고, 법이 더욱 까다로워지면 도적이 늘어난다. 그런 까닭에 성인(聖人)이 이르기를, 내가 일을 만들지 않으니 백성이 절로 교화(敎化)되고 내가 고요함을 좋아하니 백성이 절로 바르게 되고 내가 일을 하지 않으니 백성이 절로 부유해지고 내가 욕심을 내지 않으니 백성이 절로 순박해진다고 했다.

■　옛적의 성인(聖人)은 부드러워서 멀리 있는 자들이 능히 가까이 할 수 있었고 군대를 쓰는데 뜻이 없어서 마지못하게 돼서야 정벌(征伐)의 일을 일으켰다. 그런 까닭에, 늘 바름[正]으로 나라를 다스리고 속임수[奇]로 군대를 부렸다. 그러나, 이로써 천하를 취하기에는 모자람이 있다.

천하는 신(神)의 그릇[器]이다. 인위(人爲)로는 어찌 할 수 없는 것이다. 일을 만들어서 하는 자는 패(敗)하고 잡는 자는 놓친다. 오직 道를 몸으로 살아가는 사람만이 확연무사(廓然無事, 탁 트여 일을 따로 만들지 아니함)하여 천하를 취하지 않아도 천하가 그에게로 돌아간다.

임금이 막고 꺼리는 바가 많으면 아랫사람의 정(情)이 위에 이르지 못하니 백성이 가난해도 고(告)하지 않는다.

이로운 그릇[利器]은 권모(權謀, 임시변통 속임수)라, 밝은 임금이 위에 있으면 백성으로 하여금 아는 바 없어서 욕심을 부리지 않게 하거니와, 백성이 권모(權謀)를 많이 쓰면 임금이 어지럽고 어두워진다.

사람들이 본업(本業)에 힘쓰지 않고 손끝 기술에만 힘쓰면, 이익이 보장되지 않는 물건은 도무지 만들지 않는다. 어리석은 자들이 거짓으로 속이는데 법으로 그들을 누르려 하면, 백성은 손발 쓸 곳이 없어져 마침내 도적질을 하게 된다.　蘇子由

■　　　내가 바름[正]으로써 사람을 다스리는 것은 사람의 본(本)이 바르기 때문이요 속임수[奇]로 군대를 부리는 것은 군대의 본(本)이 속임에 있기 때문이요 일 아니함으로써 천하를 취하는 것은 천하의 본(本)이 일 없음[無事]에 있기 때문이다.

내가 물(物)에 응하는 것이 어찌 나 혼자서 하는 일이겠는가? 또한 물(物)로 말미암아서일 따름이다.

옛적의 성인(聖人)은 천하를 자기 한 몸으로 삼았으니 중국이 한 사람으로 되어, 그 다스림이 마음에서 절로 나왔다.

내가 막고 꺼리는 게 많으면 금방(禁方)을 반드시 세우게 되고 금방(禁方)을 세우니 백성이 어찌 가난해지지 않겠는가? 내

가 이로운 것을 백성에게 보이면 백성이 다투어 이로움을 좇게
되고 백성이 다투어 이로움을 좇으니 나라가 어찌 어두워지지
않겠는가? 내가 잔꾀를 백성에게 보이면 백성이 따라서 잔꾀를
쓰게 되고 잔꾀가 나라에 가득 차니 괴상한 물건들이 어찌 자
꾸만 나오지 않겠는가? 내가 법으로 백성을 다스리면 백성 또
한 법을 도둑질하여 자기 편한 대로 써서 위·아래가 서로 속이
게 되니 도적이 어찌 더욱 많아지지 않겠는가?

　성인(聖人)이 무위(無爲)를 보이고 호정(好靜)을 보이고 무사(無
事)를 보이고 무욕(無欲)을 보이면 세상 사람들이 저마다 그 보는
바에 따라 움직인다. 그래서 이르기를 德은 바람 같고 백성은
풀 같아서 바람이 풀 위에 불면 반드시 쏠린다고 했다. 　李息齋

■　　道로 나라를 다스리면 나라가 태평이요 바름[正]으로
나라를 다스리면 속임수[奇]와 바름[正]이 일어난다. 일을 만들
지 아니함으로써 능히 천하를 취한다.

　윗장에서 말하기를, 천하를 취하는 자는 일 아니함으로써 하
고 일을 따로 만들면 천하를 취하기에 부족하다고 했다. 그런
까닭에 바름으로 나라를 다스리면 천하를 취하기에 부족함이
있어서 속임수로 군대를 쓰는 것이다.

　道로 나라를 다스림은 본(本)을 받들고 말(末)을 쉬는[息] 것

이요 바름으로 나라를 다스림은 법을 세워서 말(末)을 치는[攻] 것이다. 본(本)이 서지 않고 말(末)이 얕아지면 백성이 갈 곳이 없으므로 속임수로 군대를 쓴다.

이로운 그릇[利器]이란 자기를 이롭게 하는 것이다. 백성이 강하면 나라가 약해지고 백성이 잔꾀를 부리면 간교한 거짓이 생겨나며 거짓이 생기면 사악(邪惡)한 일이 발생한다.

바름[正]을 세움은 거짓된 것을 없애고자 함이나 오히려 속임수로 군대를 쓰게 된다. 막고 꺼리는 것이 많음은 가난을 부끄럽게 여기도록 함이나 오히려 백성은 더욱 가난해진다. 이로운 그릇은 그것으로 나라를 강하게 하고자 함이나 오히려 나라는 더욱 어두워진다. 이 모두 본(本)을 버리고 말(末)을 다스림이니 그래서 이렇게 되는 것이다.

위에서 욕심을 부리면 백성이 그것을 재빠르게 따른다. 내가 오직 욕심 없음[無欲]을 욕심으로 삼으니 백성 또한 욕심 없이 절로 순박해진다. 이는 모두 본(本)을 받들고 말(末)을 쉬는[息] 것이다. 王弼

■　사람이 썩어서 강(江)이 썩는 것인데 썩은 사람은 그냥 두고 강물에 파수꾼만 세우면 그 강이 어떻게 될까? 더욱 기묘하게 그리고 더욱 심하게 썩어가겠지. 觀玉

58

다스림이 어수룩하면
백성이 순박하고

其政悶悶, 其民淳淳, 其政察察, 其民缺缺. 禍兮福所
倚, 福兮禍所伏. 孰知其極. 其無正邪, 正復爲奇, 善復
爲祆. 人之迷也其日固久矣. 是以聖人方而不割, 廉而不
劌, 直而不肆, 光而不燿.

다스림이 어수룩하면 백성이 순박하고 다스림이 빈틈없으
면 백성이 이지러진다. 화(禍)여, 복(福)이 기대어 있는 곳
이요 복(福)이여, 화(禍)가 엎드려 있는 곳이구나. 누가 그
끝을 알겠는가. 바름[正]도 그릇됨[邪]도 없는 것이, 바름
[正]은 다시 속임수[奇]로 되고 선(善)은 다시 재앙[祆]이 된

다. 사람의 어리석음이 실로 오래 되었구나. 이로써 성인(聖
人)은 반듯하지만 자르지 않고 모나지만 상처 입히지 않고
곧지만 뻗치지 않고 빛나지만 번쩍거리지 않는다.

■　　하늘과 땅의 크기는 사람들 눈에 가물가물하여 얼마
나 큰지 알 수가 없다. 대컨, 복(福)이 화(禍)에 기대어 있고 화
가 복에 엎드려 있음이 비(譬)컨대 노치생사(老穉生死, 늙고 어리
고 살고 죽고)가 서로 이어짐 같아서 시작도 끝도 없는지라 우둔
한 자는 알 수가 없다. 오직 성인(聖人)만이 만물의 거죽[表]을
뚫고 솟아 그것들의 시종(始終)을 내려다보고는 그 큼[大]을 얻
고 작음[小]을 버릴 수 있다.

　찰(察)은 시(視)다. 어수룩함[悶悶]은 밝지 못한 구석이 있는
것 같지만 그래서 백성이 순박하게[淳淳] 되어 저마다 그 성(性)
을 온전케 한다. 세상 사람들이 道의 온전한 체[全體]를 모르고
다만 귀로 듣고 눈으로 보는 것으로만 앎을 삼으면, 저들이 몸
소 복을 짓는다 하나 그 뒤를 화가 따라오고 있음을 모를 것이
고 몸소 선(善)을 이룬다 하나 재앙[祅]이 그 속에 일어나고 있
음을 모를 것이다. 샅샅이 살펴 밝지 않은 곳이 없게 하려고 그

살핌[察]이 심하면 그래서 오히려 물(物)을 상(傷)하면서도 그것이 잘못인 줄을 모른다. 어찌 애석한 일이 아니랴?

살펴보는 것[察] 가지고는 모두 살필 수 없다는 사실을 알고, 능히 반듯하고 능히 모나고 능히 곧고 능히 빛날 수 있으면서도 그 능(能)을 쓰지 아니함은 한편에 치우쳐 다른 편에 미치지 못할까 두려워서다. 이를 두고 사람들이 말하기를, 어수룩하다[悶悶]고 하는 것이다.   蘇子由

■   정치가 어수룩하면 백성한테 아무것도 요구하지 않아서 백성이 위에 꾀를 부려 응(應)하지 않는다. 그런 까닭에 백성이 순박하다.

정치가 빈틈없으면 백성한테서 거두어들이는 게 있어 백성이 그것을 면하려고 꾀를 부린다. 그런 까닭에 백성이 이지러진다.

세상일이란 게 화복(禍福)이 서로 기대고 엎드려 있어서 왔다 갔다 하는 것이다. 정치를 어수룩하게 하면 정치하는 사람 자신은 얻는 게 없고 백성은 얻는 게 있다. 정치를 빈틈없이 하면 백성은 잃는 게 있고 정치하는 사람 자신은 얻는 게 있다. 이쪽이 얻으면 저쪽이 잃고 이쪽이 복을 누리면 저쪽이 화를 받거니와 이는 자연(自然)의 이치[理]다.

어두운 자가 이치의 바름[正]을 모르고 다만 낱낱이 살피는 것[察]으로 밝음[明]을 삼고 요행으로 얻는 복을 구하나 그 반듯함[正]이 뒤에 속임수[奇]로 되고 선(善)이 뒤에 재앙[祅]으로 되니, 사람의 어리석음이 참으로 오래 되었구나. 그래서 성인(聖人)은 반듯하지만 자르지 않고 모나지만 상처를 입히지 않고 곧지만 뻗치지 않고 빛나지만 번쩍거리지 않는다. 상벌형정(賞罰刑政)을 두루 갖추고 있으면서 그것을 쓰지 않는데 계속 그렇게 하여 끝까지 가면 속이는 자로 돌이켜 반듯한 자가 되게 하고 재앙을 돌이켜 선(善)이 되게 한다. 그래서 이르기를, 교화(敎化)가 이루어지면 보통사람[中人]을 이끌어 군자(君子)의 땅에 들어서게 하고 교화(敎化)가 무너지면 보통사람을 이끌어 소인(小人)의 길에 떨어지게 한다고 했다. 李息齋

■　　정치가 어수룩하면 백성이 순박해진다. 이 말은, 정치를 잘하는 사람은 형식[形]도 없고 이름[名]도 없고 일삼아 하는 일도 없고 내세울 만한 정치도 없어서 어수룩해 보이지만 마침내 큰 다스림[大治]에 이르는 까닭에 정치가 어수룩하다고 말한 것이다. 백성은 서로 다투고 싸울 일이 없어서 너그럽고 순박하다[寬大淳淳]. 그래서 백성이 순순(淳淳)하다고 했다.

형틀을 세우고 상벌(賞罰)을 분명히 하여 속임수와 가짜를 단속하니 그래서 이르기를 빈틈없다[察察]고 했다. 또래를 나누고 쪼개면 백성은 서로 다투고 싸우려는 마음을 품게 되니 그래서 이르기를, 백성이 이지러진다[缺缺]고 했다.

누가 그 끝을 알겠느냐 운운(云云)은, 누가 선정(善政)의 끝을 알겠느냐는 말이다. 다만, 바르다고 내세울 것이 없고 형식도 이름도 없어서 어수룩하게 보인 뒤에야 천하가 크게 교화[化]되니 이것이 그 끝[極]이다.

바름[正]으로써 나라를 다스리면 이내 속임수[奇]로 군대를 쓰게 된다. 그래서 이르기를, 바름[正]이 속임수[奇]로 되고 선(善)이 재앙[祅]으로 된다고 했다. 선(善)을 세워서 만물을 조화시키려 하면 이내 재앙의 탈[患]을 빚게 된다.

사람의 어리석음[迷]이 오래 되었다는 말은 사람이 미혹(迷惑)하여 道를 잃은 지 오래 되어 다시 선정(善政)을 바로잡아 책(責)할 수 없게 되었다는 말이다.

이로써, 반듯함[方]으로 물(物)을 이끌어 사특함[邪]을 버리게 하되 그 반듯함으로 물(物)을 자르지 않으니 이를 두고, 크게 반듯함은 모서리가 없다[大方無隅]고 했다.

염(廉)은 청렴(淸廉)이다. 귀(劌)는 상(傷)이다. 청렴하여 백성을 맑게 함으로써 사특함[邪]을 버리게 하고 더러움을 버리게 하되 그 청렴으로 물(物)을 상하지 않는다.

곧지만 뻗치지 아니함은 곧음[直]으로 물(物)을 이끌어 간사함[僻]을 버리게 하되 그 곧음으로 물(物)을 베지 않으니, 이를 두고 크게 곧은 것은 굽은 것 같다[大直若屈]고 했다.

빛나지만 번쩍거리지 아니함은 빛으로 어둠의 까닭을 비추되 숨어 있는 것까지 들추어내려고 하지는 않으니, 이를 두고 밝은 道는 어두운 듯하다[明道若昧]고 했다.

이 모두가 본(本)을 받들고 말(末)을 쉬는[息] 것이지, 억지로 무찔러서[攻] 그리로 돌아가게 하는 것은 아니다. 王弼

■　　정치가 어수룩하다는 말은 정치하는 사람이 어수룩하다는 말이 아니라 그에게 '믿음'이 있다는 말이다. 백성을 믿고 하늘을 믿고 땅을 믿는 '믿음'이 클수록 그의 행동은 대범해지고 반대로 믿음이 작을수록 꼼꼼해진다. 하늘이 만사에 저토록 너그럽고 부드러운 까닭은 거기에 "모든 것을 믿는 사랑"(고전 13:7, "사랑은 모든 것을 덮어주고 모든 것을 믿고 모든 것을 바라고 모든 것을 견디어냅니다")이 계시기 때문이다.

정치를 어수룩하게 하느냐 꼼꼼하게 하느냐가 문제가 아니다. 그에게 자기 자신과 남에 대한 믿음이 과연 있느냐가 문제다. 觀玉

59

다만 아낄 따름이니

治人事天莫若嗇. 夫惟嗇, 是謂早服. 早服, 謂之重積德.
重積德則無不克, 無不克則莫知其極, 莫知其極, 可以有
國. 有國之母, 可以長久. 是謂深根固蔕, 長生久視之道.

사람 다스리고 하늘 섬기는 데 아낌[嗇]만 한 것이 없다. 다만
아낄 따름이니. 이를 일컬어 일찍 무릎 꿇는다고 한다. 일찍
무릎 꿇는 것을 일컬어 德을 두터이 쌓는다고 한다. 德을 두
터이 쌓으면 이기지 못할 것이 없고 이기지 못할 것이 없으니
그 끝을 알 수 없고 끝을 알 수 없어서 나라를 가질 수 있다.
나라의 어미가 있으면 오래 갈 수 있다. 이를 일컬어 뿌리
가 깊고 기둥이 굳어서 오래 살고 오래 보는 道라고 한다.

■   어떤 물건이든지 반듯하면 자르고 모나면 상처를 입히고 곧으면 뻗치고 빛나면 번쩍거린다. 오직 성인(聖人)만이 반듯하면서 자르지 않고 모나면서 상처를 입히지 않고 곧으면서 뻗치지 않고 빛나면서 번쩍거리지 않으니 이를 일컬어 아낌[嗇]이라고 한다. 무릇 색(嗇)이란, 있는데도 쓰지 않는 것이다.

세상은 백성이 복종하지 않는다고 걱정하거니와, 어떤 사람이 참으로 자기에게 있는 능력을 다 쓰지 않는다면 비록 남들[物]과 겨루지 않아도 남들이 그가 겨룰 수 없어서 겨루지 않는 게 아님을 알고는 일찌감치 그에게 무릎을 꿇는다. 남들[物]이 이미 그에게 무릎을 꿇었는지라, 쓸 것을 쓰지 않고 속에 간직해두어 죽을 때까지 꺼내 쓰지 않는다. 이것이 곧 德을 두터이 쌓는 것이다.

쌓은 德이 두터워서 비록 천하 없이 강하고 단단한 것이라 해도 이기지 못할 것이 없거니와 아무도 그 크기를 잴 수가 없다. 이렇게 된 뒤에야 나라를 가질 수 있는 것이다.

세상의 소인(小人)들은 쥐꼬리만 한 권세[柄]를 가지고 가벼이 휘두르지만 한 사람이 시험삼아 불복(不服)해보면 온 세상이 그 깊이 없음을 알게 되고 다투어 그를 범(犯)한다. 그가 비록 나라를 지키려 하지만 어림없는 일이다. 이에 색(嗇)으로써 나라를 가질 수 있음을 알겠다.

나라를 가지는 것은 나라의 어미를 가지는 것이다. 맹자(孟子)께서 이르시기를, 마음을 지키고 성(性)을 길러서[存其心養其性] 그것으로써 하늘을 섬기고 색(嗇)으로 사람을 다스리면 나라를 가질 수 있다고 하셨는데 바로 이 말이다. 색(嗇)으로 하늘을 섬기면 뿌리가 깊고 굳다는 것도 같은 말이다.

옛날의 성인(聖人)은 성명(性命)의 한결같음[常]을 간직하여 바깥의 것으로 안을 없애지[以外耗內] 않으니 뿌리가 깊어서 아무도 뽑을 수 없었다. 그래서 오래 살고 오래 보는 일이 가능했다.

대개, 사람을 다스리고 하늘을 섬기는 일이, 비록 안팎의 다름이 있긴 하지만, 색(嗇)만 한 것이 없다는 점에서는 하나다. 蘇子由

■ 밖으로 사람을 다스리고 안으로 하늘을 섬기는 데 아낌[嗇]만 한 것이 없다. 색(嗇)이란, 아끼지 않는 것이 없다는 말이다. 안으로 삼가고 밖으로 한가하여 속마음이 치달리지 않고 바깥 마음이 일어나지 않으면 이를 일컬어 색(嗇)이라 한다. 그래서 일찍 무릎 꿇을 수 있다. 안으로 마음을 무릎 꿇리고 밖으로 모양[形]을 무릎 꿇리어 고요해서 움직임이 없으면 德이 쌓인다. 쌓으면서 쌓지 않으니 이기지 못할 것이 없고 이기지 못

할 것이 없으니 다스리지 못할 것이 없어서 나라도 가질 수 있다. 사람들이 나라를 가질 수 있는 사람으로 알아주거나 알아주지 않는 것은 그 뿌리를 보고서 그렇게 하는 것이다.

뿌리가 깊고 두터우면 먼지와 때와 쭉정이와 겨로 장차 요순(堯舜)을 빚어 만들 수 있거늘 하물며 그보다 못한 자들이야 말할 것 있으랴. 이것이 이른바, 뿌리가 깊고 기둥이 단단한 것이니 곧 사람을 다스리고 하늘을 섬기는 길[道]이다. 李息齋

■　　　같지 않다[莫若]는 말은 지나치지 않다[莫過]는 말과 같다.

색(嗇)은 농부(農夫)다. 농사짓는 사람이 밭을 가꾸는 것을 보면, 잡초를 힘써 제거하여 밭을 깨끗이 만든다. 그가 자연(自然)을 온전케 하는데 밭이 황폐해지고 병이 들어도 서두르지 않고, 황폐하여 병들게 된 원인을 다스린다.

위로 천명(天命)을 받들고 아래로 백성을 평안케 하는 일이 이에서 지날 게 없다.

일찍 무릎 꿇은 것은 일찍 상(常, 한결같음, 하늘, 道)에 무릎 꿇은 것이다. 오직 道 쌓기를 무겁게 여기고 재빠르려고 하지 않은 뒤에야 능히 상(常)에 일찍 무릎 꿇게 할 수 있다. 그래서 이르기를, 일찍 무릎 꿇은 것을 일컬어 德을 두터이 쌓는 것이라고 했다.

　그 끝을 알 수 없다는 말은, 道에 다함[窮]이 없다는 말이다. 끝이 있는 것으로 나라를 다스리면 그 나라를 지킬 수 없다. 그런 까닭에, 끝을 알 수 없어야 나라를 가질 수 있다고 했다. 나라를 평안케 하는 것을 일컬어 나라의 어미라고 한다.

　德을 두터이 쌓음은, 곧 뿌리를 깊게 한 뒤에 가지를 잘 경영하여 그 결과를 얻는 것이다.　王弼

■　　쓸 수 없어서 못 쓰는 것은 아끼는 게 아니다. 쓸 수 있는데 안 쓰는 것이 아끼는 것이다. 없어서 가난한 것은 복된 가난이 아니다. 있으면서 가난한 것이 복된 가난이다.

　넉넉히 이길 수 있는데 무릎을 꿇어주는 것이 겸손이다. 힘이 없어서 무릎을 꿇는 것은 비굴이다.

　아무리 좋은 일도 하지 않을 수 있으면 하지 않는 게 좋다. 그게 바로 색(嗇)이다.

　힘이든 시간이든 언제나 최소한도로 쓰는 것이 자연(自然)의 경제원리다. 색(嗇)으로 사람을 다스리고 하늘을 섬긴다는 말은 자연의 원리로 그 일을 한다는 말이다.　觀玉

60

큰 나라 다스리기를
생선 조리듯이

治大國若烹小鮮. 以道蒞天下, 其鬼不神. 非其鬼不神,
其神不傷人, 非其神不傷人, 聖人亦不傷人. 夫兩不相
傷, 故德交歸焉.

큰 나라 다스리기를 작은 생선 조리듯 할 일이다. 道로 천
하에 나아가면 귀신이 신통력을 부리지 않는다. 귀신이 신
통력을 부리지 않는 게 아니라 그 신통력으로 사람을 다치
지 않는 것이다. 신통력만 사람을 다치지 않는 게 아니라
성인(聖人) 또한 그를 다치지 않는다. 이 둘이 서로 다치지
않으니 그런 까닭에 德이 그리로 돌아간다.

■　　작은 생선 조리는 사람이 그것을 어지럽게 휘저어서
는 안 된다. 큰 나라를 다스리는 사람이 나라를 번거롭게 만들
어서는 안 된다. 번거롭게 하면 사람이 힘들고 휘저으면 생선이
문드러진다.

성인(聖人)은 아무 일도 하지 않아 사람들로 하여금 저마다
저절로 그러함[自然]에 평안히 있도록 한다. 밖으로 번거롭지
않고 안으로 겁낼 것이 없으면 물(物)이 그를 침범 못하거니와,
비록 귀신이라 해도 신통력[神]을 쓸 곳이 없다. 귀신이 신통력
을 부리지 못하는 게 아니라 신통력이 있지만 그것으로 사람을
다치지 않는 것이다. 신통력이 사람을 다치지 않는 게 아니라
성인(聖人)이 사람을 다치지 않는 것이다. 그래서 귀신이 아무
일도 못하는 것일 따름이다.

사람과 귀신이 서로 다치지 않는 까닭은 성인(聖人)이 있기
때문이다. 그런 까닭에 덕(德)이 그리로 돌아간다.　蘇子由

■　　나라의 어머니를 얻어서 그것으로 다스리면 아무리
큰 나라라 해도 어렵지 않다. 생선을 조리는 사람이 자꾸 뒤집
으면 안 되거니와 그것도 작은 생선을 조리는 사람이라면 마땅

히 온전하게 두고 집적거리지 말아야 한다. 큰 나라를 다스리는 사람도 또한 이와 같을 따름이다. 조리면서 집적거리면 다친다.

道로써 천하를 다스리는 사람을 가리켜, 크게 누르되 자르지 않아서 다치지를 않는다고 했다. 그것이 지극함에 이르면, 귀신도 신통력으로 사람을 다치지 않게 된다. 어떻게 그렇다고 말하는가? 귀신이란 본디 신통력이 있어서 그것이 사람과 더불어 잡되게 움직이면 신통력을 부리게 되니 사람을 다치지 않을 수 없다. 그런데 그것이 신통력을 부리지 않는 까닭은 성인(聖人)이 道로 천하를 다스려 사람들로 하여금, 성(性)을 음란케 하거나 德을 버리지 못하게 하고 지나친 기쁨이나 지나친 분노로 음양의 이로움[利]을 범하지 못하게 하여 이른바, 혼망(混芒, 뒤섞여 분별 못함)한 가운데 있으나 한 세상 더불어 담막(澹漠, 욕심이 적고 마음이 고요함)함을 얻도록 하기 때문이다. 이것이 바로, 성인(聖人)이 또한 사람을 다치지 않는 것이다.

오직 성인(聖人)만이 사람을 다치지 않을 수 있다. 그래서 음양(陰陽)이 화정(和靜)하고 귀신이 소란을 피우지 않고 만물이 상(傷)하지 않고 생명이 요절(夭絶)하지 않으니 곧 귀신의 신통력이 사람을 다치지 않는 것이다. 신통력이 사람을 다치지 않음은 곧 그 영(靈)의 메아리[響]를 드러내지 않음이다. 이로써 미루어 보건대, 귀신이 신통력을 부리지 않는 것은 귀신이 신통력을 부리지 않는 게 아니라 그 신통력으로 사람을 다치지 못하기 때문에 신통력을 부리지 않는다고 한 것이다. 성인(聖人)이 또한 사람을 다치지 않는 까닭에 그것의 신통력이 사람을 다치지 않는 것이다.

설사 성인(聖人)이 사람에게 나아가도, 바탕[樸]을 온전히 지키지 못하여 그것을 다치고 사람이 성(性)을 잃어 봄 여름 가을 겨울의 추위와 더위가 조화를 이루지 못하게 하는 지경까지 이르면, 사람들이 귀신의 신통력을 다치는 일이 적지 않거니와 귀신 또한 어찌 사람을 다치지 않을 수 있겠는가? 오직 사람이 귀신을 다치지 않으면 귀신이 사람에게 德을 돌려주고 귀신이 사람을 다치지 않으면 사람 또한 德을 귀신에게 돌린다. 그래서 이르기를, 둘이 서로 다치지 않으니 그런 까닭에 德이 엇갈려 돌아간다고 했다. 呂吉甫

■　　　작은 생선을 조리듯이 하는 것은 어지럽히지 않는 것이다. 떠들썩하면 해(害)가 많고 고요하면 참을 온전케 한다[全眞]. 그러기에 나라가 클수록 임금은 더욱 조용해야 하니 그런 뒤에 널리 사람들의 마음[衆心]을 얻을 수 있는 것이다.

큰 나라를 다스림은 작은 생선 조리듯이 하고, 道로써 천하를 다스리면 귀신이 신통력을 부리지 않는다.

신통력은 자연을 해치지 않는다. 물(物)이 자연을 지키면 신통력이 보탤 게 없다. 신통력이 무엇을 보탤 게 없으면 신통력이 신통한 줄을 알아볼 길이 없다.

道와 합치면 신통력이 사람을 다치지 않고 신통력이 사람을 다치지 않으면 신통력이 신통한 줄을 알아볼 길이 없다.

道와 합치면 성인(聖人) 또한 사람을 다치지 않는다. 성인이 사람을 다치지 않으면 성인이 성인인 줄을 알아볼 길이 없다. 그래서 말하기를, 신통력을 신통력으로 알아보지 못하고 또한 성인(聖人)을 성인으로 알아보지 못한다고 했다.

저 위세(威勢)와 법망(法網)을 뽐내면서 물(物)을 부리는 것은 쇠퇴하는 다스림이요 신통력과 성스러움을 신통력과 성스러움으로 알아보지 못하게 하는 것은 道의 지극함[極]이다. 신통력이 사람을 다치지 않으니 성인 또한 사람을 다치지 않고 성인이 사람을 다치지 않으니 신통력 또한 사람을 다치지 않는다. 그래서 이르기를, 둘이 서로 다치지 않는다고 했다. 신통력과 성인(聖人)됨이 합하여 그리로 돌아가는 것이다. 王弼

■   생선을 조리려면 하나는 해야 하고 하나는 하지 말아야 한다. 해야 하는 것은 알맞는 열을 가하는 일이요 하지 말아야 하는 것은 생선을 집적거리는 것이다. 요리하라. 그러나 내

버려두라. 이것이 맛있는 생선조림을 먹는 비결이다.

사랑하라. 그러나 간섭하지 말라. 이것이 멋있는 인생을 살아가는 비결이다. 큰 나라를 다스리는 일도 이에서 벗어나지 않는다. 觀玉

61

큰 나라가 아래로 내려감은

大國者下流, 天下之交, 天下之牝. 牝常以靜勝牡. 以靜
爲下, 故大國以下小國, 則取小國. 小國而下大國, 則取
大國. 故或下以取, 或下而取. 大國不過欲兼畜人, 小國
不過欲入事人, 夫兩者各得其所欲, 故大者宜爲下.

큰 나라가 아래로 내려감은 천하의 모여듦이요 천하의 암
컷이다. 암컷은 언제나 고요함으로써 수컷을 이긴다. 고요
함으로써 아래로 내려가니 그런 까닭에 큰 나라는 작은 나
라 아래로 내려감으로써 작은 나라를 취하고 작은 나라는
큰 나라 아래로 내려가서 큰 나라를 취한다. 그러므로 어떤
것은 아래로 내려감으로써 취하고 어떤 것은 아래로 내려

가서 취한다. 큰 나라는 사람들을 겸하여 기르려는 욕심뿐이요 작은 나라는 들어가서 사람들을 섬기려는 욕심뿐인데 무릇 이 둘이 각자 바라는 바를 얻고자 한다면 마땅히 큰 나라가 아래로 내려가야 한다.

■　　온 세상이 큰 나라로 돌아감은 물이 아래로 내려감과 같다. 모든 움직임이 고요함으로 향하는 것은 높은 것들이 낮은 곳에 다다르는 것과 같다.

큰 나라가 능히 아래로 내려가면 작은 나라가 달라붙고[附] 작은 나라가 능히 아래로 내려가면 큰 나라가 받아들인다[納]. 큰 나라는 아래로 내려감으로써 사람들을 취하고 작은 나라는 아래로 내려가서 사람들에게 취해진다.　蘇子由

■　　나라가 크면서도 능히 무릎을 꿇을 수 있어서 그로써 물(物)을 구(求)하면 물(物)이 반드시 그 나라로 돌아온다. 암컷은 언제나 고요하여 물(物) 아래로 내려간다. 그런 까닭에 암컷은 언제나 수컷을 이긴다.

큰 나라가 작은 나라 아래로 내려가면 반드시 작은 나라를 얻고 작은 나라가 큰 나라 아래로 내려가면 반드시 큰 나라를 얻는다. 그런 까닭에, 큰 나라가 작은 나라 아래로 내려감으로써 (작은 나라를) 취하고 작은 나라가 큰 나라 아래로 내려가서 (큰 나라를) 취함은 각자 그 마음의 바라는 바를 얻는 것이라고 했다. 그러므로 큰 나라는 작은 나라를 키워주려는 것 말고 바라는 바가 없고 작은 나라는 큰 나라를 섬기려는 것 말고 바라는 바가 없다. 이와 같이 된 뒤에야 두 나라가 각기 그 있을 자리를 얻는다.

　　맹자(孟子)께서 이르시기를, 작은 것으로 큰 것을 섬김은 하늘을 두려워함이요 큰 것으로 작은 것을 섬김은 하늘을 즐겁게 함이라[以小事大, 畏天者也, 以大事小, 樂天者也], 하늘을 즐겁게 하는 자는 천하를 지키고[保] 하늘을 두려워하는 자는 나라를 지킨다고 하셨다. 그러므로 마땅히 큰 쪽이 아래로 내려가야 한다.　李息齋

■　　강해(江海)가 크면서 아래에 있으니 곧 백천(百川)이 그리로 흐른다. 큰 나라가 크면서 아래에 있으니 곧 천하가 그리로 돌아간다. 그런 까닭에 큰 나라가 아래로 내려간다고 했다.

　　천하의 교(交)란, 천하가 돌아가서 모이는 것을 말한다.

　　천하의 암컷은 고요하여 밖으로 구(求)하지 않고 가만 있지만 물(物)이 스스로 그리 돌아감은 그 고요함으로써 능히 아래에 있기 때문이다.

빈(牝)은 자(雌)다.

수컷[牡]은 조급히 움직이며 탐욕스럽다. 암컷[牝]은 언제나 고요하다. 그래서 능히 수컷을 이긴다. 고요함으로써 아래로 내려가기 때문에 물(物)이 스스로 그리 돌아간다.

큰 나라가 아래로 내려간다 운운(云云)은, 큰 나라가 작은 나라 아래로 내려가니 작은 나라가 달라붙어서 큰 나라를 얻고 큰 나라는 작은 나라를 받아들인다는 말이다.

어떤 것은 아래로 내려가서 취한다 운운(云云)은, 반드시 자기를 낮춘 뒤에야 각자 그 있을 자리를 얻는다는 말이다. 작은 나라가 아래로 내려감은 그렇게 해서 스스로를 온전하게 지키는 것일 따름이요 천하로 하여금 저한테로 돌아오게 할 수는 없다. 큰 나라가 아래로 내려가면 곧 천하가 그리로 돌아온다. 그래서 각자 바라는 바를 얻으려면 마땅히 큰 쪽이 아래로 내려가야 한다고 했다. 王弼

■　　 미국이 한국 아래로 내려오면 한국은 미국을 얻고 미국은 한국을 얻는다. 한국이 미국 아래로 내려가면 미국은 한국을 얻고 한국은 미국을 얻는다. 미국은 다만 한국을 키워주려는

욕심뿐이고 한국은 다만 미국을 섬기려는 것뿐이다. 해서, 천하가 태평천국을 이루는 것이다. 이렇게 꿈같은 낙원을 이루려면 마땅히 미국이 먼저 한국 아래로 내려와야 한다.

시방 돌아가는 꼴을 봐서는 억만 년이 가도 있을 수 없어 보이는 일이다. 그러나 하늘 뜻이 하늘에서와 같이 땅에서도 이루어지려면 그 길밖에 없다. 이 땅에서의 관계란 어차피 큰 것과 작은 것의 관계다.

나는 누구에게 작은 자며 누구에게 큰 자인가? 마땅히 내가 할 일은 나보다 작은 자에게, 그의 아래로, 먼저 내려가는 것이다. 인간의 승천을 위해 신(神)이 먼저 인간의 가장 낮은 자리로 내려왔다. 觀玉

62

道란 만물의 아랫목이니

道者萬物之奧, 善人之寶, 不善人之所保. 美言可以市,
尊行可以加人. 人之不善, 何棄之有. 故立天子, 置三
公. 雖有拱璧, 以先駟馬不如坐進此道. 古之所以貴此道
者何. 不曰求以得, 有罪以免耶. 故爲天下貴.

道란 만물의 아랫목이니 착한 사람의 보물이요 착하지 않
은 사람의 보존되는 바다. 아름다운 말은 팔 수 있고 훌륭
한 행실은 사람들에게 권할 수 있다. 사람이 착하지 않다
해서 어찌 그를 버릴 수 있으랴? 그러므로 천자(天子)를 세
우고 삼공(三公)을 둔다. 비록 보물을 안고 네 마리 말이 끄
는 수레를 탄다 해도 앉아서 이 道에 나아감만 못하다. 옛

적 사람들이 이 道를 귀하게 여긴 것은 어째서인가? 구하면
얻고 죄가 있어도 면한다고 말하지 않았던가? 그런 까닭에
천하의 귀함이 되는 것이다.

■   무릇 사물을 밖으로 드러내 보이는 것은 문(門)이다.
道가 물(物)에 있음은 비(譬)컨대 아랫목과 같아서 물(物)마다
道를 지니고 있지만 사람들이 보지를 못한다.

다만 슬기로운 사람[賢者]만이 그것을 얻어 지니고 있다. 그
래서 이르기를, 착한 사람[善人]의 보물이라고 했다. 어리석은
자는 비록 그것을 지니지 못했어도 道 아니면 능히 안전할 수
없으니 그래서 이르기를 착하지 못한 사람[不善人]이 보존되는
바라 했다. 대개, 道는 사람한테서 멀지 않은데 사람이 道를 멀
리 하거니와 이제 성실한 사람이 있어 아름답게 말을 하면 그
것을 세상에 팔 수도 있고 훌륭하게 행하면 사람들에게 권할
수도 있는 것이다.

아침에 불의(不義)하다가도 저녁에 큰 道를 들으면 망령됨이
끝나고 성(性)이 회복된다. 그 착하지 아니함을 손가락으로 가
리키려 하나 그럴 수 없거늘 또한 그를 어찌 버릴 수 있으랴.

천자(天子)를 세우고 삼공(三公)을 두는 것은 장차 道로써 사람들을 구하려는 것일 따름이다. 비록 귀한 보물을 안고 네 필 말이 끄는 수레를 타고 다닌다 해도 이 道에 나아감만 못하다.

道는 본디 나[我]에게 있는데 사람들이 근심하여 구하지를 않거니와 구하면 곧 얻는다. 道는 공(功)도 없고 죄(罪)도 없는데 사람들이 근심하여 알지 못하거니와 알면 어떤 죄도 그를 더럽히지 못한다. 蘇子由

■ 아랫목 오(奧)는 감출 장(藏)이다. 道가 만물의 귀한 것이 됨은 아랫목에 능히 보물을 감출 수 있는 것과 같다. 슬기로운 사람[賢者]은 道로 보물을 삼는다. 그래서 그 얻은 바를 즐긴다. 슬기롭지 못한 사람[不賢者]은 道가 아니면 보존되지 않는다. 그래서 죄를 면하게 됨을 좋아하거니와 이는 그 뿌리가 사람 마음의 절로 그러함[自然]에 있어서 그런 것이지 억지로 그렇게 하는 것은 아니다. 그런 까닭에, 道에 기대어 말을 하면 그 아름다움을 팔 수 있고 道에 기대어 행동을 하면 그 훌륭함을 사람들에게 권할 수 있다. 진실로 사람 마음의 절로 그러함이 아니면 말을 해도 좇지 아니하고 행동을 해도 응하지 않는다.

사람이 저마다 道에 그 뿌리를 내리고 있거니와 불행하게도 착하지 아니함[不善]에 떨어진다 해서 성인(聖人)이 어찌 그를 버릴 수 있으랴? 그런 까닭에, 천자(天子)를 세우고 삼공(三公)을 둠은 겨우 그 부귀(富貴)를 이롭게 하는 데 있는 것이 아니다. 사람이 착하지 않다 해서 그를 버리지 않는 것은 道로써 그를 착하게 하려는 것일 뿐이다. 비록 보물을 안고 네 필 말이 끄는 수레에 앉아 나아간다 해도 한 마디 착한 말을 하고 한 가지 착한 행실을 하는 것만 못하다.

천하 사람들로 하여금 착함을 잃지 않게 하니 그 이익됨이 어찌 적겠는가? 다만 道로써 백성을 깨우치니 이를 일컬어, 앉아서 이 道에 나아간다고 했다. 옛적 사람들이 이 道를 귀하게 여긴 까닭은 무엇인가? 착한 사람은 道로써 날마다 그 착함을 얻고 불행하게도 착하지 못함에 떨어진 사람 또한 스스로 족히 악을 면하게 되니 어찌 천하의 귀한 것이 됨에 부족함이 있으랴. 李息齋

■   아랫목 오(娛)는 가릴 애(曖)다. 덮어서 감싸주는 것을 일컫는 말이다. 보배로 여길 보(寶)는 보배로 여겨서 쓰는 것이다. 보존되는 바[所保]는 지켜서 온전케 됨이다.

아름다운 말[美言]은 팔 수 있다, 운운(云云)은, 道가 모든 것에 앞서 있고 어떤 물(物)도 이보다 더 귀하지 못하니 비록 진귀한 보물이나 옥으로 깎은 말[馬]이 있어도 이에 필적할 수 없는지라, 그것을 아름답게 말하면 많은 재물을 얻을 수 있어서 그래서 이르기를, 아름다운 말[美言]은 팔 수 있다고 했다.

훌륭하게 행하면 천리 밖에서 응한다. 그래서 이르기를 사람에게 권할 수 있다고 했다.

착하지 않은 자도 道를 보존하고 있으니 마땅히 쫓겨남을 면해야 한다.

천자(天子)를 세우고 삼공(三公)을 둠은 그렇게 하여 道를 잘 행한다는 말이니 이 道는 위에서 말한 바 있다. 천자를 세우고 삼공을 두어 위(位)를 받들고 사람들을 중(重)하게 여김은 그렇게 해서 道를 세운다는 말이다.

어떤 물(物)도 이보다 귀하지 못하다. 그런 까닭에 비록 보물을 안고 네 마리 말이 끄는 수레를 타고 다닌다 해도 앉아서 이 道에 나아감만 못한 것이다. 구함으로써 구하는 것을 얻고 면(免)함으로써 면함을 받게 되니 道는 베풀어지지 않는 곳이 없다. 그런 까닭에 천하의 귀한 것이 된다. 王弼

■　내 꿈속에 등장하는 모든 것이 다 나의 창조물이다. 꿈에 내가 깡패한테 맞았다면, 맞는 나도 나의 한 모습이요 때리는 깡패도 나의 한 모습이다. 내가 깡패가 되어 나를 때리고 있는 것이다. 먼저 깨달으신 이들이 말한다. 우리가 '현실'로 알고

있는 이것 또한 한바탕 꿈이라고. 그렇다면, 이 글을 쓰는 나도 나의 한 모습이고 이 글을 읽는 그대도 나의 한 모습이다. 바로 그 '나'를 노자(老子)는 가끔 道라고 부른다.

道라는 이름으로 불리기도 하고 하느님이라고 불리기도 하고 무(無)로 통하기도 하는 그 '나'는 이렇게 온갖 모습을 띤 수많은 '나들'의 안방 아랫목 깊숙이 숨어 있어서 좀처럼 보이지를 않는다. 슬기로운 자만이 그를 알아본다. 그러나 알아보지 못한다 해서 그를 업신여기거나 깔보아서는 안 된다. 알아보지 못하는 나 또한 나의 한 모습이다. 觀玉

63

하면서 하지 않는다

爲無爲. 事無事. 味無味. 大小多少. 報怨以德. 圖難于
其易. 爲大于其細. 天下難事必作于易, 天下大事必作于
細. 是以聖人終不爲大, 故能成其大. 夫輕諾必寡信, 多
易必多難. 是以聖人猶難之, 故終無難.

하면서 하지 않는다. 일을 삼으면서 일삼지 않는다. 맛을 내
면서 맛내지 않는다. 큰 것은 작게 많은 것은 적게. 德으로
써 원수를 갚는다. 쉬운 데서 어려운 일을 꾀하고 작은 데서
큰 것을 이룬다. 세상의 어려운 일이 반드시 쉬운 데서 시작
되고 세상의 큰 일이 반드시 가늘게 비롯된다. 이로써 성인
(聖人)은 일을 크게 하지 않는데 그런 까닭에 능히 큰 일을

이룬다. 가볍게 승낙하면 반드시 신망을 잃게 되고 만사를
쉽게만 여기면 만사가 어려워진다. 이로써 성인(聖人)은 오
히려 어렵게 여기고 그런 까닭에 끝내 어렵지 않다.

■　　　성인(聖人)은 하면서 하지 않는다(하지 않으면서 한다).
그래서 하지 않는 바가 없다. 일을 삼으면서 일삼지 않는다. 그
래서 하지 않는 일이 없다. 맛을 내면서 맛을 내지 않는다. 그래
서 내지 않는 맛이 없다.

크고 작고 많고 적음에 한결같이 다만 道로써 대할 따름이
다. 대개 사람의 정(情)으로 잊지 못하는 것이 원(怨)이다. 그러
나 사랑하고 미워하는 정을 잊기만 하면 비록 원수를 갚아도
오히려 德으로 갚는 것과 같다.

세상 사람들은 큰 것을 두려워하고 작은 것을 업신여기며 많
은 것을 어렵게 여기고 적은 것을 쉽게 여기며 어려워진 뒤에
손을 쓰고 커진 뒤에 수습하려 한다. 그래서 하는 일이 늘 순조
롭지 못하다. 성인(聖人)은 크고 작음을 같게 여기고 많고 적음
을 하나로 알아 두려워하지 않는 바가 없고 삼가지 않는 바가
없으니, 어찌 그 하는 일마다 순조롭지 않겠는가?　蘇子由

■   하면서 하지 않으니 내가 수고스럽지 않고 일을 삼으면서 일을 삼지 않으니 남이 번거롭지 않다. 맛을 내면서 맛내지 않으니 물(物)이 낭비되지 않는다.

세상 사람들이 말하는 크고 작고 많고 적은 것은 모두 말을 그렇게 하는 것일 따름이다. 성인(聖人)은 꼴과 그릇[形器] 밖에서 노니는지라 크니 작으니 많으니 적으니 하는 것을 모두 하나로 안다. 이렇게 크고 작고 많고 적음을 모두 하나로 여기거늘, 하물며 원수 갚고 은혜 베푸는 일이야 말할 것 있겠는가? 그가 하고 베푸는 바는 다만 德일 따름이라, 원수 질 일이 어디 있으며 은혜에 구별이 없고 또한 크고 작고 많고 적음에 다를 바가 없다.

일은 반드시 쉽게 시작되고 큰 것은 반드시 가늘게 비롯된다. 쉬운 것에서 좇아 나아가니 어려운 일 또한 쉽고 가느다란 것에서 출발하여 행하니 큰 것 또한 가늘다. 성인(聖人)이 끝내 일을 크게 하지 않는데 큰 것들이 반드시 그에게로 돌아옴은 그의 무심(無心)으로 말미암아서 그런 것이다. 다만 무심으로 일을 하기 때문에, 먼저 일을 벌이고 상대방에게 기대하는 일 따위 하지 않는다. 어찌 그를 세상의 소인배와 같이 볼 것인가? 저들은 일을 아직 하지 않으면서 미리 승낙하고 일을 당하여 매사를 쉽게만 여긴다. 미리 가볍게 승낙하면 반드시 신망을 잃고 매사 쉽게만 여기면 모든 일이 어려워진다.

성인(聖人)은 일을 일삼아 하지 않으니 늘 일을 어렵게 하는 것 같이 보여도 사실은 어렵지 않다. 나를 남에게 고집하지 않으니 그런 까닭에 도무지 어려울 일이 없다. 李息齋

■　　하지 않음에 거하고 말 아니함으로 가르치고 담백함[恬淡]으로 맛을 내는 것이 다스림의 극치다.

원(怨)이 작으면 갚을 만한 것이 못 되나 큰 원(怨)은 온 세상이 일어나서 베어버리려고 한다. 온 세상이 같이 하는 바에 따르는 것이 德이다.

성인(聖人)의 재주를 갖추고서도 오히려 작고 쉬운 일을 어렵게 여기거늘 하물며 성인(聖人)의 재주도 갖추지 못했으면서 이를 가벼이 여기려 하는가? 그래서 말하기를, (성인은) 오히려 어렵게 여긴다고 했다. 王弼

■　　무거운 것을 들다가 허리를 다치는 경우는 거의가 물건을 가벼이 여기고 들었다가 그렇게 되는 것이다. 무겁고 가볍고 크고 작은 것이 어디 따로 있는 게 아니다. 있다면 무겁게 여기고 가볍게 여기는 마음이 있을 따름인데, 대체로 가벼운 것을 무겁게 여기면 큰 탈이 없지만 무거운 것을 가볍게 여기면 탈이

나기 쉽다. 성인(聖人)이 매사에 신중하여 겨울 냇물 건너듯이 하는 것은 엄살을 부리는 것도 아니요 미리 겁을 내는 것도 아니다. 다만, 적고 많고 작고 큰 모든 것을 하나로 알고 오직 道로써 道를 대하듯 매사에 응하기 때문에 그러는 것이다. 觀玉

| 64 |

마침을 처음처럼
신중하게 하면

其安易持, 其未兆易謀, 其脆易判, 其微易散. 爲之於未
有, 治之於未亂. 合抱之木, 生於豪末. 九成之臺, 起于
累土. 千里之行, 始於足下. 爲者敗之, 執者失之. 是以
聖人無爲故無敗, 無執故無失. 民之從事, 常於幾成
而敗之. 愼終如始則無敗事. 是以聖人欲不欲, 不貴難
得之貨, 學不學, 復衆人之所過. 以恃萬物之自然, 而
不敢爲.

가만 있는 것이 가지기 쉽고 아직 낌새가 드러나지 않은 것
이 꾀하기 쉽고 여리고 부드러운 것이 가려내기 쉽고 세미

한 것이 흩어버리기 쉽다. 아직 있지 않을 때 하고 아직 어지럽지 않을 때 다스려라. 아름드리 나무가 터럭 끝 같은 싹에서 나고 9층 건물이 흙 한 삼태기 위에 서고 천릿길이 한 발짝에서 비롯된다. 하는 자는 실패하고 잡는 자는 놓친다. 이로써 성인(聖人)은 아무것도 하지 않아서 실패하지 않고 아무것도 잡지 않아서 잃지 않는다. 마침을 처음처럼 신중하게 하면 실패할 일이 없다. 이로써 성인(聖人)은 바라되 바라지 않아서(아무것도 바라지 않기를 바라서) 얻기 힘든 보화를 귀하게 여기지 않고 배우되 배우지 않아서(아무것도 안 배우기를 배워서) 뭇 사람이 저지른 허물을 고쳐준다. 이로써 만물의 절로 그러함[自然]을 돕는데 (그 일을) 함부로 하지 않는다.

■   아직 있지 않은 것은 지니고 꾀하기에 족하나 그것이 장차 있게 되면 쪼개어 흩어버리지 않는 한 없어지지 않는다. 그러나 없어지지 않고 더 단단해지는 수도 있다. 그런 까닭에 아직 있지 않은 때에 하는 것이 상수(上手)요 아직 어지러워지지 않았을 때에 다스리는 것은 그 다음 가는 수(手)다.

나무도 집도 걷는 일도 적은 것을 쌓아 큰 것을 이룸이니, 다스려짐이나 어지러워짐이나 복(福)이나 화(禍)가 오는 것이 모두 이 셋과 같다. 성인(聖人)은 그것을 대(待)하되 일삼아 하지 않고 지키되[守] 잡지 않는다. 그런 까닭에 능히 복(福)으로 하여금 스스로 나게 하고 화(禍)로 하여금 스스로 죽게 한다. 이는 마치 밭에 씨를 뿌림과 같으니 밭을 깊게 파고 김을 자주 매어 가을에 풍성한 수확을 보는 것과 같고, 또한 도둑을 맞는 것과 같으니 위태로운 때에 가만히 앉아 바라보기만 해도 도둑이 스스로 물러가는 것과 같다.

　세상 사람들은 물(物)의 절로 그러함[自然]을 모르고서, 일을 자꾸 만들어 그것을 애써 이루고자 하고 움켜잡으면 놓으려하지 않는다. 그런 까닭에 화(禍)로 더불어 이기기를 다투고 복(福)과 더불어 군더더기를 만든다. 그래서 화(禍)가 이르면 피할 수 없고 복(福)이 와도 누리지를 못한다. 대개 이치가 그러하다.

　성인(聖人)은 무엇을 일삼아 하는 것의 해로움을 알아서, 사람을 가지고 하늘을 돕지 않고[不以人助天] 처음부터 끝까지 모든 일에 그것의 절로 그러함[自然]을 말미암는다[始終皆因其自然]. 그런 까닭에 이루어지지 않는 것이 없다.

　세상 사람들은 마음이 얻고 잃음[得喪]에 있는지라, 일이 아직 미세할 때에는 미처 모르고 그것의 절로 그러함[自然]을 좇는 것 같다가도 일이 거의 완성될 즈음에 힘을 쓰다가 그르치고 마니, 일을 일삼아 하고서 실패하지 않는 자가 일찍이 없었다. 그래서 이르기를, 끝마무리를 처음처럼 신중하게 하면 그릇될 일이 없다고 했다.

사람들은 저마다 바라는 바를 좇다가 물(物)을 상(傷)하고 배운 바를 믿다가 이치[理]를 해(害)한다. 성인(聖人)이라 해서 바라는 바가 없는 것은 아니다. 바라면서 바라지를 않는다. 배우면서 배우지를 않는다. 그래서 배우지만 이치[理]를 해하지 않는다. 그런 뒤에 안팎이 텅 비어 밝고[空明] 도무지 걸리는 것이 없어 아무 일도 하지 않으니 이로써 만물의 절로 그러함[自然]을 보(輔)하고 그것들이 스스로 이루어지기를 기다릴 수 있는 것이다. 蘇子由

■   성인(聖人)은 언제나 그 평안한 곳에서 평안하다. 그런 까닭에 그 평안에 불안함이 없고 모든 것을 지니고 있지만 지닌 것이 없다. 그래서 이르기를 지니기 쉽다고 했다. 아무것도 지니지 않음으로써 그 평안함을 지니고, 혹시라도 미세한 마음이 일면 그것이 아직 겉으로 드러나기 전에 살펴보고 그것이 취약(脆弱)할 때 깨뜨리고 그것이 아직 세미할 때 흩어버린다. 그런 까닭에 평안함이 어지러워지지 않는 것은 아무것도 지

니지 아니함으로써 평안함을 지키고 마음이 아직 어지럽혀지기 전에 다스리는 데서 말미암는다. 이는 비(譬)컨대, 아름드리나무가 터럭 같은 싹에서 나오고 9층 건물이 흙 한 삼태기 위에 올라가고 천릿길이 한 발 떼어놓는 것으로 비롯됨과 같다. 아무 일도 하지 않는 가운데 저절로 하고 아무것도 쌓지 않는 가운데 저절로 쌓인다. 쌓인 것은 날마다 사라지고 선(善)은 날마다 쌓이는데 성인(聖人)은 그것이 그런 줄 모른다. 만약에 생각이 있어서 일을 하면 곧 일에 실패하는 것이요 생각이 있어서 잡으면 곧 그것을 잃는 것이다. 아무 일도 하지 않으니까 실패하지 않고 잡지 않으니까 잃지 않는다.

세상 사람들이 살아가는데 이루기는 어렵고 무너지기는 쉬운 까닭은 생각을 가지고서 일을 하거나 그 일에 집착하기 때문이다. 바야흐로 일을 시작할 때에는 부지런하다가 마침내 끝에 가서 게을러지는 것은 모두가 일을 일삼아 하고 그 일에 집착한 데서 오는 허물이다. 처음부터 일을 일삼아 하지 않고 처음부터 집착하지 않아도 부지런함을 지속하기 어려운데 하물며 게으름이겠는가? 세상 사람들이 일을 거의 이루었다가 실패하는 까닭이 여기에 있다. 다만 성인(聖人)이라야, 바라지 않으면서 바라는 까닭에 얻기 힘든 보화를 귀하게 여기지 않는다. 여기 말하는 얻기 힘든 보화가 반드시 금옥(金玉)을 뜻하지는 않는다. 내 몸 밖에 있는 것은 모두 얻기 힘든 것들이다.

뭇 사람의 눈은 색(色)에서 허물을 짓고 귀는 소리에서 허물을 짓지만, 나는 배우지 않는 것으로 배움을 삼아 보는 것을 거두고 듣는 것을 돌이켜[收視反聽] 뭇 사람이 지은 허물을 고쳐 준다.

道의 절로 그러함[自然]을 돕되 함부로 하지 않으니, 어찌 일삼아 하고 거기에 집착하는 병(病)을 앓겠는가? 李息齋

■　평안하되 위태로울 것을 잊지 않는다. 지니되 없어질 것을 잊지 않는다. 꾀하되 공(功)의 힘을 쏟지 않는다. 그래서 이르기를, 쉽다고 했다. 비록 무(無)를 잃고 유(有)에 들어갔어도 그것이 미세하고 취약한 까닭에 큰 공(功)을 들이지 않아도 된다. 그래서 쉬운 것이다. 이 네 가지 모두, 마침을 신중히 할 것을 말한 것이다.

아직 없다고 해서 무시하면 안 되고 미세하다고 해서 흩어버리지 않으면 안 된다. 아직 없다고 해서 무시하면 그것이 생겨나고 미세하다고 해서 흩어버리지 않으면 그것이 커진다. 그러므로 시작할 때 화(禍)가 있을까 염려하듯이 마칠 때 탈이 생길 것을 염려하면 어떤 일에도 실패하지 않는다.

아직 있지 않았을 때 한다는 것은 아직 낌새가 드러나지 않았을 때 안전하게 하는 것을 뜻한다. 아직 어지러워지지 않았을 때 다스린다는 것은 그것이 세미하고 취약할 때 다스리는 것을 뜻한다.

마땅히 마침을 신중하게 함으로써 세미할 때 없애고 세미할 때 없앰으로써 어지러워짐을 막아야 한다. 베풀고 행함으로써 다스리고 꼴[形]과 이름[名]에 집착하면 도리어 일거리만 생기고 교활하고 편벽됨이 다투어 일어나는 까닭에 실패한다. 일을 거의 다 이루었을 때 실패하는 것은 신중하게 마치지를 못해서다.

좋아하고 욕심내는 것이 비록 별 것 아니라 해도 그 때문에 다투고 떠받드는 일을 하게 된다. 얻기 어려운 보화가 비록 작은 것이라 해도 그 때문에 도둑이 일어난다.

배우지 않고서 능히 하는 것이 자연(自然)이다. 배우지 않는 것을 좋아함은 허물[過]이다. 그런 까닭에, 배우면서 배우지 아니함으로써 뭇 사람의 허물을 고쳐준다.　王弼

■　　　처음에는 자연의 道를 좇아 곧잘 한다. 그래서 칭찬도 받고 사람들의 기대도 모은다. 그러다가 일이 거의 완성될 때, 다 쑨 죽에 코 빠뜨리는 격으로, 일을 망치고 만다. 왜일까? 처음에 가졌던 신중한 마음을 끝까지 유지해야 하는데 그러지를 못했기 때문이다. 성공하려는 마음이 일에 앞서면 그 욕심이 걸

림돌로 작용하여 일을 망치게 된다.

처음에 순박했으면 끝에도 순박할 일이다. 처음에 가벼이 일을 했으면 끝까지 가벼이 할 일이다. 처음에 깨끗했으니 나중에도 깨끗할 일이다.

처음에는 왜 일이 쉬웠을까? 신중했기 때문이다. 나중에는 왜 일이 어려웠을까? 신중하지 못했기 때문이다. 성인(聖人)은 시종일관 신중함으로써 그렇지 못한 뭇 사람의 허물을 고쳐준다. 그 고쳐주는 일 또한 자연스런 결과일 뿐, 함부로(억지로) 하는 일이 아니다.

사람의 '몸'은 시종(始終)이 여일(如一)인데(알몸으로 왔다 알몸으로 가는데) '사람'은 어찌하여 그렇지 못한가? '사람'이 '사람 몸'에 미치지를 못하는구나, 道를 좇아서 살아가는 일에는. 觀玉

65

옛적의 道를 잘 행한 사람은

古之善爲道者, 非以明民, 將以愚之. 民之難治, 以其智
多. 故以智治國, 國之賊. 不以智治國, 國之福. 知此兩
者亦楷式, 能知楷式, 是謂玄德. 玄德深矣, 遠矣. 與物
反矣, 乃至於大順.

옛적의 道를 잘 행한 사람은 백성을 똑똑하게 만들지 않고
오히려 그들을 어수룩하게 만들었다. 백성을 다스리기 어
려운 것은 지혜[智]가 많아서다. 그런 까닭에 지혜[智]로 나
라를 다스림은 나라의 도적[賊]이요 지혜로 나라를 다스리
지 아니함은 나라의 복(福)이다. 이 두 가지를 다 아는 것이
본보기[楷式]다. 능히 본보기를 알면 이를 일컬어 그윽한

德[玄德]이라고 한다. 그윽한 德은 깊고 멀다. 물(物)로 더불어 돌아가니 크게 따르는[大順] 경지에 이른다.

■   옛날에 지혜로운 자[智者]로 일컬어진 이들은 道의 옹근 전체를 알고 물(物)의 처음과 나중을 한눈에 내려다보았다. 그래서 족(足)히 귀한 존재가 되었다. 보통사람들[凡民]은 이를 알지 못하고 작은 꾀에 빠져서 이리저리 살피는 것으로 똑똑함[明]을 삼았으니 그래서 지혜[智]의 해(害)가 자못 컸다. 그런 까닭에 성인(聖人)은 道로써 백성을 다스리되 그들을 똑똑하게 만들지 않고 오히려 어수룩하게[愚] 만들었다.

저들로 하여금 아는 바가 없어서 욕심이 없게 하여 위에서 하는 대로 좇도록 하면 비록 허물이 있어도 적다. 굳이 꾀[智]로 사람을 다스리면 사람들 또한 꾀로 응하니 위·아래가 서로 도적질을 할 따름이다.

우리가 귀하게 여기는 것은 德이요 물(物)이 귀하게 여기는 것은 지혜[智]다. 德과 지(智)가 실로 상반(相反)인데 지(智)를 좇는 자는 소인(小人)이요 德을 좇는 자는 대인(大人)이다.   蘇子由

■   지혜[智]로 나라를 다스리지 않는 것은 하늘을 여는 것[開天者]이요 지혜로 나라를 다스리는 것은 사람을 여는 것[開人者]이다.

하늘을 열면 곧 하늘에 따르고 하늘에 따르면 일 없이 일하니 그래서 정치(政治)가 엄(嚴)하지 않아도 다스려진다.

사람을 열면 막힌 것마다 뚫게 되고 뚫다보면 지나친 살핌[太察]에 길을 잃게 되니 그래서 백성이 순박[淳]하지 않고 일그러진다. 그런 까닭에 이르기를, 지혜로 나라를 다스리는 것은 나라의 도적[賊]이요 지혜로 나라를 다스리지 않는 것은 나라의 복(福)이라 했다.　劉仲平

■   밝음[明]은 많이 보고 교묘하게 만들어 바탕[樸]을 가리는 것을 말하고 어수룩함[愚]은 아는 바가 없고 참[眞]을 지켜 절로 그러함[自然]에 따르는 것을 말한다.

꾀[智]가 많고 교묘하게 속이니 그래서 다스리기가 어렵다.

지(智)는 치(治)와 같다. 지(智)로 나라를 다스리는 것을 일컬어 도적[賊]이라 했다.

백성을 다스리기 어려운 것은 꾀[智]가 많아서다. 마땅히 문을 닫고 막아서 백성으로 하여금 알지 못하고 욕심내지 못하도록 힘써야 한다. 잔꾀를 부려서 백성을 움직이면 삿된 마음[邪

心]이 생기게 되고 그러면 다시 교묘한 방법으로 백성의 거짓
[僞]을 막아야 하는데 백성이 또한 그 방법을 알아서 이리저리
피하니, 생각은 더욱 치밀해지고 간교한 거짓은 날로 더해간다.
그래서 이르기를, 꾀[智]로 나라를 다스리는 것을 일컬어 나라
의 도적이라 했다.

계(稽)는 동(同)이다(王弼本에는 楷가 稽로 되어 있음). 예로부
터 지금까지 언제나 같은 것은 버릴 수 없다. 능히 계식(稽式)을
아니, 이를 일컬어 원덕(元德)이라 한다(王弼本에는 玄德을 元德
으로 표기함). 원덕(元德)은 깊고 멀다.

반(反)은, 참[眞]으로 돌아감이다. 王弼

■   구한말의 이른바 오적(五賊)은 모두가 어려서부터 영
재(英才)를 드러낸 인물이었다. 그들이 그렇게 '똑똑한' 사람이
아니었더라면 나라를 팔아먹은 도적이라는 누명을 쓰게 되지
는 않았을 것이다. 사람의 재질(才質)이 德보다 뛰어난 것은 누
구보다도 자신을 위해서 불행한 일이다. 꾀는 꾀를 낳고 그 꾀
가 다시 꾀를 부려 결국은 제 꾀에 넘어가고 만다. 그래서 바울
로는 말한다. "정말 지혜로운 사람이 되려면 바보가 되어야 합
니다. 이 세상의 지혜는 하느님이 보시기에는 어리석은 것입니
다. 성서에 '하느님께서는 지혜롭다는 자들을 제 꾀에 빠지게

하신다'고 기록되어 있고 또 '주님께서는 지혜롭다는 자들의 생각이 헛되다는 것을 아신다'고 기록되어 있습니다"(고전 3:18-20). 觀玉

66

강과 바다가 모든 골짜기의
왕이 되는 까닭은

江海所以能爲百谷王子, 以其善下之, 故能爲百谷王. 是
以聖人欲上人, 以其言下之, 欲先人, 以其身後之. 是以
處上而人不重, 處前而人不能害. 是以天下樂推而不厭.
以其不爭, 故天下莫能與之爭.

강과 바다가 모든 골짜기의 왕이 되는 까닭은 그것들 아래
에 있기 때문에 그래서 모든 골짜기의 왕이 되는 것이다.
이로써 성인(聖人)은 사람들 위에 있고자 할 때 말로써 사람
들 아래로 내려가고 사람들 앞에 나서고자 할 때 몸을 사람
들 뒤에 둔다. 그래서 위에 있으나 사람들이 무거워하지 않

고 앞에 있으나 사람들이 해를 입지 않는다. 이로써 천하가 즐겨 받들되 싫증을 내지 않는다. 오직 다투지 않는 까닭에 천하가 그로 더불어 다투지를 못한다.

■ 　 성인(聖人)은 사람들 위에 올라서고자 하지 않고 사람들 앞에 나서고자 하지 않는다. 그저 아래로 내려가고 뒤로 물러선다. 그 道가 부득불(不得不) 위로 올리고 앞에 내세우는 것일 따름이다. 蘇子由

■ 　 강과 바다가 모든 골짜기의 왕이 되는 까닭은 그들 아래에 있기 때문에 그래서 능히 모든 골짜기의 왕이 되는 것이다. 그런즉 능히 천하의 왕이 되는 자 또한 그 아래에 있을 뿐이다.
　현덕(玄德)은 아래로 내려가는 道다. 장주(莊周)가 이르기를, 이로써 아래에 처하니 곧 왕도(王道)의 바탕이요 순(舜)이 아래에 있어서 현덕(玄德)이 높다는 말을 들었다, 하였거니와 현덕이란 실로 성인(聖人)이 아래에 있는 까닭에 드러나는 道다. 아래로 내려가는 道에 처하면서 사람들 위에 거하는 것은 그들 아래로 내려갔기 때문이다.

성인(聖人)이 천하를 다스린다는 말은, 그 자리를 말하자니 사람들 위에 있다 하나 자신을 일컬어 외로운 자, 모자란 자, 덜된 자라고 부르며 나라의 허물과 재앙을 자기 몸에 받아들이니 이는 말로써 백성들 아래에 내려간 것이다. 그 차례를 말하자니 사람들 앞에 있다고 하지만 밀린 다음에 움직이고 느낀 뒤에 응하고 마지못해서 일어나니 실로 그 몸을 뒤에 둔 것이다.

다만 말로써 아래로 내려가니 위에 있어도 사람들이 무거워하지 않고 무겁지 않으니 어깨에 얹어도 가볍다. 그 몸으로써 뒤에 두니 앞에 있어도 사람들이 해를 입지 않고 해를 입지 않으니 그를 좇아서 이로움을 얻는다. 무겁지 않고 해롭지 않은 까닭에 천하가 즐겨 그를 떠받들되 싫증을 내지 않는다. 말로써 아래로 내려가고 몸으로써 뒤에 두니 아무와도 다투지를 않는다. 즐겨 받들되 싫증을 내지 않으니 천하에 그로 더불어 다툴 자가 없다. 현덕(玄德)을 몸으로 드러내지 않는 자가 어찌 이와 같을 수 있으랴?

그래서 이르기를, 모름지기 다투지를 않으니 그런 까닭에 천하가 그로 더불어 다투지 못한다고 했다. 呂吉甫

■　　성인(聖人)은 마지못해서 천하를 다스린다. 비록 그 머리가 서물(庶物)들 위에 돋보이고 몸이 백성 위에 있으나 그것

이 아무 문제가 되지 않는다. 그러므로 천하를 다스리지만 말로 써 백성 아래로 내려가고 몸을 백성 뒤에 둘 수 있는 것이 천하 를 잊지[忘] 않은 자로서는 능히 할 수 없는 일이다.

그래서 백성 위에 있으나 백성이 그를 무거워하지 않고 또한 임금이 있는 줄을 모른다. 백성 앞에 있으나 백성이 해를 입지 않고 또한 임금이 있는 줄을 모른다. 다만 위·아래[上下]가 서 로 잊을[忘] 따름이다.

그래서 천하가 즐겨 받들되 싫증을 내지 않는다. 대개 위에 서 무엇을 움켜잡으면 백성이 그것을 두고 서로 다투게 마련이 다. 무위(無爲)로 천하를 다스리며 또한 임금의 모습을 드러내 지 않으니, 하물며 누구와 더불어 다투고자 하겠는가? 李息齋

■　　　충주 사람들은 남한강 물을 먹고 팔당 사람들은 한강 물을 먹는다. 팔당 사람들이 충주 사람들보다 '깊은 물'을 먹는 것은 그들이 저들보다 더 '낮은 땅'에 살고 있기 때문이다. 觀玉

67

나에게 세 가지 보물이 있어서

天下皆謂我道大似不肖. 夫唯大故似不肖. 若肖, 久矣其
細也. 我有三寶, 寶而持之, 一曰慈, 二曰儉, 三曰不敢
爲天下先. 夫慈故能勇, 儉故能廣, 不敢爲天下先故能成
器長. 今舍其慈且勇, 舍其儉且廣, 舍其後且先, 死矣.
夫慈以戰則勝, 以守則固. 天將救之, 以慈衛之.

세상 사람들 모두 내 道는 크지만 같잖은 것 같다고 한다.
다만 크기 때문에 같잖은 것 같다. 만약 비슷하다면 자잘해
진 지 오랠 것이다. 나에게 세 가지 보물이 있어서 그것을
보물로 간직하고 있으니 하나는 자애로움이요 둘은 검소함
이요 셋은 감히 세상 앞에 나서지 아니함이다. 자애롭기 때

문에 용감할 수 있고 검소하기 때문에 널리 베풀 수 있고 감히 세상 앞에 나서지 않기 때문에 그릇의 머리가 될 수 있다. 지금, 자애로움을 버리고 용감코자 하며 검소함을 버리고 널리 베풀고자 하며 뒤지지 않고 앞서려 함은 죽는 일이다. 자애로움으로 싸우면 이기고 지키면 든든하다. 하늘이 장차 그를 구원코자 자애로 그를 감싼다.

■　무릇 道란 넓고 넓어서 아무 꼴을 갖추지 않고 무너져 힘이 없는 것처럼 보여서 이름이 없고 만물에 두루 가득 차 있지만 물(物)로 더불어 한 가지도 서로 같은 점이 없으니 그래서 道가 크다고 하는 것이다. 만일 어느 한 물(物)과 같다면 그 또한 하나의 물(物)일 따름이니 어찌 크다고 할 수 있겠는가? 道는 어느 물(物)과도 같지 않아서 큰 것이다. 그래서 그것이 움직여 德이 되는데 또한 어수룩한 듯하여 이(利)에 빠르지 않고, 물러섬으로써 나가고, 세속에 합하지 않는다.

오늘날 세상 사람들은 용감(勇敢)을 귀하게 여기고 광대(廣大)를 받들며 진예(進銳, 날카로이 앞에 나섬)를 자랑삼지만 내가 보물로 지니고 있는 것은 자인(慈忍, 사랑으로 견딤)과 검약(儉

約)과 염퇴(廉退, 살펴서 물러남)다. 이 세 가지는 세상 사람들이 같잖다고[不肖] 일컫는 것들이다.

세상은 용결(勇決)로 어짐[賢]을 삼고 자인(慈忍)으로 미치지 못함[不及]을 삼지만, 용결이 쉽게 꺾이며 자인이 아무도 그것을 이길 수 없어서 끝에 가서는 용(勇)에 이른다는 사실을 모른다.

세상은 광대(廣大)로 물(物)을 덮고 검약(儉約)으로 누추함을 삼지만 광대가 쉽게 바닥을 보이고 검약이 쉽게 그득해져서 [足] 끝에 가서는 광(廣)에 이른다는 사실을 모른다.

세상은 진예(進銳)로 능(能)을 삼고 감히 앞에 나서지 아니함을 수치로 여기지만 진예가 사람들에게 안 좋은 결과를 많이 가져오고 앞에 나서지 않는 자를 세상이 즐겨 받들어 끝에 가서는 그릇의 우두머리로 된다는 사실을 모른다.

대개 통나무를 쪼개어 그릇을 만들거니와, 성인(聖人)이 이를 쓰면 곧 관장(官長)이 된다. 통나무가 그릇으로 되는 데는 처음부터 머리가 있고 꼬리가 있는 법이다.

용(勇)·광(廣)·선(先), 이 세 가지는 사람이 차지하려고 다투는 것이요 사실은 그래서 언제나 죽음에 가깝다. 자애로움[慈]으로 물(物)을 감싸면 물(物)을 사랑하는 것이 부모와 같으니 비록 죽는 지경에 이른다 해도 사양하지 않는다. 그런 까닭에 그것으로 전쟁도 할 수 있고 지킬 수도 있다. 하늘이 장차 그 사람을 구하매, 그의 심지(心志)를 열어 자애롭지 않은 구석이 없도록 한다. 자애롭지 않은 바가 없으니 모든 물(物)이 그것에 감싸임을 받는다. 蘇子由

■　세상 사람들이 나의 道가 큰 것을 보고 어딘가 같잖은 것 같다고 말하는데, 실로 그것이 크기 때문에 같잖은 것처럼 보인다는 사실을 모른다. 어찌하여 그렇게 말하는가? 대도(大道)는 범혜(汎兮)라, 왼쪽에 있다고도 오른쪽에 있다고도 말할 수 없이, 없는 곳이 없는데 저들이 道가 없는 곳이 없고 헤아릴 수가 없음을 보면서 어딘가 같잖은 것 같다고 말하는 까닭은, 그것이 없는 곳이 없어서 같잖은 것처럼 보이고 그래서 道가 크다는 사실을 모르기 때문이다.

만물이 道 아닌 것이 없으니 道 밖에는 물(物)이 없다[道外無物]. 道 밖에 물(物)이 없으니 (道와) 같은 것이 없고 그래서 크다고 하는 것이다. 만약에 (道와) 같은 것이 있다면 道 밖에 물(物)이 있다는 말이 되는데 道 밖에 물(物)이 있으면 道가 없는 곳이 있다는 얘기다. 그런 道를 어찌 크다고 할 수 있겠는가? 그래서 말하기를, 세상 사람들이 모두 내 道가 크지만 같잖은 것 같이 보인다고 하나 다만 크기 때문에 같잖은 것처럼 보이는 것이요 만약에 같다면 자잘한 지 오래 되었으리라고 했다.

대개 나의 道가 이처럼 큰 까닭은 나에게 내가 없어서[無我] 아무와도 다투지 않기 때문이다. 다만 내가 없어서 다투지를 않으니 그런 까닭에 사람들이 지니기 어려워하는 것을 능히 지닐 수 있다. 내게 세 가지 보물이 있어서 그것을 지니고 있거니와 하나는 자애로움[慈]이요 둘은 검소함[儉]이요 셋은 감히 세상 앞에 나서지 아니함[不敢爲天下先]이다. 사람들이 이 세 가지를 지니기 어려워하는 까닭은 나를 없게 하여 아무와도 다투지 않기를 못 해서다. 그래서 용감하되 자애롭지 못하고 널리 베풀되 검소하지 못하고 앞서되 뒤에 처지지 못한다. '나[我]'라는 게 없어서 아무와도 다투지 않는 자만이 이 세 가지 보물을 능히 지닐 수 있는 것이다.

천하에 비롯함[始]이 있어서 그것[道]으로 어미[母]를 삼았거니와 내가 그것을 잘 모셔 언제나 물(物)에 너그럽고 사람들에게 모질지 않으니 이것이 자애로움[慈] 아니겠는가? 행신(行身)이 천천하여 헤프지 않고 검약(儉約)으로 법[紀]을 삼으니 이것이 검소함[儉] 아니겠는가? 일찍이 사람들 앞에 나서지 않고 마땅히 그들의 뒤를 따르며 저마다 앞을 다툴 때 홀로 뒤에 처지니 이것이 감히 세상 앞에 나서지 아니함[不敢爲天下先] 아니겠는가?

무릇 자애[慈]가 부드럽고 약해서[柔弱] 그 부드럽고 약함으로 능히 단단하고 강함[剛强]을 이기니 이것이 바로 용(勇)이요, 검소[儉]가 헤프지 않아서 아무리 써도 바닥이 나지 않으니 이 것이 바로 광(廣)이요, 세상 앞에 나서지 않고 뒤에 서는 사람을 성인(聖人)이 써서 관장(官長)으로 삼아 모두 저를 따르게 하니 이것이 바로 우두머리를 이룸이다.

오늘날, 자애로움[慈]을 버리고 용감하고자 하며 검소함[儉] 을 버리고 널리 베풀고자 하며 뒤지려 하지 않고 앞장서려 하 는 것은 모두 단단하고 강한 무리가 하는 일이니 그들에게 죽 음이 돌아오는 것 또한 당연한 일이다.

결과만 가지고 보면 군대라는 데가 이기기를 좋아하고 위엄 [威]을 세우며 속임수로 공(功)을 세우는 것이 바람직한 곳이니 거기에서 자애[慈]가 할 일은 아무것도 없는 것처럼 보인다. 그 러나 뿌리[本]를 보면 위엄[威]이라는 게 상관의 자애로 말미암 아 서는 것이니 그래서 이르기를 자애로 싸우면 이기고 그것으 로 지키면 든든하다고 했다. 다만 자애로써 검소하고 검소해서 세상 앞에 나서지 않게 되니 자애야말로 세 가지 보물의 처음 이다. 자애를 버리면 죽고 간직하면 산다. 그러니 자애[慈]는 내 생명을 감싸주는 것이다. 그런 까닭에 이르기를, 하늘이 장차 그를 구하여 자애[慈]로 감싸준다고 했다. 자애[慈]가 서면 세 보물이 자란다[擧]. 呂吉甫

■   구의기세(久矣其細, 오래다 그 자잘함이)는 기세구의(其細久矣, 그 자잘함이 오래다)와 같은 말이다.

道가 무엇과 같으면 그것이 큰 까닭을 잃는다. 그래서 이르기를, 만약에 같다면 오래 되었으리라, 그 자잘함이―라고 했다.

무릇 자애[慈]로 진(陣)을 치면 이기고 그것으로 지키면 든든하다. 그런 까닭에 능히 용(勇)하다. 절약하고 검소하며 씀씀이를 아끼면 천하에 모자람이 없다. 그래서 능히 넓다[廣]. 다만 몸을 뒤에 두고 변두리에 두어서 물(物)이 돌아오게 한 뒤에 그릇을 이루어 천하를 이롭게 하고 물(物)의 머리가 된다.

차(且)는 취(取)다. 서로 민첩하여 어려움을 피하지 않는다. 그래서 이긴다. 王弼

■   노자(老子)는 결코 어수룩하지 않다. 그래서 언제나 '열매'를 보지 않고 '씨앗'을 잡는다. 사람들이 어떻게들 하고 있느냐에 상관없이! 觀玉

68

하늘에 짝하는
옛날의 지극한 법

善爲士者不武, 善戰者不怒, 善勝敵者不爭, 善用人者爲
之下. 是謂不爭之德. 是謂用人之力. 是謂配天, 古之極.

훌륭한 무사(武士)는 무력(武力)을 의지하지 않는다. 잘 싸
우는 자는 성을 내지 않는다. 적을 잘 이기는 자는 싸우지
않는다. 사람을 잘 부리는 자는 그 사람 아래로 내려간다.
이를 일러 싸우지 않는 자의 德이라 한다. 이를 일러 사람
을 부리는 자의 힘이라 한다. 이를 일러 하늘에 짝하는 옛
날의 지극한 법이라 한다.

■　　병사[士]는 마땅히 무(武)로 본(本)을 삼고 그것으로 겁을 준다. 만약에 무(武)로써 무(武)를 행한다면 곧 죽음뿐이다.

성인(聖人)은 마지못한 뒤에 전쟁에 임한다. 만약에 성이 나서 싸움에 나아간다면 이는 내 까닭으로 남을 죽이는 것이다. 내 까닭으로 남을 죽이면 하늘이 반드시 그에게 재앙을 내린다.

나는 싸우지 않는다. 그래서 능히 저들의 싸움에 이길 수 있다. 만약에 모두가 싸우기 위해서 싸운다면 어느 쪽도 이길 수 없을 것이다.

사람은 저마다 위에 올라서려는 마음을 지니고 있는데 그래서 서로에게 쓸모가 되어주지 못한다. 능히 참되게 아래로 내려갈 수 있으면 천하가 모두 나에게 쓸모로 되는 것이다. 蘇子由

■　　성인(聖人)은 몸이 또한 없는 사람인데 하물며 어찌 전쟁을 하겠는가? 그 싸우지 아니함으로 말미암아, 모든 물(物)에 응하는 바가 언제나 마지못해서 응할 따름이다. 그런 까닭에, 무사[士]가 되면 무기[武]를 쓰지 않고 전쟁에 나가면 성을 내지 않는다.

적을 이겨도 그와 싸우지 않고 사람을 부려도 그 사람 위에 올라서지 않는다. 그런 까닭에 능히 德으로 사람들을 굴복시키니 그들 또한 기꺼이 그를 위해 죽는다. 이를 일컬어 하늘에 짝하는 옛날의 지극한 법이라 했다. 李息齋

■ 　사(士)는 졸(卒)의 우두머리다. 무(武)는 먼저 남을 누르는 것을 받든다.

뒤에 서서 앞으로 나서지 않으며 응하되 자기를 주장하지 않는다. 그런 까닭에 성을 내지 않는다.

불여(不與)는(王弼本에는 본문의 '不爭'이 '不與'로 되어 있는 듯) 불여쟁(不與爭, 더불어 싸우지 아니함)이다.

사람을 부리면서 그 사람 아래로 내려가지 않으니 그의 힘을 내가 쓸 수 없게 되는 것이다. 王弼

■ 　소나기 구름이 무거워도 허공을 누르지는 못한다. 네가 아무리 불을 놓아도 내 가슴에 화약이 없으면 나를 성나게 할 수 없다.

하느님 일을 한다는 사람이, 자기가 정말 하느님 일을 하고 있는 건지 아니면 자기 욕심을 부리고 있는 건지 알고 싶으면, 무슨 일을 하다가 그 일이 좌절되거나 실패했을 때 자기가 어떤 반응을 보이고 있는지 살펴보면 알 수 있다. 성이 나서 투덜

거리거나 자기든 남이든 원망하고 탓하는 마음이 있다면 하느님 일을 한 것이 아니다. 觀玉

69

군대를 부리는 일에
말이 있으니

用兵有言, 吾不敢爲主而爲客, 不敢進寸而退尺. 是謂行
無行, 攘無臂, 仍無敵, 執無兵. 禍莫大於輕敵, 輕敵幾
喪吾寶. 故抗兵相加, 哀者勝矣.

군대를 부리는 일에 말이 있으니, 나는 감히 주인이 되지 않
고 손님이 되며 감히 한 치를 나가지 않고 한 자를 물러선
다고 했다. 이것이 이른바, 나가지 아니함을 나가고 없는 팔
뚝을 걷고 없는 적을 잡아들이고 없는 병기(兵器)를 잡는다
는 것이다. 적을 가벼이 여기는 것보다 큰 화(禍)가 없으니
적을 가벼이 여기면 내 보물을 거의 잃는다. 그러므로 양쪽

군대가 맞설 때에는 슬퍼하는 자가 이긴다.

■   주인[主]은 일을 만드는 자요 손[客]은 적(敵)에 응(應)하는 자다. 앞으로 나가는 자는 싸움에 뜻이 있는 자요 뒤로 물러서는 자는 싸움에 뜻이 없는 자다. 진실로 싸울 뜻이 없으면 비록 그 몸이 전장(戰場)에 있어도 걷어붙일 팔뚝이 없는 것 같고 잡아들일 적이 없는 것 같고 잡을 병기(兵器)가 없는 것 같으니 어찌 그에게 용병(用兵)의 허물[咎]이 있겠는가?

성인(聖人)은 자애[慈]로써 보물을 삼는다. 적을 가벼이 여기면 전쟁을 가벼이 여기고 전쟁을 가벼이 여기면 사람 죽이는 일을 가벼이 여기게 되니 보물인 자애[慈]를 잃고 만다.

양쪽 적이 서로 부딪치매 내가 마지못해서 나아가니 그래서 슬픈 마음이 있다. 슬픈 마음을 보이면 하늘과 사람이 그를 돕는다. 이기려 하지 않아도 이기지 않을 수 없다. 蘇子由

■   자애[慈]의 보물됨을 이 장(章)에서 다시 말하고 있다.

용병(用兵)에 유언(有言)이라 함은 군대를 부리는 자들이 일찍이 그런 말을 했다는 말이다.

주인[主]이 되면 병기(兵器)를 잡아 남을 친다. 손[客]이 되면 마지못해서 적(敵)에 응한다.

한 치를 나아감은 어렵게 나아감이요 한 자를 물러섬은 쉽게 물러섬이다.

잉(仍)은 취(就)다.

앞에 나서는 병사가 되지 않고 다만 뒤에 응하는 병사가 되면 비록 응하는 병사가 되어도 또한 전쟁할 뜻이 없으니 감히 조금 나가려 하지 않고 차라리 많이 물러난다. 전쟁에 기꺼이 나가는 자는 진(陣)을 갖추고 나가 팔뚝을 걷어 병기(兵器)를 잡고 앞으로 나가 적을 잡아들인다.

앞으로 나가지 않으니 나가도 나가지 않는 것 같고 팔뚝을 걷지 않으니 팔뚝이 있어도 없는 것 같고 병기(兵器)를 잡지 않으니 병기가 있어도 없는 것 같고 적을 사로잡지 않으니 적이 앞에 있어도 없는 것 같다. 吳幼淸

■　　　나가면서 나가지 않으면 그 사람은 멈추지 않게 된다.

나간다[行]는 말은 진(陣)을 친다는 말이다.

겸손하게 물러서고 자애[慈]를 베풀어 감히 남들 앞에 나서지 않고 어쩔 수 없이 싸우게 될 때에는 오히려 아니 나아감으로 나아가고 없는 팔뚝을 걷고 없는 병기를 잡고 없는 적을 잡아들이라는 말이다. 이는 더불어 싸울 상대가 없음을 말한 것이다.

없는 병기[兵]를 잡는다 운운(云云)은, 자애로써 겸손히 물러서며, 군대를 강하게 하여 천하무적이 되고자 하지 않는다는 말이다. 마지못해서 전장(戰場)에 나가는데 마침내 무적(無敵)이 되니, 이것이 내가 큰 화(禍)로 여기는 까닭이다.

보물[寶]은 삼보(三寶)다. 그래서 거의 보물을 잃는다 했다.

항(抗)은 거(擧)요 가(加)는 당(當)이다.

슬퍼하는 자는 반드시 서로 아껴주니, 이(利)를 취하여 해(害)를 피하지 않는다. 그러므로 반드시 이긴다. 王弼

■　　살다보면 피치 못할 일이 있게 마련이다. 전쟁이 그것이다. 어쩔 것인가? 팔을 걷고 병기를 잡고 나아가 적을 맞는 수밖에 없다.

노자(老子)의 가르침은 인간의 현실을 외면·무시하지 않는다. 현장을 떠난 어디에 있는 것이 도(道)가 아니기 때문이다. 다만, 기꺼이 신명이 나서 싸움터로 나가지 말고 마지못해서 슬픈 마음으로 적을 대하라는 것이다. 중요한 것은 적을 무찔러 이기는 데 있지 않고 나의 보물인 자애[慈]를 잃지 않는 데 있기 때문이다. 그런데, 그러면 전쟁에서 이긴다. 대컨, 침략군이

방어군을 이긴 적이 없음을 인류의 전쟁사(史)가 말해주고 있
지 않는가? 觀玉

70

내 말은 매우 알기 쉽고
매우 하기 쉽다

吾言甚易知, 甚易行, 天下莫能知, 莫能行. 言有宗, 事
有君. 夫唯無知, 是以不我知也. 知我者希, 則我者貴
矣. 是以聖人被褐懷玉.

내 말은 매우 알기 쉽고 매우 하기 쉬운데 세상 사람들이
능히 알지 못하고 능히 하지 못한다. 말에는 밑동[宗]이 있
고 일에는 머리[君]가 있다. (그것들을) 알지 못해서 그래서
나를 모르는 것이다. 나를 아는 자 드물고 나를 본뜬 자 귀
하다. 이로써 성인(聖人)은 누더기를 걸치고 보물을 품는다.

■　道가 크지만 성(性)을 회복하는 것[復性]으로 족(足)하다. 그런데 성(性)의 묘(妙)는 앉고 서고 먹고 마시는 일상생활의 틈에서 드러나는 것일 뿐이다. 성인(聖人)이 이를 가리켜 사람들에게 보여주니 어찌 알기 쉽지 않으랴? 사람이 능히 이를 몸받아[體此] 물(物)에 응할 수 있으니 어찌 행하기 쉽지 않으랴? 그런데 세상 사람들은 늘 일용(日用)에 걱정이 많아서 알지를 못한다. 알지도 못하는데 하물며 행할 수 있겠는가?

말[言]은 道의 통발(筌, 물고기를 잡는 기구. 뒤에 南朝의 사대부들이 說法을 할 때 손에 잡았던 拂子)이요 일[事]은 道의 자취[迹]다. 道를 말로써 모두 나타낼 수 있다면 말을 듣는 것으로 족(足)할 것이요 일로써 모두 드러낼 수 있다면 일을 살피는 것으로 족할 것이다. 다만 道를 말로 나타낼 수 없고 일로 드러낼 수 없는지라, 말을 버리고 말의 밑둥[宗]을 구하거나 일을 버리고 일의 머리[君]를 구하지 않으면 얻을 수 없다.

대컨, 옛적의 성인(聖人)은 생각도 없고 행위도 없이[無思無爲] 모든 일에 막연(漠然, 흐릿하여 똑똑하지 않은 모양)하였다. 그래서 생각과 근심이 이에 미치지 못하니 마침내 아무도 그를 알아보지 못했다. 설사 몇 사람이 알아보기는 했어도 그를 귀하게 여기기에는 부족하였다.

누더기를 걸치고 보물[玉]을 품는다 함은, 성인(聖人)이 겉으로는 사람들과 같지만 속으로는 홀로 저들과 다름을 말한 것이다. 蘇子由

■　　　道는 자연을 본받는다[道法自然]. 道의 말[言] 또한 드물어서 절로 그러하다[自然]. 절로 그러하여 함이 없으니[無爲] 그것을 알고 행하기가 어찌 매우 쉽지 않으랴? 그런데 세상 모든 사람이 능히 알지 못하고 하지 못함은 어째서 그러한가? 말에는 밑동[宗]이 있고 일에는 머리[君]가 있는데 세상 사람들이 밑동과 머리를 모르는지라 그래서 나를 모르는 것이다.

무엇을 일컬어 밑동[宗]이라 하는가? 함 없이 절로 그러함[無爲而自然]이 곧 말의 밑동[言之宗]이다. 밑동에서부터 미루어 나가면 말은 비록 같지 않아도 모두가 묘예(苗裔, 먼 후손)일 따름이니 그것을 모르는 자 어디 있으랴? 무엇을 일컬어 머리[君]라 하는가? 함 없이 절로 그러함[無爲而自然]이 곧 일의 머리[事之君]이다. 머리를 얻어서 다스리면 일은 비록 같지 않아도 모두가 신첩(臣妾)일 따름이니 그것을 행하지 않는 자 어디 있으랴? 다만 그 밑동과 머리를 몰라서 그래서 나를 모르는 것이다.

무릇 道가 천하에 귀한 까닭은, 그것을 지(知)와 식(識)으로

써는 알 수 없기에 그래서 천하에 귀한 것이다. 만일 道를 지(知)와 식(識)으로 알 수 있다면 그것이 어찌 귀할 수 있겠는가? 그래서 이르기를, 나를 아는 자 드물고 나를 본뜨는 자 드물다고 했다.

이로써 성인(聖人)은 욕되고 어수룩한 모습을 하고 있지만 크게 밝고 德이 성(盛)하다. 세상에서 짝을 찾기 어려운 사람을 일컬어 누더기 속에 보물[玉]을 지니고 있다고 했다. 呂吉甫

■　　　문 밖을 나서지 않고 창 틈을 엿보지 않아도 알 수 있다. 그래서 매우 알기 쉽다고 했다. 하지 않고서 이룬다. 그래서 매우 하기 쉽다고 했다. 조급한 욕망에 어두워졌다[惑]. 그래서 능히 알지 못한다고 했다. 영리(榮利)에 헛갈려[迷] 있다. 그래서 능히 하지 못한다고 했다.

밑동[宗]은 만물의 밑동이요 머리[君]는 만물의 주인[主]이다. 그래서 말에 밑동이 있고 일에 머리가 있다. 그런 까닭에 그것을 알게 되는데 사람이라면 그것을 알지 못할 수가 없는 것이다. 다만 매우 깊은지라 그래서 그것을 아는 자가 드물다.

나를 아는 자가 드물수록 나 또한 짝이 없어진다. 그래서 나를 아는 자 드물고 나를 보는 자 귀하다고 했다.

누더기를 입음은 티끌과 같아짐[同其塵]이요 보석을 지님은 참[眞]을 보물로 삼는 것이다. 성인(聖人)을 알아보기 어려운 까닭은 그가 세속 사람들[塵]과 같아서 색다른 티를 내지 않고 보물을 품고 있으면서 남과 다르지 않기 때문이다. 그래서 알기 어렵고 귀한 것이다.　王弼

■　　사람이 잘못을 저지르는 것은 당연한 일이다. 잘못한 사람이 자신과 세상을 평안하고 따스하게 만드는 방법은 아주 쉽다. 자기가 저지른 잘못을 있는 그대로 밝히고 결과를 받아들이면 된다. 그런데 그것은 너무나도 쉬워서 오히려 그렇게 하는 사람이 드물다.

세칭 '옷 로비 사건'이 저토록 오래 시간을 끌며 당사자는 말할 것이 없고 다른 사람들까지 피곤하고 짜증나게 하는 이유는, 그것을 해결하는 방법이 어려워서가 아니라 너무 쉬워서다. 있는 일을 감추고 없는 일을 만들어서 남을 속이기와 있는 일을 그대로 드러내기, 어느 쪽이 더 어려운 일인가?

사람들이 쉽게 살 수 있는 길을 외면하고 애써 어렵게만 살려고 하니, 정말이지 모를 일이다.　觀玉

71

모르면서 아는 것이 병이다

知不知上, 不知知病. 夫唯病病, 是以不病. 聖人之不病
也, 以其病病, 是以不病.

알면서 모르는 것이 바람직한 일이요 모르면서 아는 것이
병이다. 오직 병을 병으로 알면 병을 앓지 않는다. 성인(聖
人)이 병을 앓지 않는 것은 병을 병으로 알아서다. 그래서
병을 앓지 않는다.

■　　道는 인간의 생각으로 미칠 수 없는 것이다. 그래서 알

수 없다. 그러나, 바야흐로 알지 못하니까 그래서 알 수 있는 것
이다.

이미 알고 있는 것이 알고 있는 것으로 남아 있으면, 그것이
병(病)이다. 그런 까닭에 알면서 알지 못하는(알면서 자기는 모른
다고 알고 있는) 것이 바람직한 일[上]이요 모르면서 아는(모르면
서 자기가 안다고 알고 있는) 것이 병(病)이다.

이미 알지 않을 수 없게 된 것도 다시 보면 모른다. 지식[知]
이 병(病)이 되는 줄 아는 사람이라야 오래 있으면 병이 스스로
물러간다. 蘇子由

■   아는 자는 물(物)을 좇는다. 그래서 많이 속인다(속는다).
모르는 자는 본(本)으로 돌아간다. 그래서 참[眞]에 가깝다.

사람이 자기가 모른다는 사실을 능히 알면 참[眞]에 가깝고
자기의 지식이 많은 거짓으로 되는 줄을 알면 바람직한[上] 일
이다. 지식이 거짓으로 되는 줄을 모르고 아는 것을 더 많이 쌓
겠다고 애를 쓴다면 이로써 병(病)으로 약(藥)을 삼는 것이니
누구도 그 병을 다스릴 수 없을 것이다.

오직 아는 게 병(病)으로 되는 줄 알면 이로써 병을 앓지 않
는다. 성인(聖人)이 병을 앓지 않는 까닭은 이를 알고 있기 때문
이다. 李息齋

■   사람의 지식[知]이란 거기에 자기를 내어 맡길 만한 것이 못 된다는 사실을 모르는, 그것이 곧 병(病)이다. 王弼

■   가득 차 있는 그릇에 무엇을 담을 수 있겠는가? 모르는 사람만이 배울 수 있다.

성인(聖人)은 자기가 아무것도 모른다는 사실을 알고 있다. 그래서 바다가 모든 강물을 받아들일 수 있듯이 날마다 순간마다 새로운 지식을 받아들일 수 있다. 그래도 지식이 그를 채우지 못하는 까닭은, 이미 알고 있는 것을 알고 있는 것으로 여기지 않기 때문이다. 성인(聖人)은 영원한 학생이다. 觀玉

72

백성이 위엄을 겁내지 않으면

民不畏威, 則大威至矣. 無狹其所居, 無厭其所生. 夫唯
不厭, 是以不厭. 是以聖人自知不自見, 自愛不自貴. 故
去彼取此.

백성이 위엄[威]을 겁내지 않으면 큰 위엄이 닥친다. 그 있
는 곳을 좁게 여기지 말고 그 삶을 싫증내지 말아라. 다만
싫증을 내지 않으니 이로써 싫증이 나지 않는 것이다. 그
래서 성인(聖人)은 스스로 알되 자기를 드러내지 않고 스
스로 사랑하되 자기를 귀하게 여기지 않는다. 그런 까닭에
저것을 버리고 이것을 취한다.

■   무릇 성(性)에는 스스로 위엄[威]이 있어서 높고 밝고 빛나고 크니 물(物)이 감히 그 위에 무엇을 보탤 수가 없다. 이를 일컬어서 큰 위엄[大威]이라 했다.

사람들이 늘 온갖 헛된 일에 빠져 들어가 생사(生死)를 두려워하고 잃고 얻는 바에 마음 졸이니 더불어 존재하는 만물의 위엄 앞에서 근심하고 두려워하여 죽는 순간까지 한가롭지 못하매 비록 큰 위엄[大威]이 눈앞에 있어도 스스로 알지 못한다.

진실로 그것을 아는 사람은 생사(生死)를 하나로 여기고 잃고 얻는 것을 같은 것으로 보기 때문에 삶이 평탄하여 아무것도 근심하거나 두려워하지 않으니 눈앞에 빛나는 큰 위엄을 본다.

성(性)의 크기는 하늘과 땅을 감싸안고 남을 만하다. 이를 모르는 자가 사지구규(四肢九竅, 팔 다리와 아홉 구멍)로 자기[己]를 삼아 싫증도 내지 않고 그것을 지키려드니 이로써 보면서 보지 못하고 들으면서 듣지 못하매 꾀죄죄한 인생이 되고 마는 것이다. 그러므로 가르쳐 말하기를, 그 사는 곳을 좁게 여기지 말라고 했다. 이를 아는 자가 성(性)의 큼과 인생(人生)의 작음을 알고는 수심(愁心)에 젖어 그것을 싫증내고 벗어나고자 하지만 뜻을 이루지 못하거니와 이는 싫증내고 사모하는 방법이 모두 물

(物)에 갇혀 있음을 몰라서다. 그래서 가르쳐 말하기를, 인생에 싫증내지 말라고 했다.

오직 성인(聖人)이라야 (사는 곳을) 좁게 여기지 않고 (인생에) 싫증을 내지도 않아 다른 사람들과 함께 살고 道와 더불어 동거(同居)하면서, 넓으니 좁으니 깨끗하니 더러우니 따지지를 않는다. 이미 인생에 싫증을 내지 않게 된 뒤에 인생이란 싫증낼 수 없는 것인 줄 안다.

성인(聖人)은 비록 이를 알지만 스스로 드러내지 않고, 이를 사랑하지만 스스로 귀하게 여겨 사람들을 헛갈리게 하지 않는다. 오히려, 사람들이 무엇을 싫증내거나 사모하게 될까 그것을 걱정한다. 싫증내거나 사모하는 마음을 비우지 않으면 곧 두려워하게 된다. 두려움이 사라진 뒤에야 큰 위엄[大威]이 이른다.

蘇子由

■   무릇 욕심을 품은 사람이 무엇을 두려워하거나 사랑하는 것은 모두가 안으로 부족하여 밖으로 사모하는 것이다. 성인(聖人)은 안으로 넉넉해서, 사람들의 기쁨을 보아도 그것을 보태주지 않고 두려움을 보아도 그것을 덜어주지 않는다. 이로써, 그들과 더불어 아무것도 하지 않으면서[無爲] 대개 물(物)의 위에 있는 것이다.

사람들로 하여금 자기를 두려워하게 하기는 쉽고 사람들로
하여금 자기를 두려워하지 않게 하기는 어렵다. 나로 하여금 남
을 잊게 하기는 쉽고 천하로 하여금 겸하여 나를 잊게 하기는
어렵다.

백성이 위엄[威]을 두려워하지 아니함은 천하 사람들이 겸하
여 나를 잊지 않고서는 그럴 수 없다. 이것이 이른바 道德의 위
엄 아니겠는가?

성인(聖人)은 물(物)을 만나되 그 만나는 곳에 따라서 평안하
다. 그래서 자기가 있는 곳을 좁게 여기지 않고 삶에 싫증내지
도 않는다.

대개 사람들이 자기가 있는 곳으로 알고 자기 삶으로 아는 것
이, 그것들이 모두 실(實)이 아니다. 내가 오직 스스로 싫증을 내
지 않는 까닭에 나의 삶도 나를 싫증내지 않는 것이다. 내가 스
스로 아는 것을 말미암아 그 아는 바를 드러내지 않고 내가 스
스로 사랑하는 것을 말미암아 그 사랑하는 바를 귀하게 여기지
않는다. 내가 만일 스스로 드러내고 스스로 귀하게 여기는 마음
을 지니고 있으면, 지금 사는 곳을 좁게 여기고 인생에 싫증을
내게 될 터인즉 능히 하루를 평안하게 지내지 못할 것이다.

李息齋

■   맑고 깨끗하고 아무 하는 바 없음[淸淨無爲]을 일컬어 거(居)라고 한다. 겸손하게 뒤로 물러서서 가득 채우려 하지 않는 것을 일컬어 생(生)이라 한다.

맑고 깨끗함을 떠나서 조급한 마음으로 욕심을 내고 겸손히 뒤로 물러서는 일 없이 권위(權威)에 자기를 맡기면 곧 물(物)이 어지러워지고 백성은 치우쳐져서 더 이상 위세(威勢)로써 백성을 다스릴 수 없게 된다. 백성이 그 위(威)를 감당할 수 없게 되면 위아래가 크게 무너지고 마침내 하늘의 징벌이 내릴 것이다. 그래서 이르기를, 백성이 위(威)를 겁내지 않으면 큰 위[大威]가 이르니 있는 곳을 좁게 여기지 말고 삶을 싫증내지 말라고 했다. 위력(威力)이란 그것에 몸을 맡길 만한 물건이 못 됨을 말한 것이다.

싫증내지 않는다는 것은 스스로 싫증내지 않는 것을 말한다. 스스로 싫증내지 않으니 이로써 천하 사람들도 그를 싫증내지 않는다.

자기를 드러내지 않는다는 것은 제가 알고 있는 바를 드러내어 그 빛을 사방에 뿌리고 위세를 떨치지 않는다는 말이다.

자기를 귀하게 여기지 않는 것은, 자기를 귀하게 여기면 상대[物]가 그의 거(居)와 생(生)을 업신여기고 싫증내게 되기 때문이다.　王弼

■　　다스리는 자는 (위에 있는 자는) 자기가 지금 살고 있는 데를 좁다고 여기지 말고 하루하루 살아가는 일에 싫증을 내지 말아야 한다. 저 혼자 살다가 저 혼자 가는 세상이라면 이런들 어떠하며 저런들 어떠하리요마는, 문제는 이 세상이 그런 세상이 아니라는 데 있다.　觀玉

73

하늘 그물은 성기어도
빠뜨리지 않는다

勇于敢則殺, 勇于不敢則活. 此兩者或利或害, 天之所
惡, 孰知其故. 是以聖人猶難之. 天之道不爭而善勝,
不言而善應, 不召而自來, 疾然而善謀. 天網恢恢, 疎而
不失.

굳셈에 날래면 죽이고 굳세지 않음에 날래면 살린다. 이 둘이
혹은 이롭고 해로운데 하늘이 싫어하는 바 그 까닭을 누가 알
겠는가? 이로써 성인(聖人)은 오히려 어렵게 여긴다. 하늘의
道는 다투지 않아서 잘 이기고 말하지 않아서 잘 응하며 부
르지 않아도 스스로 오고 느긋한 듯하지만 빈틈없이 꾀한

다. 하늘 그물은 넓고 넓어서 성기어도 빠뜨리지 않는다.

■ 　굳셈[敢]에 날래면[勇] 죽고 굳세지 않음[不敢]에 날래
면 산다. 이는 물(物)의 한결같은 이치[理]다. 그런데 굳센 자가
혹 살고 굳세지 않은 자가 혹 죽는 일이 있는데 이는 세상 사람
들이 요행(僥倖)을 좇아서 혹시나 하고 한결같은 이치를 가벼이
여겨서 그런 것이다.

　무릇 하늘의 道에서 멀면 요행수가 생기게 되지만, 하늘이
좋아하고 싫어함이 어디에서 말미암는지를 누가 알겠는가? 그
래서 비록 성인(聖人)이라도 오히려 한결같음[常]으로 바름[正]
을 삼되, 날래고 굳세기는 어렵게 여기는 것이다.

　열자(列子) 이르시기를, 하늘의 뜻[天意]을 살피면서 이해(利
害)를 헤아림은 차라리 그만두느니만 못하다고 하였거니와 이
는 하늘의 道가 알기 어려움을 걱정한 것이다. 그러기에 모든
것을 빠짐없이 늘어놓고 한순간도 물(物)과 더불어 다투지 않
는 것이 끝내 그것들을 이기는 요령이다.

　하늘이 무슨 말을 하는가? (아무 말 없어도) 사계절은 돌아가고
온갖 생물이 태어나니, 구하지 않으면 응하지 않는 것이다.

　신(神)의 법과 생각은 사람이 어림해볼 수도 없는 것인데, 누

가 그것을 정확하게 알아서 불러낼 수 있겠는가? 선연(疾然)은 느긋함이다. 경영하는 바[營]가 없는 것 같지만 그 꾀하고 헤아리는 바를 사람이 미칠 수 없다.

세상 사람들은 눈으로 하늘을 보기 때문에 그 한 굽이[曲]를 볼 뿐 옹근 하늘을 모두 보지는 못한다. 그렇기 때문에 착한 사람이 화(禍)를 입고 악한 사람이 복(福)을 받는 경우가 있는데, 그래서 하늘 그물이 성겨서 빠뜨리는 게 많지 않나 의심한다. 오직 처음과 나중을 모두 살피고 변화를 다한 뒤에야 하늘 그물이 넓고 광대하여 성긴 듯하지만 빠뜨리는 것이 없음을 알게 된다. 蘇子由

■ 　사람들이 모두 굳셈[敢]에 날랠 줄[勇] 알되 굳세지 않음[不敢]에 날랠 줄은 모른다. 굳셈에 날랜 자는 날이 시퍼런 칼을 밟고 굳세지 않음에 날랜 자는 중용(中庸)을 밟는다. 그래서 이르기를, 날선 칼[白刃]은 밟을 수 있지만 중용은 불가능하다고 했다. 이 둘을 견주어보면, 날선 칼을 밟는 사람은 해(害)를 입는데 사람들이 그 해(害)를 가벼이 여기고 중용(中庸)을 밟는 사람은 이(利)를 얻는데 사람들이 그 이(利)를 모른다. 그래서 중용(中庸)을 밟기가 어려운 것이다.

용감한 일에 몸이 가벼운 것은 사람들이 시새우는[嫉] 바요 하늘이 싫어하는[惡] 바니 누가 그 까닭을 알겠는가? 비록 성인(聖人)이라 해도 오히려 그것(용감하기)을 두려워하는데 하물며 중인(衆人)이랴?

　대개 하늘의 道는 싸우지 않고서 잘 이기고 말하지 않고서 잘 응하고 부르지 않아도 잘 온다. 느긋한 듯하지만 빈틈이 없음은 용감하기를 싫어할 줄 알아서다. 미처 하늘이 다 이기지 않고 하늘이 다 응하지 않고 올 것이 다 오지 않고 꾀한 바가 다 정해지지 않았는데, 그런 상태에서 말을 하니, 힘센 자가 혹 얻고 날랜 자가 혹 이긴다고 하는 것이다. 모든 것을 끝까지 다 살펴본 뒤에야 하늘 그물이 넓고 넓어서 성긴 듯하지만 빠뜨리는 것이 없음을 알게 된다. 李息齋

■　　남을 죽이는 자는 반드시 그 죽음을 얻지 못한다(제대로 죽지 못한다). 살리는 자는 반드시 명(命)을 고르게[齊] 한다.

　날래기는 마찬가지나 그것이 베풀어지는 바가 달라서 이(利)와 해(害)가 같지 않다. 그래서 이르기를, 혹은 이롭고 혹은 해롭다고 했다.

　숙(孰)은 누구[誰]다. 누가 능히 천하의 싫어하는 바 그 까닭을 알겠느냐는 말이다. 오직 성인(聖人)뿐이다.

　성인(聖人)의 밝음[明]을 가지고도 오히려 용감하기가 어려운 일인데 하물며 성인(聖人)의 밝음을 지니지 못한 자들이 그 것을 행하고자 욕심을 부린다면 무슨 할 말이 있으랴?

하늘은 오직 다투지를 않는다. 그래서 하늘 아래 그 누구도 하늘에 맞서 다투지를 못한다. 좇으면 길(吉)하고 거스르면 흉(凶)하니, 이는 말하지 않고서 잘 응함이다.

아래에 있어서 물(物)이 스스로 돌아오니 그런 까닭에 부르지 않아도 스스로 온다.

상(象)을 늘어뜨려 길흉(吉凶)을 보여주고 일에 앞서 정성을 들이고 평안할 때 위태로울 것을 잊지 않고 아직 부르지 않았는데 꾀한다. 그런 까닭에, 느긋한 듯하지만 잘 꾀한다고 했다.

王弼

■　　　폭포수는 용감하다. 천길 낭떠러지도 겁내지 않는다. 그러나 사실은 우리 눈에 용감해 보일 뿐이다. 폭포수는 머뭇거릴 수 있는 데까지 머뭇거리다가 마지못해서 떨어지는 것이다. 떨어지는 폭포수가 깊은 못의 고요함을 조금도 잃지 않았음은 놀랄 일이 아니다. 우리 눈에 보이는 현상(現象)의 마술에서 벗어나면 천상천하에 고요하지 않은 것이 없고 제 길을 삼가 조심하지 않는 것이 없다. 오직 사람만이 조급하게 군다. 그리하여, 빨리 간다면서 열심히 제 발을 묶는다.

하늘 그물이 성긴 듯하나 빈틈이 없음은 하늘이 어디 따로 존재하지 않기 때문이다. 하늘은 스스로 살고자 하지 않으면서 [不自生] 모든 것을 살게 한다. 그래서 도둑으로 하여금 틀림없이 도둑을 맞게 한다. 사람이 무엇을 하든 결국 제가 저한테 하는 것이기 때문이다. 觀玉

74

백성이 죽음을
두려워하지 않는데

民常不畏死, 奈何以死懼之. 若使人常畏死而爲奇者, 吾
得執而殺之, 孰敢. 常有司殺者殺, 而代司殺者殺, 是代
大匠斲. 夫代大匠斲, 希有不傷其手矣.

백성이 죽음을 두려워하지 않는데 어찌 그들을 죽음 가지고
겁줄 수 있겠는가? 사람들로 하여금 죽음을 두려워하게 하
고 기이한 짓 하는 자를 내가 잡아서 죽이면 누가 감히 하겠
는가? 언제나 죽이는 일 맡은 이가 있어서 사람을 죽이거니
와 죽이는 일 맡은 이를 대신하여 죽이면 이는 큰 목수 대신
나무를 깎는 것이라. 그 손을 다치지 않는 경우가 드물다.

■　　　정치가 시끄럽고 형벌이 무거우면 백성이 손발 놀릴 데가 없으니 그래서 죽는 것을 두려워하지 않는다. 비록 죽인다고 겁을 준다 해도 아무 유익이 없다.

백성이 정치에 안심하고 살기를 즐거워하며 죽기를 두려워하게 한 뒤에, 이상한 짓으로 세상을 어지럽히는 무리를 죽이면 누가 감히 복종하지 않겠는가?

죽이는 일 맡은 자[司殺者]는 하늘[天]이다. 바야흐로 세상을 다스리는데 이상한 짓으로 어지럽게 하는 무리가 있어 세간에서 못 하는 짓이 없으면 하늘이 저를 버리는 바라, 내가 그를 죽이면 이는 하늘이 죽인 것이지 내가 죽인 것이 아니다. 하늘이 죽이지 않는데 내가 스스로 나서서 그를 죽이면 이는 죽이는 일 맡은 이를 대신하여 죽인 것이다. 큰 목수를 대신하여 나무를 깎으면 손을 다치게 마련이다. 죽이는 일 맡은 이를 대신하여 죽이면 곧 그 화(禍)가 자기 몸에 미친다. 蘇子由

■　　　이는 세상의 형법이라는 것이 믿어서 그것으로 세상을 다스리기에는 부족함을 말한 것이다. 백성이 죽음을 두려워하지 않는데 어찌 죽음 가지고 그들을 겁줄 수 있겠는가? 백성

으로 하여금 과연 죽음을 두려워하게 한 뒤에 이상한 짓 하는 자를 잡아죽이면 곧 한 사람을 죽임으로써 족히 다스림을 삼을 수 있다. 그러나 사람을 많이 죽일수록 더욱 더 금할 수 없게 되니 형벌로써 다스리는 일은 믿을 만한 방법이 못 된다.

진(秦)나라 사람들은 법을 엄격하게 쓰고 그물이 촘촘했지만 간귀(姦宄, 간사하고 악독함)를 이기지 못했다. 한(漢)나라는 법을 드문드문 쓰고 그물이 배를 통째 삼킬 만큼 큰 고기를 빠뜨렸지만 천하가 모두 한(漢)으로 돌아왔다. 이는 역사가 밝히 보여주고 있는 바다.

하늘의 道가 선(善)한 자에게는 복(福)을 주고 음(淫)한 자에게는 화(禍)를 주니, 이는 죽이는 일 맡은 이가 있어서 아무리 캄캄해도 그를 피할 수가 없기 때문이다.

만약에 누가 죽이는 일 맡은 이를 대신하여 사람을 죽인다면 이는 큰 목수 대신 나무를 깎는 것과 같아서 손을 다치지 않을 수 없을 것이다. 李息齋

■　　이상한 짓으로 세상을 어지럽히는 것을 일컬어 기(奇)라고 했다. 거역은 순종하는 자들이 미워하는 바요 불인(不仁)은 사람들이 싫어하는 바다. 그래서 이르기를 죽이는 일 맡은 이가 있다고 했다. 王弼

■   정치를 오죽 엉망으로 했으면 백성이 죽는 것을 겁내지 않게 되었을까? 그래 놓고서 형벌을 엄하게 한들 터진 논둑을 바깥에서 막으려는 것과 같아 소용이 없다. 정치를 잘해서 백성이 오래 살고 싶게 만들어놓는 일이 급선무다. 그렇게 해도 괴상한 짓으로 세상을 어지럽히는 자들은 있게 마련이다. 그럴 경우 그들에게 엄한 벌을 줄 수도 있기는 하나, 그러나 사형(死刑)만큼은 반드시 삼가야 한다.

사람을 죽이는 일은, 그가 어떤 죄를 심하게 지었다 하더라도, 그건 사람의 할 일이 아닌 것이다. 觀玉

75

오직 삶을 일삼지 말 것이니

民之飢, 以其上食稅之多也, 是以飢. 民之難治, 以其上
之有爲也, 是以難治. 民之輕死, 以其生生之厚也, 是以
輕死. 夫唯無以生爲者, 是賢于貴生.

백성이 굶주리는 것은 위에서 세금을 많이 먹기 때문이다.
그래서 굶는다. 백성을 다스리기 힘든 것은 위에서 일을 만
들어 하기 때문이다. 그래서 다스리기 힘들다. 백성이 죽음
을 가벼이 여기는 것은 어떻게든 살려고만 하기 때문이다.
그래서 죽음을 가벼이 여긴다. 오직 삶을 일삼지 말 것이니,
그것이 삶을 귀하게 여기는 것보다 현명한 일이다.

■　위에서 일을 만들어 가지고 백성을 이끄니까 백성 또한 일을 만들어 가지고 이에 응한다. 그래서 일은 많고 다스리기는 어렵다.

위에서 이욕(利慾)으로 백성을 앞장서니까 백성 또한 많이 소유하려고 서로 다툰다. 그래서 죽기로써 이(利)를 구하는 데 싫증을 내지 않는다.

살기를 귀하게 여기는 일이 극(極)에 이르면 반드시 죽음을 가벼이 여기게 된다. 오직, 삶을 일삼지 말아야 그 삶이 스스로 온전해진다.　蘇子由

■　위가 많이 취하면 아래가 가난하고 위가 일을 만들면 아래가 어지럽다. 이는 그럴 수밖에 없는 이치다.

내가 많이 가지고 살려는 욕심을 품으면 남의 삶을 돌아보지 않는다. 내가 후(厚)하면 저가 박(薄)하다. 저가 어찌 죽음을 가벼이 여기지 않겠는가?

성인(聖人)의 삶을 보면 대개 마지못해서 살아가는데 그 사는 모습이 삶을 일삼지 않는 듯하다. 어찌 내 삶을 두터이 하여 남의 삶을 빼앗겠는가? 이를 일컬어, 삶을 귀하게 여기는 것보

다 현명하다고 했다. 李息齋

■   이 장(章)은, 백성이 치우치는 까닭과 다스림이 어지러워지는 까닭은 대개 위로 말미암은 것이지 아래도 말미암은 것이 아님을 말했다.

백성은 위를 좇게 마련이다. 王弼

■   사는 일 자체를 죽기 살기로 하니 만사가 힘겹고 뒤틀리는 것이다. 내가 만든 세상도 아니요 내가 만든 목숨도 아닌데, 되는 일은 하고 안 되는 일은 하지 않고 그렇게 산다면 사는 게 힘들어야 할 이유가 없다. 세상이 이렇게 어지러운 까닭은, 사람이 자연(自然)이면서도 자연으로 살지 않기 때문이다.

힘들여 꽃 피우는 나무 보지 못했고 힘들게 흐르는 물 보지 못했다. 사람만이 사는 게 힘겹다 한다. 觀玉

76

살아 있으면 부드럽고 약하다

人之生也柔弱, 其死也堅强. 草木之生也柔脆, 其死也
枯槁. 故堅强者死之徒, 柔弱者生之徒. 是以兵强則不
勝, 木强則折. 强大處下, 柔弱處上.

사람이 살아 있으면 부드럽고 약하다. 그가 죽으면 단단하
고 강하다. 풀과 나무가 살아 있으면 부드럽고 나긋나긋하
다. 그것이 죽으면 딱딱하게 마른다. 그런 까닭에 단단하고
강한 것은 죽은 무리요 부드럽고 약한 것은 살아 있는 무리
다. 그러기에 군대가 강하면 이기지 못한다. 나무가 강하면
베인다. 크고 강한 것은 아래에 있고 부드럽고 약한 것은
위에 있다.

■　　　텅 빈 기[沖氣]가 거기에 있으니 굳고 강한 병(病)이 몸 [體]에 없다. 지극한 이치[至理]가 거기에 있으니 굳고 강한 허물[累]이 일[事]에 없다.

　　의(義)로써 이기는 군대[兵]는 강한 군대가 아니다. 강하면서 의롭지 않으면 반드시 빨리 패한다.

　　나무가 한 아름 이상 크면 반드시 베인다. 물(物)의 한결같은 이치[常理]다.

　　정밀한 것[精]은 위에 있고 거친 것[粗]은 아래에 있다. 정밀한 것은 반드시 부드럽고 약하며 거친 것은 반드시 크고 강하다.　蘇子由

■　　　이 장(章)은, 부드럽고 약함이 반드시 살고 단단하고 강함이 반드시 죽는 것을 말했다. 부드럽고 약함은 비록 그것으로 道를 이룰 수는 없지만 무위(無爲)에 가깝고, 단단하고 강함은 비록 道와 떨어지지는 않았지만 유위(有爲)에 가서 닿는다. 무위(無爲)면 道를 멀리 떠나지 않게 되고 유위(有爲)면 길흉(吉凶)과 회린(悔吝, 뉘우쳐 한탄함)이 따르는지라, 道에서 더욱 멀어진다.　李息齋

■　　　강한 군대로 천하에 폭력을 부리는 것은 모두가 싫어하는 바다. 그러므로 반드시 이기지 못한다.

나무가 강하면 베이는데 물(物, 사람들)이 그렇게 하는 것이다.

강하고 큰 것은 아래에 있으니 나무의 뿌리[本]다. 약하고 부드러운 것은 위에 있으니 나뭇가지가 그것이다.　王弼

■　　　거꾸로 된 세상을 바로 세우는 길은 그것을 뒤집는 수밖에 없다. 그래서 세상을 거꾸로 살라고 한다. 강하고 단단한 것이 숭배받는 세상에서 약하고 부드럽게 살라고 한다. 당분간은 오히려 힘들겠지만, 그래도 죽음이 아니라 삶으로 가는 길은 그 길밖에 없다.　觀玉

77

하늘의 道는
활을 당기는 것과 같구나

天之道, 其猶張弓乎, 高者抑之, 下者擧之. 有餘者損
之, 不足者補之. 天之道, 損有餘而補不足, 人之道則不
然, 損不足而奉有餘. 孰能以有餘奉天下, 唯有道者. 是
以聖人爲而不恃, 成功而不居, 其不欲見賢耶.

하늘의 道는 활을 당기는 것과 같구나. 높은 것은 누르고 낮
은 것은 들어올린다. 남는 것은 덜어내고 모자라는 것은 보
탠다. 하늘의 道는 남는 것을 덜어 모자라는 것을 보태는데
사람의 道는 그렇지 아니하여 모자라는 것을 덜어 남는 것
을 보탠다. 누가 능히 남는 것을 덜어 천하를 받들 것인가?

오직 道를 모신 자일 뿐이다. 그러기에 성인(聖人)은 일을
하고 믿지 아니하며 공(功)을 이루고 머물러 있지 아니하니
이는 그 잘났음을 드러내지 않으려는 것 아니겠는가?

■　　활을 당기면 시윗줄이 올라가고 활을 풀면 각지가 올
라간다. 이에 견주어, 하늘이 높은 자 누르고 낮은 자 높이는 것
을 말했다.

하늘에는 사사로움[私]이 없다. 그래서 균등하다. 사람한테
는 사사로움이 많다. 그래서 균등하지 못하다.

道를 모시고 사는 사람은 만물을 넉넉히 갖추되 사양하는 일
이 없어 남을 위할수록 더욱 지니고 남에게 줄수록 더욱 많다.
道를 모시지 않고 살아가는 자는 이를 감당 못 하여, 무엇을 하
고는 거기에 기대를 걸고 무엇을 이루고는 그 자리에 머물러
있으면서 자기가 잘났음을 세상에 드러내 보인다. 잘났음을 세
상에 드러내는 일이 바로 남는 것으로 자기 자신을 떠받드는
것이다. 蘇子由

■　　하늘의 道는 오직 하는 바가 없을[無爲] 따름이다. 하

는 바가 없으니 사사로움도 없다[無私]. 사사로움이 없으면 균등하니 이는 활을 당기는 것과 같다. 높은 데는 누르고 낮은 데는 들어올린다. 남아 돌아가는 자는 덜고 모자라는 자는 보태어 다만 균등함에 나아갈 뿐이다.

무릇 하늘의 道란, 일삼아서 높은 것을 누르고 낮은 것을 들어올리지는 않는다. 아무 하는 바 없이 물(物)의 절로 그러함[自然]에 맡길 따름이다. 높은 것은 남는 바가 있으니 눌러서 덜지 않을 수 없고 낮은 것은 모자라니 들어서 올리지 않을 수 없는 것이다.

가득 참[滿]은 덜어냄[損]을 부르고 낮춤[謙]은 보탬[益]을 받는다. 때[時]가 곧 하늘의 道란 말은 이를 두고 한 말이다.

사람의 道는 하는 바가 없을 수 없다. 하는 바가 없지 못하니 사사로움이 없을 수 없고 사사로움이 없을 수 없으니 마침내 모자라는 것을 덜어 남는 것을 받들게 된다.

오직 道를 모신 자만이 따로 남[物]을 두지 않고 무엇을 일삼아 함으로써 공명(功名)을 세우지 않으며, 나에게 남는 바가 있어서 세상 사람들이 모자라게 되고 그래서 다투게 된다는 사실을 안다. 그러므로 그것을 덜어 천하를 받든다. 그런 까닭에 이르기를, 누가 능히 남는 것을 덜어 천하를 받들 것인가? 오직 道를 모신 자가 그렇게 할 따름이라고 했다. 성인(聖人)이 곧

道를 모신 사람이다. 그러므로, 일을 하고 기대하지 않으며 공(功)을 이루고 그 자리에 머물러 있지 않으며 자기의 잘났음을 드러내 보이려 하지 않는 것은 다른 게 아니라 다만 하늘의 도(道)를 본받은 것일 뿐이다. 呂吉甫

■　　하늘 · 땅과 더불어 德으로 합하면 능히 그것(하늘 · 땅)을 하늘의 道처럼 껴안을 수 있다. 사람의 양(量)에는 저마다 몸[身]이 있어서 서로 균등함[均]을 얻을 수 없다. 다만 몸도 없고 사사로움도 없어서 절로 그러한[自然] 뒤에야 능히 하늘 · 땅과 德으로 합할 수 있다.

　"모자라는 것을 덜어낸다" 이하(以下)는 가득 차 있으면서 텅 비어 있고 있는 것[有]을 덜어 없는 것[無]을 보태고 빛을 누그러뜨려 티끌과 같아지고 거칠 것이 없으면서 균등한 자만이 道를 모신 자임을 말한 것이다. 그러기에 성인(聖人)은 자기의 잘났음을 드러내려 하지 않음으로써 천하를 균등하게 한다. 王弼

■　　'광야에서 외치는 자의 소리'인 세례자 요한에게 맡겨진 일은 '주의 길을 평탄케 하는' 것이었다(루가 3:4). 길을 평탄케 한다는 것은 높은 데를 낮추고 낮은 데를 높인다는 말이다. 요한은 그 일을 어떻게 감당했던가? 높은 데를 낮추고 낮은 데

를 높이기 위하여 그는 무엇을 했던가? 없다. 오직, '광야에서 외치는 자'로 하여금 '소리'를 내도록 자신을 그에게 맡겼을 뿐이다. 그를 자신의 '소리'로 삼은 '광야에서 외치는 자'는 어디 있는가? 요한의 몸을 떠나 그를 찾으려 하지 말 것이다. 觀玉

78

바른 말은
거꾸로 된 말처럼 들린다

天下莫柔弱于水, 而攻堅彊者莫之能先. 以其無以易之
也. 故柔之勝剛, 弱之勝彊, 天下莫不知, 莫能行. 是以
聖人云, 受國之垢, 是謂社稷主, 受國之不祥, 是謂天下
王. 正言若反.

세상에 물보다 부드럽고 약한 것이 없는데, 단단하고 강한
것을 치는 데는 물보다 앞서는 것이 없다. 이는 무엇으로
도 그것을 바꿀 수 없어서다. 그런 까닭에 부드러움이 단단
함을 이기고 약함이 강함을 이기는 것을 세상 사람들이 모
두 모르지 않는데 그렇게 하지를 못한다. 그래서 성인(聖人)

이 이르시기를, 나라의 허물을 받아들이면 일컬어 사직(社稷)의 주인이라 하고 나라의 좋지 못함을 받아들이면 일컬어 천하의 왕이라 하셨다. 바른 말은 거꾸로 된 말처럼 들린다.

■   바른 말은 道에 합(合)하고 속(俗)에 반(反)한다. 속인(俗人)이 허물을 받으면 욕(辱)으로 알고 좋지 못함을 받으면 재앙으로 아는 것이 그 때문이다. 蘇子由

■   단단하고 강한 것으로 단단하고 강한 것을 치면 비록 그것을 이긴다 해도 마침내는 반드시 깨어지고 무너진다. 그래서 단단하고 강한 것이 부드럽고 약한 것을 이기지 못한다. 부드럽고 약한 것은 이기고자 하지 않는데 절로 이긴다. 그래서 또한 경계하여 이르기를, 부드럽고 약한 것을 가벼이 바꾸려 하지 말라고 했다. 끝에 가서는 부드럽고 약한 것이 단단하고 강한 것을 능히 이기니 단단하고 강한 것이 그에 맞서지 못한다.

무릇, 산과 늪이 속에 질병을 간직함[山藪藏病, 산과 늪에는 독초(毒草) 따위가 있다는 뜻으로, 『좌전(左傳)』에 나오는 말]은 지극한 부드러움[至柔]이요 내와 연못이 더러운 것들 받아들임[川澤納汚]은 지극한 약함[至弱]이다. 진실로, 사직(社稷)의 주인된 자가 나라의 많은 허물을 받아들이지 아니하고, 천하의 왕된 자가 나라에 비천한 인간이 없고 사해(四海)에 흉한 인간이 없기를 바란다면, 그것이 있을 수 있는 일인가? 그들을 미리 자르고 없애버리고자 하지만 헛된 수고일 뿐이다. 이는 모두 바른 말[正言]에 반(反)하는 듯하나 실은 천하의 바른 말이다. 자세히 살피지 않을 수 없다. 李宏甫

■　　이(以)는 용(用)이다. 기(其)는 물[水]을 말한다.
　물의 부드럽고 약함을 쓰는데, 무엇으로도 물을 바꿀 수 없기 때문임을 말했다. 王弼

■　　세상에 있는 모든 것이 마침내 없어지는 것은 그것들이 모두 없음[無]에서 나왔기 때문이다. 무(無)가 본(本)이요 유(有)가 말(末)이다. "우리는 … 눈에 보이는 것이 보이지 않는 것에서 나왔다는 것을 압니다"(히브리 11:3).
　없음[無]이란 무엇의 부재(不在)가 아니라 제 안에 모든 것을 (보이지 않는 형태로) 담고 있는 공(空)이요 허(虛)다.
　부드러울수록 무(無)에서 나온 지 얼마 안 되었고 단단할수록 무(無)로 돌아갈 날이 얼마 안 되었다. 유약(柔弱)과 강강(剛彊)이 무(無)에서 멀지 않기는 마찬가지나, 하나는 산등성에 걸쳐 떠오르는 태양이요 다른 하나는 산등성에 걸쳐 지는 태양이다.

싸움이 없으면 좋으려니와 싸움이 있을진대 지는 것이 이기는 것이다. 이는 그냥 해보는 소리가 아니라 정말[正言]이다. 사람들이 저마다 그렇다고 말하면서 능히 그렇게 못 하는 것은 못 하는[不能] 게 아니라 안 하는[莫能] 것이다. 그래서 이김으로써 지는 못난 짓을 지겹도록 되풀이한다. 재미있는 광경이다.

79

하늘의 道는
따로 친한 상대가 없다

和大怨必有餘怨, 安可以爲善. 是以聖人執左契而不責
于人. 故有德司契, 無德司徹. 天道無親, 常與善人.

큰 원(怨)을 풀어도 반드시 남은 원(怨)이 있다. 어찌 선을
베풀었다고 할 수 있겠는가? 그래서 성인(聖人)은 좌계(左
契)를 잡아 남을 책(責)하지 않는다. 그런 까닭에 德 있는 사
람은 계(契)를 다루고 德 없는 사람은 철(徹)을 다룬다. 하
늘의 道는 따로 친한 상대가 없어서 언제나 착한 사람과 함
께 한다.

■   무릇 원(怨)이란 망(妄)에서 나는 것이요 망(妄)은 성 (性)에서 벗어남이다. 성(性)을 아는 사람은 이런저런 망(妄)을 드러내지 않거니와 새삼 무슨 원망[怨]을 사겠는가? 이제 그 뿌리를 없앨 줄 모르면서 가지를 화(和)하고자 하니 비록 겉으로는 화(和)하나 속으로는 꽁하여 풀지 않는다.

계(契)를 좌우에 나누어 지니는 이유는 서로 믿어서 다투지 않게 하자는 것이다. 성인(聖人)이 남들과 균등함을 유지하는 것은 성(性)을 좇아서 살기 때문이다. 사람들은 언제 어디서나 망(妄)을 일삼아, 다투고 빼앗는 마당에서 치고 받는데 이는 처음부터 조금도 거짓됨[妄]이 없는 성(性)을 몰라서 그러는 것이다. 그래서 성인(聖人)은 성(性)을 사람들에게 보여줌으로써 저들로 하여금 망(妄)을 없애고 성(性)으로 돌아오게 한다.

망(妄)이 다하여 성(性)으로 돌아오기를 기다리면 확연자득 (廓然自得, 탁 트여 거칠 것 없이 스스로 얻음)하지 않음이 없거니와 이는 마치 우계(右契)가 좌계(左契)에 합하면 책(責)하지 않아도 스스로 굴복하는 것과 같다. 그런즉 비록 큰 원대(怨懟)가 있더라도 장차 눈 녹듯이 풀어지니 이는 뿌리를 알아서 그런 것이다. 무엇 하러 굳이 화(和)를 꾀하겠는가?

德 없는 자들이 사람마다 만나서 통(通)하려고 애를 쓰지만 아무 공(功)이 없다. 철(徹)은 통(通)이다.

하늘의 道는 사사로움이 없어서[無私] 오직 착한 사람만이 그것과 더불어 살아갈 수 있다. 하늘의 道를 좇으면 사사로운 '나'가 없다. 蘇子由

■　원(怨)이 풀어지지 않음은 불이 차가울 수 없고 물이 뜨거울 수 없음과 비슷하다. 억지로 풀면 반드시 남은 원(怨)이 있게 마련이다. 그래 가지고는 선(善)을 이루기에 부족하다. 그래서 성인(聖人)이 천하를 다스림은 좌계(左契)를 잡고 우계(右契)에 구하는 것과 같다.

은(恩)과 원(怨)을 취하고 베푸는 데 있어서 나는 어떤 마음이어야 할 것인가? 계(契)를 부(符)에 맞추어 보듯이 할 따름이다. 설사 맞지 않아도 억지로 맞추려 하거나 상대를 책(責)하지 않는다.

대개 크고 작고 길고 짧은 계(契)에 저마다 짝이 있어서 그것을 합쳐 보아 합해지면 내가 사사로움을 중간에 끼워 넣지 않는 것이다. 만약에 맞지 않는 것을 억지로 맞추려고 한다면 그것은 사철(司徹, 빚을 강제로 징수함)이지 사계(司契, 신용을 바탕으로 거래함)가 아니다.

하늘의 道가 이와 같다. 하늘의 道는 친한 상대가 따로 없어서 언제나 善을 잃지 않는다. 이 또한 사계(司契)인 것이다.

李息齋

■　계(契)를 밝게 하지 않아서 큰 원망[大怨]에 이른 것일
뿐이다. 德을 베풀어서 그것을 풀면[和之] 상처가 아물지 않아
남은 원(怨)이 있게 된다.

좌계(左契)를 잡는 것은 원망이 생기는 것을 막고자 함이다.

德 있는 사람은 계(契)를 중히 여겨, 원망이 생겨나서 뒤에
남을 책(責)하는 일이 없도록 한다. 철(徹)은 남의 허물을 다루
는 것이다.　王弼

■　아무리 아름답게 화해를 했어도 아예 원수를 맺지 아
니함에는 미칠 수 없다. 그런데, 화해를 하는 것과 원수를 맺지
않는 것, 어느 쪽이 더 쉬운 일인가?

싸우고 나서 화해를 하기보다 싸우지 않기가 더 쉬운 일이
다. 원수를 맺고 나서 화친을 하기보다 원수를 맺지 않는 일이
더 쉽다. 노자(老子)의 가르침이란 다른 게 아니다. 쉬운 길을
쉽게 가라는 것이다. 자연(自然)은 '저절로[自] 그러함[然]'이다.
'저절로'니까 따로 할 일이 없고[無爲] 할 일이 없으니 힘들 까
닭이 없다.

좌계(左契)를 잡는다는 말은 채무자(債務者)가 된다는 말이다. 채무자가 되면 세상 모든 사람이 채권자(債權者)인데 누구에게 큰 소리요 누구를 나무라겠는가? 觀玉

80

작은 나라, 적은 백성

小國寡民. 使有什伯之器而不用. 使民重死而不遠徙. 雖
有舟車, 無所乘之. 雖有甲兵, 無所陳之. 使民復結繩而
用之. 甘其食, 美其服, 安其居, 樂其俗. 隣國相望, 㹨
犬之音相聞, 民至老死不相往來.

작은 나라, 적은 백성. 열 사람 백 사람 몫의 그릇이 있어도
쓰지 않게 한다. 백성으로 하여금 죽음을 무겁게 여겨 멀리
옮겨가지 않도록 하고, 배와 수레가 있어도 그것을 타고 갈
곳이 없도록 하고, 갑옷과 무기가 있어도 그것을 펼칠 데가
없도록 한다. 백성으로 하여금 옛날로 돌아가 노끈을 꼬아
계산하게 한다. 먹는 음식을 달게 먹고 입은 옷을 아름답게

입고 있는 곳에 평안히 거하고 풍속을 즐긴다. 이웃 나라를
서로 바라보고 닭과 개 울음소리를 서로 듣는데 백성이 늙
어 죽도록 서로 오가지 않는다.

■　　노자(老子)가 살던 때는 주(周)나라가 쇠하여 꾸밈[文]
이 지나치고 풍속은 어지러웠다. 장차 세상을 무위(無爲)로써 구
하고자 하여 이 책의 끝에 자기의 뜻(희망)을 적었다. 작은 나라,
적은 백성을 원하여 시도해보았으나 얻지는 못했다.

백성이 저마다 자기 분수에 맞추어 평안하니 재주가 좀 있는
자라 해도 그것을 세상에 쓰고자 하지 않는다.

열 사람 백 사람 몫의 그릇[什伯之器]이면 그 재주가 열 사람
백 사람 우두머리로 될 만한 인물이다.

일은 적고 백성은 순박하니 노끈을 꼬아 계산을 해도 족하다.

안으로 만족하고 밖으로 바라는 게 없으니 그 지닌 것으로
아름다움을 삼고 그 있는 곳에서 즐거이 거하여 다시 무엇을
구하지 않는다. 사람과 사물이 많이 있어도 서로 구하지 아니함
은 피차 넉넉한 때문이다.　蘇子由

■   열 사람이면 십(什)이 되고 백 사람이면 백(伯)이 된다.
열 사람 백 사람 몫의 그릇이면 무겁고 큰 그릇이라, 여러 사람
이 함께 떠받는다.

쓰지 않는다[不用]는 말은 경영하지 않는다[不營爲]는 말이
다. 탐내어 구하지 않으니 무겁고 큰 그릇을 쓸데가 없다.

죽음을 무겁게 여긴다[重死]는 말은 죽는 것을 무겁게 여기
고 사랑으로 생명을 기른다는 말이다.

멀리 옮기지 않는다[不遠徙]는 말은 여기서 태어나 여기서
죽고 다른 데로 가지 않는다는 말이다.

노자(老子)는 주(周)나라의 쇠함을 말려[挽] 태고(太古)로 돌
아가게 하고자 했다.

나라가 크면 백성이 많아서 다스리기 어렵다. 작은 나라, 적
은 백성을 이루어 다스리면 사람들로 하여금 바깥을 그리워하
지 않고 안으로 자족하게 할 수 있다.

배, 수레, 갑옷, 무기는 한 사람이 혼자서 쓸 수 있는 물건이
아니다. 그래서 열 사람 백 사람 몫을 하는 그릇이라고 했다. 그
것들을 타고서 갈 곳이 없고 펼쳐놓을 일이 없으니 쓰지를 않
는다. 어디 갈 데가 없으니 배와 수레가 쓸모 없고 전쟁을 하지
않으니 갑옷과 무기가 쓸모 없다.

백성이 순수하고 일이 간단하면 아주 옛날 노끈을 꼬아 계산

하던 시절의 다스림을 회복할 수 있다. 그냥 열 사람 백 사람 몫의 그릇을 쓰지 않는 정도가 아니다.

지금 먹는 음식을 달게 먹고 지금 입는 옷으로 아름다움을 삼는다. 모든 것이 넉넉하여 스스로 만족하니 사랑으로 생명을 기른다. 이를 두고, 죽음을 무겁게 여긴다고 했다.

지금 있는 처소를 평안한 곳으로 알고 평안하게 거하며 그곳 풍속을 좋아하여 즐긴다. 이를 두고, 멀리 옮겨가지 않는다고 했다. 다만 태어난 곳에서 늙어 죽으니 누가 일삼아 몸을 가벼이 옮겨 멀리 가겠는가?

백성이 저마다 자기 땅을 차지하고 있으니, 비록 이웃한 나라들이 눈으로 바라볼 수 있고 닭과 개 울음소리를 귀로 들을 수 있을 만큼 가깝지만 늙어서 죽을 때까지 서로 오가지를 않는다. 그냥 멀리 옮겨 가지 않는 정도가 아니다. 吳幼清

■　　나라가 작고 백성 또한 적어도 옛날로 돌아갈 수 있기를 바랄진대, 하물며 큰 나라 많은 백성이야 어떻겠는가? 그래서 작은 나라를 들어 말했다.

열 사람 백 사람 몫의 그릇을 쓰지 않게 한다는 말은 백성으로 하여금 열 사람 백 사람 몫의 그릇이 있어도 그것을 쓸데가 없게끔 한다는 말이니, 어찌 넉넉하지 못함을 근심하겠는가?

백성으로 하여금 쓰지 않게 하면 다만 자기 몸이 곧 보화인지라, 재물과 뇌물을 탐내지 않을 것이다. 그러므로 저마다 있는 곳에 평안히 거하고 죽음을 무겁게 여겨 멀리 옮겨가지 않는다. 배와 수레가 있어도 타고 갈 곳이 없다는 말은 욕심을 내어 구하는 바가 없다는 말이다. 王弼

■　　소국(小國)에 과민(寡民)이라! 노자(老子)의 눈물겨운 이상향(utopia)이다. '작은 것이 아름답다'는 정도가 아니다.

자연(自然)은 곧 규모(規模, 크기)다. 소나무는 소나무만큼 크(작)고 콩새는 콩새만큼 작(크)다. 양(量)과 질(質)은 상관(相關)이 있어서, 질은 양을 결정하고 양은 질을 결정한다.

사람이 서로 어울려 함께 살아가는 데 알맞은 규모는 얼마나 되는 것일까? 마을의 크기가 그 마을의 성격을 결정짓는다. 도시는 도시인을 낳고 촌은 촌사람을 낳는다.

부국강병(富國强兵)이 모든 나라의 목표인 세상에서 소국과민(小國寡民)을 말하는 시골 늙은이의 외로움이 가슴에 저리다.

과연, 정언(正言)은 약반(若反)이라, 어떤 사람의 말이 시대의 흐름을 거스르면 그것이 곧 바른 말이다. 서로 높아지려고 다투는 사람들에게 예수님은 낮아지라고 하셨다. 觀玉

81

믿음직한 말은 아름답지 않고

信言不美, 美言不信. 善言不辯, 辯言不善. 知者不博, 博者不知. 聖人不積, 旣以爲人, 己愈有. 旣以與人, 己 愈多. 天之道, 利而不害. 聖人之道, 爲而不爭.

믿음직한 말은 아름답지 않고 아름다운 말은 믿음직스럽지 않다. 선(善)한 말은 변명하지 않고 변명하는 말은 선하지 않다. 아는 자는 널리 알지 않고 널리 아는 자는 모른다. 성인(聖人)은 쌓아두지를 않으니 남을 위하는데 더욱 있고 남에게 주는데 더욱 많다. 하늘의 道는 이롭게 하되 해를 끼치지 않고 성인(聖人)의 道는 하되 다투지 않는다.

■　　믿음직하면 다만 실(實)할 따름이니 반드시 아름다울 이유가 없고 아름다우면 다만 눈에 보일[觀] 따름이니 반드시 믿음직스러울 필요가 없다.

선(善)으로 주(主)를 삼으면 그것을 변명할 필요가 없고 변명 [辯]을 주(主)로 삼으면 반드시 선(善)할 이유가 없다.

하나로써 꿰뚫으면[一以貫之] 널리 아는 것이 쓸모 없다. 널리 알고 아는 것이 날마다 늘어나서 그래서 道를 알게 되는 것이 아니다.

성인(聖人)은 '하나[一]'를 잡고 그 밖의 것을 쌓아두지 않는다. 그렇지만 남을 위하여 자신의 능력을 쓰고 남을 위하여 가진 것을 나누는데, 사람한테는 다함[盡]이 있지만 '하나'에는 다함이 없다. 이로써 '하나'가 귀하다는 사실을 알게 된다.

세(勢)는 그것으로 남을 이롭게 할 수 있으니 또한 그것으로 남을 해롭게 할 수도 있다. 힘[力]은 그것으로 일을 할 수 있으니 또한 그것으로 다툴 수도 있다. 이롭게 할 수도 있고 해롭게 할 수도 있는데 일찍이 한 번도 남을 해롭게 한 적이 없다. 일을 할 수도 있고 다툴 수도 있는데 일찍이 한 번도 다툰 적이 없다. 이래서 하늘과 성인(聖人)이 사람을 크게 뛰어 넘어 만물의 으뜸[宗]이 되는 것이다.

이상이 모두 노자(老子)가 책을 쓰고 道를 말한 바 그 내용의
대략(大略)이다. 그래서 끝장에 이르러 한 번 더 말했다. 蘇子由

■   道라고 하는 것은 보아도 보이지 않고 들어도 들리지
않고 잡아도 잡히지 않아서 소리 없이 합쳐질[默契] 수는 있으
나 정(情)으로써 구할 수는 없는 것이다.

믿음직한 말은 다만 그것을 믿을 따름이다. 어찌 아름답게
꾸미겠는가? 선(善)한 말은 다만 그것을 선하게 할 따름이다.
어찌 말로 변명하겠는가? 아는 말은 다만 그것을 알 따름이다.
어찌 지식을 쌓겠는가? 이로 미루어 볼진대, 아름답게 꾸미는
자는 믿음직스럽지 않고 변명을 늘어놓는 자는 선(善)하지 않
고 지식을 쌓는 자는 알지 못한다는 사실을 알겠다. 비록 아름
답고 말 잘하고 아는 것이 많아도 道에 합당치 못한 까닭이 여
기에 있다.

道라는 것은 만물이 비롯되기 전부터 있는 것이다. 성인(聖
人)은 道와 한 몸을 이룬 사람이다. 그 몸에 다시 무엇을 쌓아두
겠는가? 아무 쌓아둔 것이 없어서 그래서 만물이 나와 한 몸을
이루는데, 만물이 나와 한 몸을 이룸이 매우 당연한 일이다. 그
러므로 남을 위할수록 더욱 있고 남에게 줄수록 더욱 많다. 자

기 몸에 쌓아둔 것이 있다면 그것을 씀에 있어서 때가 되면 바닥이 날 터인즉, 어찌 더욱 있고 더욱 많을 수 있겠는가?

노자(老子)의 말씀은, 안으로 마음을 살피고 밖으로 물(物)을 살피고 우러러 하늘을 살피고 아래로 땅을 살펴 서로 이어지지 않는 것이 없음[無有不契]을 믿으라는 것이다. 그래서 아랫 선비[下士]가 그의 말을 들으면 크게 웃는다.

세상 사람들이 무엇을 열심히 하면서 그래도 성이 차지 아니하니 이것이 아름답지 못함[不美]이다. 지극히 가까운 것을 말하면서 지극히 먼 것을 가리키면 이것이 선(善)이다. 말을 가지고 즐거움을 삼지 않으면 이것이 변명하지 않는 것[不辯]이다. 앎이 알지 못함에 이르면[其知至于無知] 이것이 앎[知]이다. 간소함[約]이 내 마음에서 떨어지지 않으면 이것이 많이 알지 아니함[不博]이다. 배우는 이들이 아름다움과 변명과 지식을 쌓는 것으로써 배움을 구하면 그것을 잃고 만다.

노자(老子)의 道는 쌓아둘수록 모자란다. 비록 성인(聖人)이라도 오히려 그 지혜를 끊고 버리니 이것이 쌓아두지 아니함[不積]이다. 그러므로 아무것도 없으면서 만물이 구하는 바를 대어주는데 그래서 더욱 있고 더욱 많다. 배우는 이들이 여기에서 마음을 비우지 못하면 그 경지에 이를 수 없다.

무릇 물(物)이란 이로운 바가 있어서 또한 이롭지 못한 바가 있고 이롭지 못한 바가 있으니 해(害)를 입히지 않을 수가 없다. 오직 하늘의 道만이 이로운 바가 없어서 또한 이롭지 못한 바가 없고 이롭지 못한 바가 없으니 만물을 이롭게 하되 해를 주지는 않는다.

일을 일삼아 하는 자에게는 '나'라는 게 없을 수 없고 내가 있으니 다툼이 있다. 성인(聖人)의 道는 하지만 하지 않는다[雖爲而無爲]. 하지를 않으니 '나'가 없고 내가 없으니 다툼이 없다. 이는 다만 하늘의 道일 따름이다. 呂吉甫

■   믿음직스런 말이 아름답지 않은 것은 알참[實]이 질(質)에 있음이요, 아름다운 말이 믿음직스럽지 못한 것은 근본[本]이 꾸미지 않은 바탕[樸]에 있음이요, 아는 자가 널리 알지 아니함은 끝[極]이 하나[一]에 있음이요, 성인(聖人)이 쌓아두지 아니함은 사사로이 제 것으로 가지지 않고 다만 선(善)을 베풀며 물(物)에 자기를 내어 맡김이다.

남을 위하는데 더욱 있음은 물(物)이 저를 떠받듦이요, 남에게 주는데 더욱 많음은 물(物)이 저에게로 돌아옴이다. 이롭게 하면서 해(害)를 주지 아니함은 움직임[動]이 한결같아 만물을 낳고 이루어줌이다. 하면서 다투지 아니함은 하늘의 이로움을 좇아 서로 다치지 아니함[不相傷]이다. 王弼

■　　　지금까지 말이 많았다. 그러나 한 마디라도 아름답게 꾸미거나 변명삼아 한 말이 있던가? 그렇다면 내 말을 믿지 않아도 좋다!

　내가 지금까지 한 여러 말은 속에 쌓아두고서 꺼내놓은 말이 아니다. 다만 나는 하늘의 道와 사람의 德을 말했을 따름인데, 道에 끝이 없으므로 나를 관통하여 흐르는 말에도 끝이 있을 수 없다. 그러므로 내 말은 여기에서 그치지만 끝나는 것이 아니다.

　거듭 말하거니와, 말로 된 道는 道가 아니다. 말에 붙잡히지 말고 道를 몸으로 살아라. 가지 않는 길은 길이 아니요 행하지 않는 앎은 앎이 아니다.　觀玉

날개를 단 노자

왕필(王弼), 소자유(蘇子由) 등 선비들의 『노자』 풀이

1판 1쇄 발행 2010년 3월 31일
개정판 1쇄 발행 2015년 9월 25일
개정판 2쇄 발행 2023년 1월 31일

초횡 엮고 씀 | 이현주 옮기고 씀
펴낸이 조추자 | 펴낸곳 도서출판 두레 | 등록 1978년 8월 17일 제1-101호
주소 (04075)서울시 마포구 독막로 100 세방글로벌시티 603호
전화 02)702-2119, 703-8781 | 팩스 02)715-9420
이메일 dourei@chol.com | 블로그 blog.naver.com/dourei

* 책값은 뒤표지에 적혀 있습니다. 잘못 만들어진 책은 구입처에서 바꾸어 드립니다.

ISBN 978 89-7443-103-7 03150